Und es geht doch

Die Bewältigung der multifunktionalen Überlastung in kleinen und mittleren Unternehmen

Andrea Ferber

Alle Ratschläge in diesem Buch wurden von der Autorin sorgfältig erwogen und geprüft. Eine Garantie kann dennoch nicht übernommen werden. Eine Haftung ist daher ausgeschlossen. Die Autorin weist außerdem darauf hin, dass bei Links im Buch zum Zeitpunkt der Linksetzung keine illegalen Inhalte auf den verlinkten Seiten erkennbar waren. Auf die aktuelle und zukünftige Gestaltung, die Inhalte oder die Urheberschaft der verlinkten Seiten hat die Autorin keinerlei Einfluss. Deshalb distanziert sie sich hiermit ausdrücklich von allen Inhalten der verlinkten Seiten, die nach der Linksetzung verändert wurden und übernimmt für diese keine Haftung.

Alle Rechte vorbehalten.
Das Werk ist urheberrechtlich geschützt.
Jede Verwertung außerhalb der Freigrenzen des Urheberrechts ist ohne Zustimmung des Verfassers unzulässig und strafbar. Das gilt insbesondere für Vervielfältigungen, Übersetzungen, Mikroverfilmungen und die Einspeicherung und Verarbeitung in elektronische Systeme.

ISBN 978-3-00-057467-2

© 2017, 1. Auflage
Eigenverlag der Autorin
Dr. Andrea Ferber
Herstellung und Layout: ö_konzept/Halle
Foto: Katrin Böhme (Freistil)
Titelillustration: Fotolia
Printed in Germany

Direktbestellung über:
ö_konzept Halle • Agentur für integrierte Kommunikation
GmbH & Co. KG
Mühlweg 42
D 06114 Halle (Saale)

info@oe-konzept-halle.de

Inhalt

Was bietet dieses Buch?	5
Unternehmensführung ist ein Beruf!	7
Der Mittelstand ist anders – Die multifunktionale Überlastung	11

Ich
1. Lebensführung & Selbstmanagement – Erfolgshaltungen für Führungskräfte

	15
Geld zeigt Haltung	18
Geben ist seeliger denn Nehmen – gerecht geht anders	20
Ich verkaufe nicht gern – warum eigentlich?	23
Geld gibt es nicht genug – Wer sagt das?	30
Beruf ist Berufung – Lust an der Beziehungsgestaltung	40
Verstehen geht vor Bewerten und Abwerten	45
Konflikte lösen heißt, Gewinner zu schaffen	50
An Kommunikation sparen, kommt (zu) teuer	54
Gestärkte Selbstwertkompetenz schützt vor Erpressung	62
Ich bin Teil des Systems und Verhalten macht Sinn	67
Angst und Isolation gehören dazu	78

Mein Unternehmen
2. Managementkompetenz & Unternehmensführung

	93
Die Persönlichkeit Ihres Unternehmens definiert seine Führung	95
Die Prinzipien der Vereinfachung als Antwort auf die Bewältigung der multifunktionalen Überlastung	121
Das Managen von Leistung im Spannungsfeld von Stabilität und Veränderung	148
Veränderung wird zu einem Erfolg, wenn sie nur vorübergehend ist	153
Die größte wertschöpfende Leistung wird in einem stabilen Umfeld erbracht	157
Veränderung ist erst gelungen, wenn sie die neue Routine ist	167
Brennen ohne auszubrennen – wo ist Ihr Limit?	174

Meine Mitarbeiter
3. Mitarbeiterführung & Teambildung — 191
Die Macht der drei „Unberührbaren" — 191
Die Zugehörigkeit — 193
Die Gerechtigkeit — 196
Der Sinn — 202
Kooperation im Team – Was ist Teamfähigkeit? — 207
Arbeitsbeziehungen gestalten – Jede Seite hat Verantwortung — 214
Egoismus und Beziehungsgestaltung — 215
Kommunikation und Information im Unternehmen – Jeder hat Verantwortung — 222
Anreizsysteme und Motivationspflege – Begeisterung ist das Herz der Motivation — 224
Motivationspflege durch Gerechtigkeit, Sinnfälligkeit und klare Regeln für Zugehörigkeit — 230
Angst als Motivationskiller — 231
Motivationspflege durch einen professionellen Umgang mit Lob und Kritik — 235
Entlassungen als Demotivation für die Verbliebenen — 239
Interner Wettbewerb versus Kooperation — 248
Motivationspflege durch passgenaue Anreize — 251
Der explizite psychologische Arbeitsvertrag – Konflikte durch Abgleich von Erwartungen vermeiden — 254
Sie müssen nicht alles alleine tun – Wie finden Sie die passende Unterstützung? — 269

Meine Kunden
4. Der Kunde hat das letzte Wort — 273
5. Wie weiter? — 281

Quellennachweis — 286

Was bietet dieses Buch?

Sie führen ein eigenes Unternehmen? Oder Sie sind gerade dabei, ein Unternehmen zu gründen? Dann wurde dieses Buch für Sie geschrieben. Ich werde Ihnen all das an Wissen, Erfahrung und Erkenntnissen zur Verfügung stellen, was ich über Jahre gemeinsam mit rund 200 kleinen und mittelständischen Unternehmen erarbeitet, erprobt und verfeinert habe. Seither konnten schon viele Unternehmer davon profitieren. Die meisten Unternehmer machen ganz intuitiv vieles richtig. Es sind oftmals die scheinbar kleinen Dinge, die fehlen und die irgendwann einen heftigen Paukenschlag in Richtung Scheitern auslösen. Also fragte ich mich, wie ein Straucheln oder sogar Scheitern vermieden werden kann. Und dann gibt es da noch eine Besonderheit in kleinen und mittleren Unternehmen, die ihren Inhabern das Leben zusätzlich schwer macht. Ich nenne sie die **multifunktionale Überlastung im Mittelstand.** Wie geht man als mittelständischer Unternehmer damit um? Was sollte man wissen und können? Was sollte man lernen und begreifen? Scheitern im Mittelstand ist vermeidbar und Erfolg ist machbar. Es kann einem in guten Zeiten schlecht gehen, wenn man nicht weiß, wie „es" funktioniert. Und es kann einem in schlechten Zeiten gut gehen, weil man weiß, wie „es" funktioniert. Und wenn man weiß, wie es funktioniert, kann es einem sowohl in schlechten wie auch in guten Zeiten wohl gehen. Das ist das Ziel.
Wenn Menschen ihr eigenes Unternehmen gründen, dann tun sie das mit viel Begeisterung, Stolz und Zuversicht. Sie sind bereit, für den Erfolg hart zu arbeiten und sind sich sicher, dass dieser nur noch eine Fra-

ge der Zeit sein wird. Warum auch nicht? Schließlich kennt man sich in seiner Branche sehr gut aus und weiß, dass man einer der Besten auf seinem Fachgebiet ist. Warum also für einen Chef arbeiten, wenn man selbst der Chef sein kann? Jedes Jahr machen sich tausende Menschen voller Hoffnung mit einem eigenen Unternehmen auf den Weg. Eine beachtliche Zahl ist erfolgreich. Viele scheitern aber auch. Das Bundesministerium für Wirtschaft und Energie hat eine Statistik veröffentlicht, wonach im Jahre 2016 in Deutschland 282.000 gewerbliche Unternehmensgründungen erfolgten. Diesen Gründungen standen 311.000 Liquidationen gegenüber[1]. Das Risiko des Scheiterns ist also ein ständiger Begleiter. Die Angst vor dem Scheitern, die mehr oder weniger fast jedes Unternehmerleben begleitet, kann mit der Zeit sehr an die seelische Substanz gehen. Grund genug, sich zu fragen, was man dagegen tun könnte. Erfolg mag auch etwas mit Glück zu tun haben. Aber vor allem hat er etwas mit dem berühmten „Gewusst wie" zu tun. Genau darum geht es in diesem Buch. In den letzten 20 Jahren war es mir vergönnt, als Coach, Trainer, Dozent, Verkäufer und Berater tief in den Alltag von kleinen und mittleren Unternehmen und ihren Teams einzutauchen und die Menschen, mit denen ich dort zusammen gearbeitet habe, bei der Bewältigung ihres Alltags zu begleiten. Ihre Erfolge haben mir gesagt, dass wir auf dem richtigen Weg sind. Ihre Misserfolge haben mich bedrückt und meinen Forschergeist herausgefordert. Wenn ein Unternehmer scheitert oder mit einem unglaublichen Kraftaufwand versucht, sein Unternehmen in schweren Zeiten vor dem Scheitern zu bewahren, koste es was es wolle, entwickelt man fast automatisch eine Solidarität und den Wunsch, helfen zu können. Noch mehr will man herausfinden, wie eine solche Situation in Zukunft zu vermeiden wäre. In den Jahren, in denen ich sehr genau hingesehen, zugehört, nachgedacht und gemeinsam mit Unternehmern experimentiert habe, bin ich zu der Gewissheit gelangt, dass ein eigenes Unternehmen weder dauerhaft mit einem ungeheuren Kraftaufwand betrieben werden muss noch in angeblich schlechten Zeiten zum Scheitern verurteilt ist. Wenn man sich nur von Anfang an eine einfache Tatsache bewusst machen würde: nämlich, dass Unternehmensführung ein Beruf ist, den man, wie jeden anderen Beruf auch, lernen muss. Am besten sollte man mit dem Lernen beginnen, bevor man sein eigenes Unternehmen gründet. Und man sollte mit dem Lernen auch danach nicht mehr aufhören. *Das Leben ist eine einzige Übungssache*, pflegte eine alte Familienfreundin stets zu sagen. Für das Unternehmerleben gilt das in ganz besonderer Weise. Ich bekomme darauf in der Regel zu hören, dass man als Unternehmer gar nicht die Zeit dafür habe und oftmals auch nicht das Geld, sich ständig weiterzubilden. John F. Kennedy soll einmal gesagt haben, dass es nur eines gäbe, was auf Dauer teurer ist als Bildung, nämlich keine Bildung. Das gilt auch für die Bildung, die man als Unternehmer braucht.

Unternehmensführung ist ein Beruf!
Tatsächlich habe ich von Unternehmern, mit denen ich darüber sprach, meistens das Gegenteil gehört. Sie waren sich sicher, dass man Unternehmensführung nicht lernen könne, sondern dass man „es" entweder habe oder nicht. Unternehmensführung sei reine Begabung. Sie hatten in einer Hinsicht recht, natürlich gehört zur Führung Talent. Ich habe auch nie den Eindruck gewonnen, dass es daran mangeln würde. Im Gegenteil, mir ist bis heute nie ein Unternehmer begegnet, der dieses Talent nicht besessen hätte. Das Problem war vielmehr, dass die Unternehmer fast ausschließlich mit ihrem Talent geführt haben. Aber Talent allein reicht auf Dauer für keinen Beruf. Picasso hatte ein unglaubliches Talent. Allerdings hatte er auch einen der besten Kunstpädagogen seiner Zeit zum Vater. Dieser sorgte dafür, dass Picasso von frühester Kindheit an die Grundlagen seiner Kunst trainierte. Dies verlangte Fleiß und Disziplin. Talent mag eine nötige Voraussetzung für Erfolg sein, eine hinreichende ist sie jedenfalls nicht. Das gilt auch für den Beruf des Unternehmers. Unternehmensführung kann und sollte gelernt werden. Natürlich können Sie auch einfach drauflosmalen, um bei dem Beispiel zu bleiben. Sie werden auf jeden Fall irgendein Bild zustande bringen. Aber würde es nicht ein viel besseres Bild werden, wenn Sie die Grundlagen und Techniken der künstlerischen Gestaltung von Grund auf beherrschen würden, weil Sie diese gelernt

haben? Das Gleiche kann man über die Kunst der Unternehmensführung sagen. Natürlich können Sie auch ein Unternehmen führen, ohne es gelernt zu haben. Aber würden Sie nicht ein viel besseres Ergebnis mit weniger Aufwand erzielen, wenn Sie gelernt hätten, wie es geht? Sie werden auf jeden Fall, auch ohne es gelernt zu haben, vieles richtig machen. Sonst würde es die vielen kleinen und mittelständischen Unternehmen nicht geben. Aber gerade die fehlenden Mosaiksteinchen in Ihrem Wissen und Können haben die Macht, Ihnen das Leben sehr schwer zu machen und Sie in Krisenzeiten vielleicht sogar zu Fall zu bringen. Das sind dann die bereits erwähnten massenhaften Liquidationen. Wäre es da nicht schöner, gut gerüstet ans Werk zu gehen?

In dem Moment, wo ich entscheide, ein Unternehmen zu gründen oder zu übernehmen, habe ich mich im Grunde für einen Berufswechsel entschieden. Ich bin nicht mehr nur Elektriker, Designer, Ingenieur oder was auch immer mein ursprünglicher Beruf war. Von nun an bin ich zuallererst Unternehmer. Das Fachwissen meiner Branche reicht nicht aus, ein Unternehmen in dieser Branche erfolgreich zu führen. Wenn ich weiß, wie man gutes Brot bäckt, weiß ich noch lange nicht, wie man eine Bäckerei profitabel macht. Das Produkt eines Bäckers ist das schmackhafte Brot. Das Produkt eines Unternehmers ist die profitable Bäckerei. Das schmackhafte Brot ist dabei ein wichtiger und grundlegender Faktor. Letztendlich ist es aber „nur" eine notwendige und keine hinreichende Bedingung für eine profitable Bäckerei. Wichtig ist, dass das gute Brot in einem Unternehmen gebacken wird, dessen Inhaber das Handwerkszeug der Unternehmensführung einigermaßen beherrscht. Erst in der Kombination von gutem Produkt (Brot) und professioneller Unternehmensführung entsteht ein stabiles profitables Unternehmen (Bäckerei) und ein Unternehmer, dessen Kräfte sich immer wieder gut regenerieren. Das Motto guter Ökonomie lautet: **Tue weniger und erreiche mehr.** Es heißt nicht: Tue viel und erreiche weniger. Wir brauchen also das Wissen, wie man gutes Brot bäckt PLUS das Wissen, wie man Kraft sparend ein Unternehmen profitabel führt. Nur in dieser Kombination kann man ein erfolgreiches Unternehmen schaffen beziehungsweise ein profitables Unternehmen „produzieren".

Denn im Grunde ist es das, was ein Unternehmer tut: Er produziert ein profitables Unternehmen. Wie man das macht, kann man lernen und jeder lernt es. Nur lernt es jeder auf eine andere Weise. Versuch und Irrtum sind durchaus eine gute Methode, etwas zu lernen. Der Nachteil ist leider, dass die vielen Irrtümer teuer bezahlt werden müssen, entweder mit Geld und mangelndem Erfolg oder mit Gesundheit und dem Verlust an Lebenszufriedenheit. Natürlich ist nicht jeder Versuch ein Irrtum. Wie bereits gesagt, machen die meisten Unternehmer sehr viel richtig, sonst würde es sie gar nicht geben. Die Frage ist aber, ob Sie aus Ihrem Unternehmen ein Kunstwerk à la Picasso oder ein Bild von Jedermann schaffen wollen. Und noch viel wichtiger ist die Frage, ob Sie Ihr ganzes Leben Ihrem Unternehmen widmen möchten, oder ob Sie Ihr Unternehmen Ihrem Leben widmen wollen. Wie soll Ihr Leben als Unternehmer aussehen? Wissen macht alles leichter. Und Leichtigkeit ist das Wesen der Ökonomie. Oder, um es zu wiederholen: Tue weniger und erreiche mehr! Weniger tun meint hier, ohne Umwege über Irrtümer das Richtige zu tun. Wie das geht, kann man lernen. Ich lade Sie ein, sich nach Herzenslust bei dem Wissen zu bedienen, das Andere schon erarbeitet haben. Um nichts anderes soll es in diesem Buch gehen. Ich kenne zwei Freunde, die seit Jahren gemeinsam ein kleines Unternehmen führen, aber eigentlich am liebsten mit ihrem Team an der Realisierung der Kundenaufträge arbeiten. Unternehmensführung macht ihnen eher wenig Spaß. Irgendwann meinten sie, es wäre eine gute Idee, für diese ungeliebte Aufgabe einen externen Geschäftsführer einzustellen. Das taten sie dann auch. Leider haben meine Einwände und Warnungen damals nichts bewirkt. Es war ziemlich bedrückend, sowohl für sie als auch für mich, als sie nach fast zwei Jahren erkennen mussten, dass es nicht funktioniert. Unternehmensführung kann man nicht komplett outsourcen. In den zwei Jahren hatte dieser externe Geschäftsführer nicht nur das Unternehmen schlecht geführt und dafür einige zehntausende Euro Gehalt kassiert. Am Ende führte er auch noch ein Gerichtsverfahren gegen die zwei Freunde, in dem ein Richter entschied, sie müssten dem wegen Unfähigkeit gekündigten Geschäftsführer zu allem Übel auch noch eine große Abfindung zahlen. Es hat sie gelehrt, dass man die Mühen der Unternehmensführung nicht vermeiden kann und, dass man einfach nicht daran vorbei kommt, sich mit dem Wissen um eine professionelle Unternehmensführung selbst vertraut zu machen. Glücklicherweise gibt es das Unternehmen noch heute, aber die beiden Freunde hätten diese Erkenntnis auch billiger haben können.

Die Meinung, dass man Unternehmensführung nicht zu lernen bräuchte, stützt sich natürlich auch auf reale Erfahrungen. Denn nicht selten gibt das Leben dieser Haltung recht – zumindest für eine gewisse Zeit. Fast jeder Unternehmer hat schon Zeiten erlebt, in denen alles ganz toll und vor allem fast wie von selbst lief. Es geht doch also! Und wenn es jetzt gerade mal nicht so läuft, hat das nichts mit mir zu tun, schließlich mache ich jetzt auch nichts anderes, als zuvor. Gerade das aber ist der Denkfehler. Wenn das Meer ruhig ist und ein mäßiger Wind im Rücken weht, lässt sich das Segelboot leicht übers Wasser führen. Anders ist es, wenn Sturm aufkommt und der Wind sich dreht. Jeder professionelle Kapitän würde dann wissen, dass es jetzt an ihm liegt, das Boot heil durch alle Wetter zu führen. Das hat er gelernt und jeder Handgriff sitzt. Er würde nicht darauf warten, dass sich alles wieder von selbst beruhigt. Und er würde auch nicht auf das Wetter schimpfen. Er weiß, wie man den Launen des Wetters trotzt. Er hat eben (Boots-)Führung gelernt, egal unter welchen Umständen. Ohne es gelernt zu haben, wäre er gar nicht auf den Gedanken gekommen, ein Boot zu steuern. Stellen Sie sich bitte einmal folgende Frage und beantworten Sie diese ganz ehrlich: Würden Sie in ein Flugzeug steigen, bei dessen Führung der Pilot genauso improvisiert wie Sie bei der Führung Ihres Unternehmens? Würden Sie sich als Passagier sicher fühlen, wenn der Pilot aus dem Cockpit meldete: *Werte Damen und Herren, unser Flugzeug gerät gerade in eine Turbulenz. Das ist nicht meine Schuld, irgendwie wird sich das schon wieder beruhigen. Ich probiere mal was aus oder vielleicht mache ich einfach so weiter, wie bisher. Sollten wir abstürzen, kann ich nichts dafür. Vielleicht hat ja einer der Passagiere eine Idee?* Ich denke, eine solche Durchsage würde bei Ihnen Panik auslösen. Genau das aber habe ich oft bei mittelständischen Unternehmern erlebt. Das Unternehmen gerät in Turbulenzen, der Markt wird enger, die Konkurrenz größer, die Kunden anspruchsvoller und weniger zahlungsfreudig, die Mitarbeiter unmotivierter. Und die Reaktion darauf ist die Haltung: *Was hat das alles mit mir als Unternehmer zu tun? Ich bin doch nicht das Problem!* Es ist wahr, sie haben nicht ganz Unrecht. Wir können uns tatsächlich nur selten die Fragen und Probleme aussuchen, vor die uns das Leben stellt, vor allem wenn es um Entwicklungen in der Wirtschaft geht. Wahr ist aber auch, dass wir frei entscheiden können, welche Antworten wir geben. Die Antworten, die wir dem Leben geben, machen den Unterschied. Sie dürfen natürlich sehr gern die Zeiten genießen, in denen alles wie von selbst läuft. Aber nutzen Sie diese Zeiten und eignen Sie sich die Kompetenzen an, die Ihnen bei wirtschaftlichen Unwettern helfen, Ihr Unternehmen gut durch alle Turbulenzen zu führen. Alles Wissen ist vorläufiges Wissen und jeder neue Tag kann uns überraschen und darüber belehren, dass das, was wir bisher als richtig erlebt haben, jetzt nicht mehr zutrifft. Daher empfehle ich einen spielerischen Umgang mit diesem Buch. Fühlen Sie sich frei, selber zu entscheiden, was davon Sie in Ihren Alltag übernehmen möchten oder nicht. Picken Sie sich die Aussagen heraus, die Sie beim Lesen am meisten ansprechen und fangen Sie an, diese im Alltag umzusetzen. Es geht nicht um Vollkommenheit und Perfektion. Allein, dass Sie sich mit Führungsfragen beschäftigen, bringt Sie schon ein gutes Stück voran. Lassen Sie andere wissen, was Ihre Erfahrungen sind. Wichtig ist, dass Sie sich mit Führungsthemen auseinandersetzen.

Der Mittelstand ist anders – die multifunktionale Überlastung
Was ich in meiner täglichen Arbeit mit Unternehmern aus dem Mittelstand sehr bald erkannt habe, ist folgende Besonderheit: Ein kleines und mittelständisches Unternehmen zu führen, folgt nicht immer der gleichen Logik wie die Führung eines Konzerns. Ein großes Unternehmen hat für das umfangreiche Spektrum an Führungsaufgaben eigene Fachabteilungen mit speziell ausgebildeten Experten zur Verfügung. Es gibt beispielsweise eine eigene Marketingabteilung, Personalabteilung, Abteilung für Rechnungswesen und Statistik, Buchhal-

tung und Controlling, Forschung und Entwicklung und so weiter und so fort. Für die Führung eines kleinen oder mittelständischen Unternehmens hingegen gibt es keine Fachabteilungen mit speziell ausgebildeten Experten. Der Inhaber und Geschäftsführer muss sämtliche Führungsaufgaben allein in eigener Person bewältigen. Er ist Manager, Personalentwickler und Verkäufer. Er ist verantwortlich für Kundenkontakte und das Einwerben von Aufträgen. Er muss Preise und Angebote kalkulieren und sich um das Marketing und die Entwicklung von neuen Angeboten kümmern. Er macht Strategieentwicklung und verhandelt mit Behörden. Darüber hinaus soll er seine Mitarbeiter motivieren und sich um Befindlichkeiten und Unstimmigkeiten im Team kümmern. Das alles hat er aber nicht von Grund auf gelernt, sondern er wächst über die Jahre irgendwie in diese Rollen hinein. Er improvisiert, das kostet Kraft. Und um dem Ganzen die Krone aufzusetzen, kann er sich noch nicht einmal den ganzen Tag mit all diesen Führungsaufgaben beschäftigen, weil er gemeinsam mit seinen Mitarbeitern an der Umsetzung von Kundenaufträgen arbeiten muss. Denn nicht selten sind die Inhaber die führenden Wissens- und Kompetenzträger, ohne die der Produktionsprozess nicht laufen würde. Manchmal wirft ein kleines Unternehmen auch nicht so viel Gewinn ab, dass man es sich leisten könnte, eine ganze Arbeitskraft nur mit Führungsfragen zu beschäftigen. Mittelständische Unternehmer müssen also nicht nur **an ihrem Unternehmen arbeiten** (dafür sorgen, dass die Bäckerei profitabel läuft) sondern sie müssen auch selbst **in ihrem Unternehmen arbeiten** (das Brot backen). Diese Doppel- und Mehrfachfunktion verbraucht viel Kraft. Ich nenne sie die **multifunktionale Überlastung im Mittelstand.** Dank dieser lebt der Inhaber eines mittelständischen Unternehmens im ständigen Spagat zwischen den Aufgaben und Anforderungen eines

- Unternehmers und Managers,
- Fachexperten seiner Branche,
- Mitglieds im Team sowie
- eines Menschen mit einem Privatleben.

Die größte Leidenschaft und Begeisterung empfindet er nach meiner Erfahrung weniger für die Aufgaben des Unternehmers und Managers sondern eher für die Herausforderungen an den Fachexperten seiner Branche, der er ist. Dort fühlt er sich wirklich zu Hause. Apropos „zu Hause": Führungskräfte führen nicht nur ihr Unternehmen. Sie führen auch Menschen und sie führen zugleich ihr eigenes Leben. Vor allem die Führung des eigenen Lebens ist für den unternehmerischen Erfolg sehr wichtig. Auch wenn dieses eigene Leben oftmals zu kurz kommt, hat sich deutlich gezeigt, dass die persönliche Lebensführung von ganz entscheidender Bedeutung für den Erfolg beim Führen von Menschen und Unternehmen ist. Bei allem, was ein Mensch tut oder sagt, äußert sich immer auch seine innere Haltung zum Leben und zu sich selbst. Das ist völlig in Ordnung. Entscheidend ist, ob diese Haltungen bei der Lösung von Problemen hilfreich sind oder einer Lösung eher im Wege stehen. Darum wird sich dieses Buch auch mit Fragen der nötigen Haltungen und Einstellungen auseinandersetzen. Im Wesentlichen liefert das Buch also Aussagen zu folgenden drei Themen:

1. **Lebensführung & Selbstmanagement (Ich führe ein Leben)**
   Erfolgshaltungen für Führungskräfte

2. **Managementkompetenz & Unternehmensführung (Ich führe ein Unternehmen)** Erfolgsfaktoren der Unternehmensführung

3. **Mitarbeiterführung & Teambildung (Ich führe Menschen)**
   Erfolgskonzepte für die Mitarbeiterführung

Ich bin mir bewusst, dass Menschen in Führungsposition ständig mit der Zeitknappheit kämpfen. Daher geht es mir auch nicht darum, mit diesem Buch das Thema erschöpfend zu behandeln. Ich konzentriere mich auf die Themen, die Ihnen nach meiner Erfahrung am meisten helfen können, Ihre multifunktionale Überlastung mit minimalem Kraftaufwand und bestmöglichem Ergebnis zu handhaben. Ich werde mich aber nicht nur auf das Wesentliche konzentrieren, sondern mich auch einer einfachen und leicht verständlichen Ausdrucksweise bedienen. Aus diesem Grund verzichte ich auf eine weibliche und eine männliche Begrifflichkeit. Es wird also keine Unternehmerinnen und Unternehmer geben, ich verwende für beide die männliche Form. Ich bin selbst eine Frau und man kann mir gewiss keine Geringschätzung von Unternehmerinnen vorwerfen. Es geht mir lediglich um einen flüssigen und effizienten Schreibstil. Das ist alles.

1. Lebensführung & Selbstmanagement – Erfolgshaltungen für Führungskräfte

Vor vielen Jahren durfte ich ein junges Unternehmen aus der IT-Branche über einen gewissen Zeitraum betreuen. Ich sollte Inhaber und Team helfen, sich stabil am Markt zu etablieren. Es war ein Unternehmen mit rund 10 Mitarbeitern. Die jungen Leute gefielen mir auf Anhieb. Sie waren hoch motiviert, sehr integer und anständig und ganz offensichtlich auch sehr kompetent in ihrem Fach. Es machte ihnen nichts aus, 10 Stunden täglich zu arbeiten. Sie liebten was sie taten. Ich hatte das Gefühl, dieses Unternehmen sei kraftvoll wie ein Porsche. Es war alles da, was man zum großen Erfolg brauchte: Eine tolle Geschäftsidee, ein Markt, Kompetenz, Begeisterung, Power, Motivation und Engagement. Aber als ich dann die Umsätze und Gehälter erfuhr musste ich feststellen, dass dieser Porsche mit 30 km/h und angezogener Handbremse durchs Wirtschaftsleben tuckerte. Die Einnahmen schrammten gerade so am Existenzminimum vorbei. Anscheinend schien das außer mir aber niemanden wirklich zu stören. Ich bin Ökonom. Für mich sind Unternehmen dazu da, uns wohlhabend zu machen. Ein Unternehmen, das die Menschen zwar beschäftigt aber nicht zu Wohlstand führt, empfinde ich irgendwie als „am Thema vorbei". Also wollte ich wissen, was da los war. Doch man wiegelte ab. Ganz offensichtlich war es den Leuten peinlich, über Geld zu sprechen. Ich hörte Antworten wie: *Es geht mir nicht ums Geld.* Oder: *Ich habe viel Spaß an meiner Arbeit, das ist mir wichtig.* Oder: *Das ist alles nicht so einfach, die Kunden wollen nicht so viel bezahlen.* Da mich das alles nicht zufrieden stellte, bohrte ich so lange weiter, bis mir der Inhaber eines Tages genervt entgegnete: *„Anständige Menschen sind eben nicht reich, nur die rücksichtslosen werden reich!"* Da verschlug es mir nicht nur kurz die Sprache, sondern mir dämmerte langsam auch, wo das Problem lag. Wenn man tief in seinem Inneren diese Einstellung oder, wie es in der Fachsprache heißt, diesen Glaubenssatz pflegt, hat man tatsächlich ein Problem mit dem Geld verdienen und wohlhabend werden. Denn wer will schon ein unanständiger Mensch sein? Ich konnte irgendwann Führung und Team überzeugen, sich mit dem Thema „Geld und Wohlstand" auseinanderzusetzen. Die Führung hatte die meiste Angst davor. Sie war sich ja der Tatsache bewusst, dass sie keine sehr guten Gehälter zahlte und befürchtete, dass die Mitarbeiter mehr fordern würden, wenn sie sich mit dem Thema beschäftigten. Und eben dieses Geld war nicht da. Sie konnte sich auch nicht vorstellen, wie daran etwas zu ändern sei. Darum fürchtete sie eine Diskussion, die nirgendwohin führte und vielleicht Mitarbeiter hinterließ, die nachher frustrierter als vorher wären. Man wollte offensichtlich keine schlafenden Hunde wecken. Das zeigte mir, dass Geld sehr wohl ein Thema war aber eben ein Tabuthema. Da sich Gewinne ganz bestimmt nicht steigern lassen, wenn Geld ein Tabuthema ist, blieb ich hartnäckig. Schließlich willigten alle ein. Also habe ich ein Geldseminar beziehungsweise einen Geldworkshop kreiert und durchgeführt. Im ersten Schritt setzten wir uns mit den eigenen Einstellungen zu Geld und Wohlstand auseinander. Es war ein spannendes Experiment und es brachte mich und das gesamte Team auf die richtige Spur. Vor allem wurde den meisten klar, in welcher Weise sie sich mit ihren Gedanken und Haltungen selber daran hinderten, Verdienstmöglichkeiten auszuschöpfen. Das gab vielen im Team, vor allem aber der Führung, sehr zu denken. Wenn man erst einmal ein Problem erkannt hat, ist die Lösung nicht mehr sehr fern. In der Psychologie sagt man: Wenn ein Problem treffsicher beschrieben werden kann, ist in der Beschreibung die Lösung bereits enthalten. Das gilt nach meiner Erfahrung auch für die Unternehmensführung. Und so war es auch in diesem Fall. Schließlich „traute" man sich, den Blick auf größere Märkte zu richten und nahm an einer großen internationalen Ausschreibung teil. Man gewann sie nicht nur, sondern verdiente endlich auch richtig Geld – ohne sich dabei „unanständig" zu fühlen. Wie wunderbar! Übrigens, noch einmal zurück zu dem Argument, dass es nicht so schlimm sei, weniger zu verdienen, weil die Arbeit ja Spaß mache. Das bekam ich oft in den vielen Gesprächen mit Mitarbeitern und Unternehmern zu hören. Ich kann aber nicht finden, dass es Sinn macht, so zu argumentieren. Der Spaß an der Arbeit ist die Grundvoraussetzung dafür, dass man Verdienstmöglichkeiten durch Leistung ausschöpfen kann und kein Grund, auf Einkommen zu verzichten. Ich kenne niemanden, der ohne Spaß an seiner Arbeit auf Dauer finanziell erfolgreich geworden wäre. Außerdem wird man nicht für den entgangenen Spaß oder den Frust an der Arbeit bezahlt, sondern für die sinnvolle und nützliche Leistung, die man für Kunden erbracht hat. Geld und Spaß an der Arbeit schließen sich nicht aus, sie sind, im Gegenteil, ein Erfolgsteam.

Dieses Geldseminar hat mir einen wichtigen Beweis geliefert, in welchem Ausmaß unsere inneren Haltungen und Glaubenssätze unser Geschäftsleben prägen. Seither konnte ich immer wieder beobachten, dass die innere Einstellung beziehungsweise Haltung von grundlegender Bedeutung für die Lösung von Problemen und das Erreichen von Zielen ist. Wenn diese persönlichen Einstellungen nicht passen, hat es wenig Sinn, Seminare über Führungsinstrumente und Lösungsstrategien zu besuchen. Nicht wenige Menschen in Führungspositionen, die ich kennenlernte, hatten bereits Weiterbildungen zu verschiedenen Führungsthemen hinter sich und waren von diesen meistens auch angetan. Dennoch konnten sie nach eigenen Aussagen weniger als erhofft von dem umsetzen, was sie gelernt hatten. Eine Erklärung dafür war, dass das neu Gelernte auf persönliche Einstellungen und Haltungen stieß, die nicht zu dem passten, was sie da gelernt hatten. Man nennt das: verbale Zustimmung bei realer Verhaltensstarre. Diese Haltungen haben in der Regel eine lange Lebensgeschichte und es gibt durchaus gute Gründe, ihnen treu zu bleiben. *Verhalten macht Sinn* lautet das Credo des systemischen Denkens. Dennoch ist es wichtig, genau hinzuschauen, welche Haltungen Erfolg fördern und welche nicht. Seien Sie als Unternehmer bereit, eigene Haltungen und Einstellungen zu reflektieren, kritisch zu hinterfragen und wenn nötig zu ändern. Ich habe immer wieder erlebt, welche enormen positiven Effekte Haltungsänderungen bei Menschen haben. Lassen Sie uns darum einige wichtige Haltungen und Einstellungen etwas genauer anschauen, die ich bei meiner Arbeit in den Unternehmen als besonders relevant erlebt habe.

Geld zeigt Haltung
Wir kennen alle die Redewendung: *Armut ist keine Schande.* Das mag sein, aber das ist auch das einzige Gute, was man darüber sagen kann. Reichtum ist auch keine Schande, vorausgesetzt, er ist legal erworben. Wie denken Sie darüber? Welche Bedeutung hat Geld für Ihren Unternehmenserfolg? Die Antwort liegt wohl für jeden auf der Hand: Unternehmenserfolg ist Geld! Diese einfache ökonomische Tatsache trifft nach meiner Erfahrung jedoch nicht selten auf ein zwiespältiges, manchmal sogar auf ein ablehnendes Echo. In Deutschland ist es fast schon ungehörig, über Geld zu sprechen. Geradezu ein Tabu ist es, jemanden nach seinen Einkünften oder seinem Gehalt zu fragen. Und das Prahlen mit finanziellem Erfolg gilt bei vielen Menschen als stillos. Das ist eine kulturelle Prägung, die nicht unbedingt überall auf der Welt gilt. In den USA zum Beispiel bin ich nicht nur ganz ungeniert gefragt worden, womit ich denn wie viel Geld verdiene. Man hat mit mir auch ganz freimütig darüber gesprochen, wie viel Geld man selbst womit verdiente. Geld war auf jeder Party ein beliebtes Thema, vor allem „viel Geld". Es war irgendwie jedem klar, dass es im Leben darum ging, wie man viel Geld verdienen könne. Ich gestehe, ich mag nicht über mein Geld sprechen, weder öffentlich noch privat. Und daran wird sich auch nichts ändern. Das muss es auch nicht. Wichtig ist, dass ich mir darüber im Klaren bin, wie ich innerlich zu mir selbst über Geld rede und welche Emotionen ich dabei habe. Worum es mir geht, ist, dass Sie sich als Unternehmer mit diesem Thema auseinandersetzen. Denn ein Unternehmen ist im Grunde ein Werkzeug zur Produktion von Wert und damit Geld. Wenn Sie ein unreflektiertes, diffuses oder von unangenehmen Gefühlen durchzogenes Bild vom Geld haben, dann haben

Sie leider auch eine unreflektierte, diffuse und von unangenehmen Gefühlen aufgeladene Einstellung zum wirtschaftlichen Erfolg Ihres Unternehmens. Bei allem, was Sie als Unternehmer tun und entscheiden, wird diese Einstellung irgendwie dazwischen funken und sich bemerkbar machen. Sind Ihre Gedanken und Emotionen zum Geld gut reflektiert, emotional angenehm sowie sachlich richtig, können Sie sich ohne „mentalen Ballast" in Richtung Erfolg bewegen. „Schmort" in Ihrer Seele aber ein emotional ungeklärtes Tabu beim Thema Geld, bewegen Sie sich mit einer Eisenkugel am Fuß durch das Unternehmerleben. Sie kommen natürlich auch mit einer Eisenkugel am Fuß vorwärts, aber nicht so schnell wie ohne Kugel, und darüber hinaus müssen Sie für jeden Schritt mehr Energie aufbringen, als nötig wäre. Auf diese Weise macht man sich das Unternehmerleben unnötig schwer. Stellen Sie sich doch einmal folgende Fragen und hören Sie bei den Antworten gut in sich hinein. (Sie sind allein, seien Sie also ganz ehrlich):

- Wie würde ich einem Außerirdischen erklären, was Geld ist?
- Was denke ich über Geld?
- Welche Gefühle und Emotionen löst Geld bei mir aus?
- Wie viel Geld möchte ich mit meinem Unternehmen verdienen und warum?
- Auf einer Skala von 1 bis 10: Wie viel Spaß macht es mir, Geld zu verdienen?
- Wie gerne gehe ich in Preisverhandlungen?
- Was denke ich über das Verkaufen?
- Verkaufe ich gern?
- Mit welchen Gefühlen schaue ich auf meine Kontostände?
- Welche Ängste habe ich in Bezug auf Geld?
- Was denke ich über reiche oder arme Menschen?
- Was haben mir meine Eltern, Großeltern, Tanten oder Onkel über Geld gesagt und vorgelebt, als ich noch klein war?
- Lasse ich mich heute noch von dem leiten, was mir meine Familie als Kind über Geld mit auf den Weg gegeben hat und warum?
- Ist Geld für mich eine Art Ersatzbefriedigung und wenn ja, wofür?

Nach meiner Erfahrung gibt es eine hohe Wahrscheinlichkeit, dass Ihnen zumindest einige dieser Fragen unangenehm sein werden oder, dass Sie keine für Sie zufriedenstellenden Antworten finden. Aber denken Sie daran, Sie **müssen** mit Ihrem Unternehmen Geld verdienen! Wie gut gelingt Ihnen das, wenn schon das Nachdenken über Geld unangenehm ist? Und es gibt noch einen Grund, weshalb man als Unternehmer eine geklärte, gut reflektierte und emotional entspannte Einstellung zum Geld haben sollte. Gerade in den kleinen und mittleren Unternehmen ist das Geldthema häufig und unübersehbar eine Quelle von Frustration und Demotivation. Geldprobleme und die daraus resultierenden beschränkten Gestaltungsmöglichkeiten für das eigene Leben sind ganz allgemein oft eine Quelle von Alltagsstress. Bei näherer Betrachtung entpuppten sich Klagen über belastende Arbeitsbedingungen nicht selten als Ausdruck von Geldsorgen. Welche Meinungen und Einstellungen zum Thema Geld habe ich von Unternehmern und Mitarbeitern am meisten zu hören bekommen? Ich stelle Sie Ihnen nachfolgend vor. Vielleicht finden Sie sich in dem einen oder anderen wieder. Ich werde dabei auf die Aspekte und Glaubenssätze eingehen, denen ich nicht nur am häufigsten in den Unternehmen begegnet bin, sondern die sich auch als besonders starke mentale Bremsen für den unternehmerischen Erfolg erwiesen haben. Schauen Sie einfach, ob die nachfolgenden Darlegungen nützliche Anregungen bieten, einiges neu zu überdenken.

Geben ist seliger denn Nehmen – gerecht geht anders
Geben mag seliger denn Nehmen sein, doch gerecht ist etwas anderes. Die Wirtschaft lebt vom Austausch. Das heißt, in der Wirtschaft herrscht die Logik vom Nehmen und Geben. Ich gebe ein Produkt oder eine Leistung und ich bekomme dafür Geld, entsprechend des Wertes meiner Leistung. Ich habe in den Unternehmen zu 99 Prozent Menschen getroffen, die sehr hilfsbereit und sozial eingestellt waren. Sie waren gut im Geben, aber weniger gut im Nehmen. Sie trauten sich nicht, offen und unbefangen ihre Wünsche und Erwartungen zu äußern. Sie scheuten sich, in Gehaltsverhandlungen zu gehen. Wenn sie

es dann doch irgendwann taten, gingen sie mit einer inneren Anspannung in die Gespräche, die nicht gerade hilfreich war. Die Menschen, mit denen ich sprach, trauten sich oftmals nicht einmal, offen und unbefangen ihre Erwartungen an das Miteinander im Team zu kommunizieren. Auch die Unternehmer hatten nicht selten Schwierigkeiten, klar und selbstbewusst zu formulieren, was sie brauchten beziehungsweise was sie vom Leben und von ihren Mitarbeitern erwarteten. Sie trauten sich nicht, offen ihre Bedürfnisse zu formulieren. Ich habe auch keinen Unternehmer erlebt, der auf meine Frage, wie viel er denn mit seinem Unternehmen für sich verdienen wolle, eine klare Antwort parat gehabt hätte. Da hat es mich nicht gewundert, dass diese Unternehmer oftmals Probleme damit hatten, von ihren Kunden angemessene Preise zu verlangen. Sie sind schon mit unangenehmen Gefühlen in die Verkaufsverhandlungen gegangen. Oder sie hatten immense Außenstände, trauten sich aber nicht, konsequent oder gar mit juristischen Mitteln an die Beschaffung der ihnen zustehenden Gelder zu gehen. Und egal wie die Gespräche darüber begannen, irgendwann landeten wir auf die eine oder andere Weise bei dem guten alten christlichen Motto: Geben ist seliger denn Nehmen und ein guter Mensch ist nicht auf Geld aus.

Dass Geben seliger als Nehmen sein soll, ist für mich als Ökonom alles andere als plausibel oder gar sozial. Ich weiß wohl, wie gut und kraftvoll es sich anfühlt, zu geben. Ich bin auch nicht geizig und helfe gern ohne zu fragen, was ich dafür bekomme. Aber das ist privat und auch da muss man irgendwann die Notbremse ziehen. Im Wirtschaftsalltag jedoch hat sich dieses christliche Prinzip als völlig ungeeignet erwiesen, Arbeits- und Kundenbeziehungen vernünftig zu regeln. Das hat einen ganz einfachen Grund: Ich kann mit diesem Prinzip wirtschaftlich nicht sehr gut überleben. Aber es gibt neben dem rein ökonomischen auch noch einen moralischen Grund, der gegen dieses Prinzip spricht: Wenn ich geben möchte, ohne zu nehmen, setzt dies voraus, dass da jemand ist, der nimmt, ohne zu geben. Ansonsten könnte ich nicht geben, ohne zu nehmen. Betrachten wir es aus der Perspektive des Nehmers: Er nimmt, ohne zu geben. Ist das ein guter Charakterzug für einen gesunden Erwachsenen? Ist es von mir, dem Geber, also wirklich eine gute Tat, bei einem anderen Menschen eine Art egoistische Nimm-Kultur zu fördern, weil ich mich nicht traue, ein Äquivalent zurückzufordern? Im Umgang mit kleinen Kindern darf man das gerne tun, sie können noch nicht anders, sie sind erst dabei zu lernen, wie man sich reif und fair in einer Gesellschaft benimmt. Kranken und benachteiligten Menschen darf man auch vorübergehend erlauben, zu nehmen, ohne zu geben, weil auch sie momentan nicht anders können. Aber ist das Prinzip *Geben ist seliger denn Nehmen* wirklich angemessen und gerecht für das Miteinander von gesunden Erwachsenen? Ist es in Ordnung, mit meiner Leistung den Egoismus eines Anderen zu befördern, indem ich diesen Egoismus finanziere? Oder ist es im Gegenteil nicht viel sozialer und gerechter zu sagen: *Ich gebe dir Gelegenheit, dich als anständigen Menschen zu verhalten und nach dem Nehmen auch adäquat zu geben*. Für mich gleicht der Slogan „Geiz ist geil" einem moralischen Offenbarungseid. Er manifestiert eine (Un)Kultur, in der man viel nehmen möchte und wenig bis gar nichts geben will. Karl Marx definiert Ausbeutung als eine unentgeltliche Aneignung fremder Arbeit [2]. Daraus würde folgen: In der Wirtschaft ist Äquivalentenaustausch das oberste Gerechtigkeitsprinzip, weil es Ausbeutung verhindert. Der Begriff Äquivalentenaustausch meint hier: Ich bekomme nicht mehr, als ich gebe und ich gebe nicht mehr, als ich bekomme. Wenn Sie also für Ihren Kunden eine ordentliche Arbeit geleistet haben, so wie vereinbart, und Ihr Kunde ganz oder teilweise nicht angemessen dafür zahlen will, so versucht er, Sie auszubeuten. Das zu ertragen, macht Sie nicht zu einem guten oder besseren Menschen, sondern zu einem Menschen, der sich selber demütigt, indem er Ungerechtigkeit gegen sich einfach hinnimmt. Geben und Nehmen im gleichen Verhältnis lässt alle gut leben. Wenn ein Kunde von Ihnen die gewünschte Leistung erhalten hat, haben Sie ein Recht, dafür eine angemessene Vergütung zu bekommen. Fordern Sie diese mit aller Freundlichkeit und aller Konsequenz, ohne die leisesten moralischen Skrupel. Ich habe in den vielen Gesprächen und Diskussionen zu diesem Thema oft an meine Urgroßmutter denken müssen, die mir einmal sagte: „*Das Sprichwort – der Klügere* gibt nach – ist schuld daran, dass sich die Dummen durchsetzen." Auf die Wirtschaft übersetzt würde das heißen, das Prinzip *Geben ist seliger denn Nehmen* ist schuld daran, dass es Unfairness in der Wirtschaft gibt und insolvente Unternehmen mit vollen Auftragsbüchern und riesigen Außenständen. Betrachten Sie es doch einmal so: Wenn Sie auf Äquivalentenaustausch pochen, geben Sie Ihrem Geschäftspartner die wunderbare Gelegenheit, sich als anständigen Menschen zu benehmen. Beharren Sie darauf, dass er in gleichem Maße gibt, wie er von Ihnen genommen hat. Wenn denn das Geben etwas so genussvolles ist (und das ist es wirklich), dann gönnen wir doch auch unserem Geschäftspartner diesen Genuss und laden ihn ein, nach dem er von uns genommen hat, auch adäquat zu geben. Und schließlich mahnen uns die simplen Gesetze der Mathematik, auf Äquivalentenaustausch zu beharren, andernfalls gehen wir Pleite. Ein Geschäft, in dem Sie nicht angemessen bezahlt werden, ist also keines auf das Sie sich einlassen sollten. Es funktioniert nicht. Sehen wir uns eine nächste Einstellung beziehungsweise Haltung an, der ich oft begegnet bin und die ein Unternehmen in Schwierigkeiten bringen kann.

Ich verkaufe nicht gern – warum eigentlich?
Sie verkaufen nicht gern, denn Verkaufen heißt, jemandem etwas aufzuschwatzen oder jemanden über den Tisch zu ziehen? Ist das wirklich so? Ich hatte letztens ein wunderbares Gespräch mit einer älteren Dame aus den USA, die schon einige Zeit in Deutschland lebt. Sie hat sich über die deutsche Verkaufskultur beschwert. Das hat mich interessiert. Ich habe ihr ausgiebig zugehört und schließlich rutschten wir in eine Diskussion darüber, dass in den USA Verkaufen eine gesellschaftlich geachtete Tätigkeit sei, während in Deutschland der Beruf des Verkäufers (angeblich oder tatsächlich) kein besonders hohes gesellschaftliches Ansehen genießt. Man sehe das Verkaufen häufig als etwas leicht Anrüchiges an. Hand aufs Herz, sind Sie auch dieser Meinung, zumindest etwas? Falls das zutrifft, wäre es schade und vor allem sehr ungerecht, denn ein guter Verkäufer ist im Grunde ein sozialer Künstler. Er muss viel über die menschliche Natur und Kommunikation

verstanden haben. Er muss jedem Menschen sehr offen und unvoreingenommen begegnen. Er muss Menschen mögen. Und vor allem muss er in der Lage sein, die eigene Eitelkeit und Sicht der Dinge beiseitelassen zu können. Nur so gelingt es ihm, in aller Ruhe auf sein Gegenüber einzugehen und die Welt mit den Augen seines Kunden zu betrachten. Auf diese Weise kann er Wünsche erfüllen, Ideen entwickeln und einen Interessensausgleich zwischen Angebot und Nachfrage aushandeln. Ich habe allerhöchsten Respekt vor Verkäufern und bin jedes Mal gerührt, wie glücklich und dankbar Verkäufer reagieren, wenn ich sie wissen lasse, dass ich ihre harte und anspruchsvolle Arbeit sehe und wertschätze. Allerdings bin ich als Kunde auch sehr empört, wenn ich unprofessionell und wie eine lästige Nebensache behandelt werde. Das kommt auch vor. An dieser Stelle bitte ich Sie, sich kurz zu fragen, wie Sie in Gedanken und in Ihrem Verhalten mit Verkäufern umgehen, wenn Sie Kunde sind. Denn im Grunde müssen Sie erwarten, dass Sie von Ihren Kunden ähnlich behandelt werden. Vielleicht gehen Sie deshalb ungern in ein Verkaufsgespräch mit Ihren Kunden, weil Sie selber das Verkaufen nicht sonderlich hoch bewerten und fürchten, ebenfalls abschätzig behandelt zu werden, wenn Sie in dieser Rolle sind? Könnte das zumindest teilweise wahr sein? Wie auch immer, Sie kommen als Unternehmer nicht daran vorbei, gut im Verkauf sein zu müssen. Denn egal, wie toll und innovativ Ihre Produkte und Dienstleistungen sein mögen, wenn sie nicht verkauft werden, sind sie völlig wertlos. Es ist doch so: Ein Unternehmen zu führen, heißt vor allem, etwas zu verkaufen. Sie müssen Ihren Kunden Ihre Leistung verkaufen. Sie müssen Ihren Mitarbeitern Ihre Ideen und Konditionen verkaufen. Sie müssen Ihren Zulieferern Ihre Wünsche und Erwartungen verkaufen. Verkaufen heißt nicht, jemanden zu überrumpeln und ihm etwas aufzudrücken, was er gar nicht möchte. Verkaufen heißt, einen anderen Menschen einzuladen, Gewinner auf beiden Seiten zu produzieren. Am Ende sollen sowohl Ihr Kunde als auch Sie das Gefühl haben, gut behandelt worden zu sein. Und Sie als Verkäufer übernehmen dabei die Hauptverantwortung für den Prozess, der zu diesem guten Ergebnis führt. Das ist eine sehr anspruchsvolle Aufgabe. Sie gelingt, wenn Sie sich ausführlich und gern mit Menschen und ihren Bedürfnissen beschäftigen. Verkaufen ist ein Akt der Demut! Es geht **nicht** darum, was **Sie** gerne möchten, **sondern** darum, was Ihr **Kunde** gerne möchte! Das Motto ist: **Nicht ich, sondern mein Kunde!** Nun werden Sie vielleicht einwenden, dass Sie natürlich auch etwas wollen, nämlich Geld. Das stimmt. Sie wollen Geld, und zwar in angemessener Höhe. Das ist einfach und klar. Darüber hinaus wollen Sie aber bitte nichts für sich. Und weil es so einfach und klar ist, was Sie wollen, müssen wir darüber nicht weiter nachdenken. Was der Kunde hingegen möchte, ist nicht so einfach und klar. Das weiß er manchmal selber nicht so ganz genau. Ich habe viele Jahre als Verkäufer gearbeitet und bin nie einem Kunden begegnet, der ganz genau wusste, was er wollte. Er hatte eine Idee, die mehr oder weniger vage war. Ich habe Wünsche, die meine Kunden äußerten, immer als eine Art Arbeitshypothese behandelt, nach dem Motto: Das ist schon mal ein guter Anfang. Aber es war eben nur der Anfang, es war noch nicht der „Endwunsch". Mein erster Service hat deshalb darin bestanden, meinem Kunden im Gespräch zu helfen, seinen Wunsch zu präzisieren. Aus diesem Grund konzentriert sich ein guter Verkäufer voll und ganz auf diese Frage: Was möchte mein Kunde (tatsächlich)? Wohl gemerkt, es geht nicht darum, was ich denke, was mein Kunde wollen soll. Da muss man sich selbst gut zurücknehmen können. Das meine ich mit Demut. Die deutsche Sprache ist in ihrer Doppeldeutigkeit sehr präzise. Es hat schon eine Logik, dass in dem Wort DeMUT das Wort MUT enthalten ist. Es braucht gewiss Mut, sich von den eigenen ganz subjektiven Interessen, Sichtweisen und Meinungen für eine gewisse Zeit zu entfernen und sich stattdessen ganz auf die Interessen, Sichtweisen und Bedürfnisse eines Kunden oder Geschäftspartners einzulassen. Schließlich geht es in diesem Gespräch um nichts Geringeres als Ihr wirtschaftliches Überleben. Aber vor allem braucht es Mut, das eigene Ego und die eigene Eitelkeit völlig außen vor zu lassen. Das ist keine einfache Übung. Unser Ego und unsere Eitelkeit sind uns normalerweise wichtig. Irgendwann im Verlaufe Ihres Lebens werden Sie vielleicht merken, dass es auch eine Befreiung sein kann, den beiden Adieu zu sagen. Denn sie machen uns im Allgemeinen das Leben nur unnötig schwer, sind auf Dauer sehr teuer und letztendlich nicht wirklich zu gebrauchen. Aber das ist jetzt schon sehr philosophisch. Zurück zum Thema Verkaufen. Im Verkaufsgespräch produzieren Ihr Ego und Ihre Eitelkeit mit schöner Regelmäßigkeit Verletztheiten und Animositäten, die Sie daran hindern, sachlich zu bleiben und sich auf das Wesentliche zu konzentrieren: Sie wollen Geld verdienen, das und nichts anderes ist das Wesentliche. Sie sind bereit, dafür etwas zu leisten, was Ihrem Kunden nützt. Verkaufen heißt herauszufinden, was genau Ihrem Kunden nützt. Auch auf die Gefahr hin, mich zu wiederholen: Es geht nicht darum herauszufinden, was Sie meinen, was Ihrem Kunden nützt, sondern ihrem Kunden zu helfen, es für sich selbst auf den Punkt zu bringen und es Ihnen zu sagen. Der Weg dahin ist: Fragen, Zuhören, eine Idee entwickeln und anbieten, Fragen, Zuhören, die Idee korrigieren, wieder Fragen und Zuhören und endlich gemeinsam ankommen. Ich habe oft von Unternehmern aber auch von Mitarbeitern Beschwerden darüber gehört, dass ihre Kunden nicht klar und deutlich ausdrücken, was sie wollen und dann immer wieder mit neuen Wünschen und Ideen kommen. Oder man hat geliefert, was sie wollten und dann hätten sie doch lieber etwas anderes gehabt. Das war und ist sehr oft eine Quelle von Frustration, Ärger und nicht selten auch wirtschaftlichem Schaden auf beiden Seiten. Beide Seiten fühlen sich dann von der anderen Seite schlecht behandelt. Dazu lässt sich Folgendes sagen:

1. Unsere Produkte und Dienstleistungen sind in der Regel so hochspezialisiert, dass Kunden nicht über das Wissen verfügen KÖNNEN, das es bräuchte, sich darüber präzise zu äußern. Ein Kunde kann einem Programmierer nicht sagen, wie dieser eine Software für ihn programmieren soll. Er hat nicht das Wissen, darum macht er es ja auch nicht selber, sondern beauftragt einen Experten. Wenn ich zum ersten Mal ein Haus baue (und in der Regel tun das Menschen auch nur einmal in ihrem Leben), dann weiß ich nicht, wie das, was der Architekt da gezeichnet hat, in der Wirklichkeit aussieht und funktioniert. Deshalb nehme ich mir Experten zu Hilfe. Ärgern Sie sich also bitte nicht über Kunden, die nicht wissen, was sie wollen. Das ist normal. Sondern betrachten Sie

es als ersten Teil Ihrer Dienstleistung, die Wünsche des Kunden zu präzisieren und ihm zu helfen, selber genauere Vorstellungen zu entwickeln. Aber bitte! Fangen Sie nicht an, Ihren Kunden erst in Ihrer Branche auszubilden. Ihr Kunde möchte weder erst Programmierer werden noch ein Bauingenieur, um bei Ihnen kaufen zu können. Er hat schon einen Beruf.

2. Seien Sie froh, dass Ihr Kunde nicht präzise sagen kann, was er will. Denn wenn er es könnte, hätte er bereits so viel Fachwissen, dass er Ihre Dienste vermutlich nicht mehr bräuchte, weil er dann in der Lage wäre, es ohne Sie zu tun. Verbieten Sie sich diese Art von Kundenkritik also besser. Vor allem ist diese Kritik auch nicht eben hilfreich beim Aufbau des so entscheidenden Vertrauens zwischen Ihrem Kunden und Ihnen.

3. Ohne Vertrauen geht gar nichts! Gerade weil der Kunde „keine Ahnung" von Ihrer Branche und dem nötigen Fachwissen hat, ist Vertrauen so wichtig. Vertrauen ist die einzige Brücke, die Sie beide verbindet und dafür sorgt, dass überhaupt ein Geschäft zustande kommt. Das ist ein bisschen wie beim Arzt. Sie und ich vertrauen wie Millionen andere Menschen auch darauf, dass der Arzt zu dem wir gehen weiß, was er tut. Vielleicht haben wir uns umgehört, welchen Ruf dieser spezielle Arzt hat, aber darüber hinaus haben wir nicht die geringste Chance, den Arzt in seiner fachlichen Kompetenz zu prüfen. Wir sind nämlich keine Ärzte und haben außer unserem Allgemeinwissen und dem, was wir so in Zeitschriften über gesundheitliche Fragen gelesen haben, keine Ahnung. Uns bleibt nichts anderes übrig, als einfach darauf zu vertrauen, dass der Arzt uns die richtige Diagnose stellt und die richtige Therapie anordnet. Der weiße Kittel, die sterile Umgebung, die souveräne Art, die medizinischen Geräte und die seriöse Ausstrahlung sind im Grunde alles, worauf wir uns stützen können. Und erst wenn wir wieder gesund sind und es uns besser geht, wissen wir, dass der Arzt das Vertrauen zu Recht von uns bekommen hat. Ganz genauso geht es fast allen Ihren Kunden, wenn sie zu Ihnen kommen. Seien Sie sich des-

sen bewusst und finden Sie es natürlich statt kritikwürdig. Das heißt, behandeln Sie Ihren Kunden so, dass er Vertrauen in Sie setzen kann und setzen Sie Ihr ganzes Fachwissen zum Nutzen Ihres Kunden ein. Aber erwarten Sie nicht, dass der Kunde eine Ahnung davon hat, wie Sie etwas für ihn tun (sollten). Am Ende soll es toll sein, aber was genau toll ist, weiß der Kunde nicht von Anfang an. Es ist Ihre Aufgabe, die richtige Diagnose zu stellen und die passende Therapie zu wählen, nicht die Aufgabe Ihres Kunden.

Ich habe oft erlebt, dass Unternehmer im Mittelstand sehr begeistert von ihrem Produkt oder ihrer Dienstleistung sind. Das ist völlig in Ordnung und sogar sehr sympathisch. Aber in eine Verkaufsverhandlung gehört diese Begeisterung nur insofern hinein, als dass sie Ihnen ermöglicht, fachlich kompetent, überzeugend und authentisch zu sein. Wenn es um Verkaufsverhandlungen geht, dürfen Sie sich nicht persönlich verletzt oder erniedrigt fühlen, wenn Ihr Kunde Ihre Leistung oder Ihr Produkt nicht so hoch einschätzt wie Sie selber das tun. Ihr Kunde verfolgt einen bestimmten Zweck, Ihr Produkt ist für ihn nur ein Mittel zu seinem Zweck. Es ist ihm meistens völlig gleichgültig, wie viel Genialität die Herstellung dieses Produktes oder dieser Dienstleistung von Ihnen forderte. Erwarten Sie einen fairen Preis aber erwarten Sie keine Bewunderung für Ihr Produkt oder Ihre Leistung. Wenn diese doch einmal kommt, dürfen Sie sie gern genießen, aber wenn nicht, ist es auch nicht schlimm. Und vor allem hüten Sie sich davor, Ihrem Kunden die technischen beziehungsweise fachlichen Details Ihres Angebotes ausführlich zu beschreiben, ohne danach gefragt worden zu sein. Damit erzeugen Sie Fluchtreflexe. Wenn ein Autoverkäufer anfangen würde, mir die Funktionsweise des Motors und Vergasers zu erklären, wäre ich schneller weg, als ich gekommen bin. Als Kunde möchte ich, dass sich ein Verkäufer dafür interessiert, was mir an einem Auto wichtig ist, wie ich lebe und wofür ich das Auto brauche. Ja, er soll meine Fragen ordentlich beantworten, aber vor allem soll er sich für meine Bedürfnisse und Vorstellungen interessieren und mir damit das Signal geben, dass wir ein Team sind und er für mich da ist, nicht ich für ihn.

Ich will, dass er mir bei der Erfüllung MEINER Wünsche und MEINER Vorstellungen von meinem Leben hilft. Ich habe früher einige Jahre in der Immobilien- und Bankenbranche gearbeitet und hatte sehr viel mit Architekten zu tun. Sie stellten mir ihre Bauvorhaben vor und wollten, dass ich dafür Kunden finde. Als erstes habe ich mir die Planungen genauer angeschaut und geprüft, ob sie dem entsprachen, was sich meine Kunden wünschten. Nicht selten musste ich Korrekturen vorschlagen. Die Architekten entgegneten dann fast immer, dass ihr Projekt aber die Erfüllung ihres lange gehegten Traumes sei und sie daher mit den vorgeschlagenen Änderungen nicht einverstanden seien. Ich antwortete dann, dass ich das menschlich zwar sehr gut verstehen könne, sie ihre Träume aber lieber mit ihrem eigenen Geld verwirklichen sollten. Wenn sie das Geld anderer Leute haben möchten, dann müssten sie deren Wünsche und Träume erfüllen.

Geld verdienen ist ein Dienst am Menschen. Über den Tisch ziehen oder einem Kunden etwas aufschwatzen, sind Auswüchse, die keine lange Lebensdauer haben. Das ist kein gutes Verkaufen. Es ist das Gegenteil. Es ist ein billiges Vortäuschen von Interesse am Kunden beziehungsweise am Menschen. Wenn Sie sich davon abgestoßen fühlen, liegen Sie genau richtig. Kehren Sie diesem billigen Verständnis von Verkauf ruhig den Rücken. Aber schütten Sie nicht das Kind mit dem Bade aus, indem Sie generell mit dem Verkaufen ein moralisches, emotionales oder kulturelles Problem haben. Erarbeiten Sie sich eine Haltung und ein Verständnis, das es Ihnen ermöglicht, freudig und innerlich souverän in ein Verkaufsgespräch zu gehen und die nötigen Verhandlungen so zu gestalten, dass es eine menschlich schöne und wirtschaftlich sinnvolle Begegnung wird. Wie man das vom Handwerk her macht, können Sie trainieren. Dafür gibt es Schulungen und spezielle Ratgeber. Aber diese nützen nur etwas, wenn Sie in diese Schulungen mit einer positiven Haltung zum Verkaufen gehen. Sie können sich Verkaufsseminare sparen, wenn die Haltung zum Verkaufen nicht stimmt, wenn Sie generell nicht gerne verkaufen. Wenn hingegen die innere Einstellung stimmt, brauchen Sie „nur" noch etwas Handwerkszeug und verhalten sich früher oder später (fast) automatisch richtig. Sie entwickeln Ihren eigenen

Stil. Dieser ist dann authentisch und überzeugend. Wie das Wort schon sagt, VerHALTEN hat etwas mit HALTUNG zu tun. Ich verhalte mich entsprechend meiner Haltung. Machen Sie sich Ihre Haltung bewusst und fragen Sie sich, wie hilfreich diese ist. Beobachten Sie sich auch im Verkaufsgespräch. Welche Gedanken und Gefühle haben Sie während des Verkaufsgespräches? Und wenn Sie selber Kunde sind, nutzen Sie die Gelegenheit zu beobachten, wie sich das, was der Verkäufer da mit Ihnen gerade macht, für Sie anfühlt. Ziehen Sie Ihre Schlüsse aus dem Erlebten und benutzen Sie es für Ihr Unternehmen. Eine **Halt**ung, die dazu führt, dass Sie ver**halt**en in ein Verkaufsgespräch gehen ist eine **Halt**ung, die etwas zu tun hat mit: An**halt**en bevor der Erfolg kommt. Damit halten Sie Ihren Erfolg auf. Es macht also Sinn, sich immer wieder einmal zu fragen: Welche Haltung habe ich zum Verkaufen? Hilft sie mir oder hält sie mich eher auf? Schauen wir uns nun eine weitere Haltung an.

Geld gibt es nicht genug – Wer sagt das?

Ich habe sehr oft Diskussionen über Geld erlebt, in denen meine Gesprächspartner davon ausgingen, dass es von Natur aus nicht genug Geld gebe und man vor allem sparsam im Umgang mit Geld sein müsse. Darauf möchte ich am liebsten antworten: Ja, das auch, aber möglichst nur vorübergehend. Ich habe bereits erwähnt, dass ich mir angewöhnt habe, je nach Bedarf Seminare und Workshops zum Thema Geld in den Unternehmen durchzuführen. Dabei ist mir aufgefallen, dass ausnahmslos alle meine Teilnehmer als Kind eine Erziehung genossen hatten, die ihnen beibrachte, mit Geld sparsam umzugehen. Jedoch gab es nicht einen Fall, wo ein Teilnehmer berichtete, dass seine Eltern oder Großeltern ihm beigebracht hätten, wie man einen Mangel an Geld durch Wertschöpfung überwindet und in Überfluss verwandelt. Oder anders ausgedrückt: Niemand hatte von seinen Eltern gelernt wie man „reich" wird. In meinen Seminaren und Gesprächen verbanden die Teilnehmer mit dem Thema Geld fast ausnahmslos das Prinzip der Sparsamkeit und des Mangels. Fast immer hörte ich Sätze, die sich wie folgt zusammenfassen lassen: *Mit Geld muss man sparsam sein, weil es eine begrenzte Ressource ist.* Wie man eine tatsächliche oder vermeintliche Begrenztheit durch zusätzliche Wertschöpfung aufbrechen könnte, dafür gab es weder ein Bewusstsein noch Ideen oder die nötigen Haltungen. In diesem Punkt gab es bemerkenswerter Weise kaum Unterschiede zwischen Führungskräften und Mitarbeitern. Diese Einseitigkeit im Denken führt in aller Regel dazu, dass sich Arbeitnehmer, die mehr Geld verdienen wollen, keine andere Lösung vorstellen können, als einen Wechsel zu einem lukrativeren Unternehmen. Sie erwarten, dass Menschen mit mehr Macht als sie selbst zu haben glauben, an den Rahmenbedingungen etwas ändern. So verharrt man mehr oder weniger zufrieden in einer *Ich-kann-ja-eh-nichts-machen-Haltung.* Es ist für eine Geschäftsführung sehr schwer, das Betriebsergebnis zu steigern, wenn im Team diese Einstellung herrscht. Wenn dann auch noch die Geschäftsführer selbst gewisse Vorbehalte gegenüber der Machbarkeit von Wohlstand für alle pflegen, ist das Thema Gewinn und Wohlstand insgesamt im Problemmodus. Ganz schlimm wird es in einem Unternehmen, das sein Überleben der Lohn-Bescheidenheit der Mitarbeiter verdankt. Nach dem Motto: Wenn ihr mehr Geld wollt seid ihr schuld daran, dass ihr euren Arbeitsplatz verliert, weil das Unternehmen dann Pleite geht. Mit einer solchen „Unternehmensstrategie" ist der Frust auf allen Seiten vorprogrammiert.

Gedankliche Klarheit stärkt, gedankliche Unklarheit schwächt. Das gilt allgemein. Für das Thema Geld und Wohlstand gilt es in geradezu existenzieller Weise. Gibt es wirklich ein Naturgesetz, nach dem Geld und Wohlstand knappe Güter sind und ein Mangel daran einfach hingenommen werden muss? Wenn dem so wäre, würden wir heute in Deutschland nicht massenhaft einen Lebensstandard genießen, von dem im Mittelalter selbst Fürsten nur träumen konnten. Und diese Lebensverbesserungen sind keine Naturphänomene, sondern das Ergebnis menschlicher Entwicklung und Arbeit. Allein das Nahrungsangebot, die Bildung, die medizinische Betreuung oder die hygienischen Verhältnisse, die heute auch Menschen mit niedrigem Einkommen zur Verfügung stehen, waren vor 300 oder 100 Jahren selbst für die Reichsten unvorstellbar. In den Bauernaufständen und Arbeiterrevolten der letzten 300 Jahre ging es um das nackte Überleben der Armen. Die „Aufstände" in Osteuropa 1989 waren (stark verkürzt) von dem Wunsch getrieben, frei reden und reisen zu können und das ganze Jahr über Südfrüchte in den Geschäften zu finden. Das waren keine Hungerrevolten. Das waren Bewegungen, die auf Wünschen beruhten, die für Menschen erst ab einem bestimmten materiellen und kulturellen Wohlstand von entscheidender Bedeutung und Dringlichkeit sind. Die Definition von Mangel ist ganz offensichtlich etwas sehr Relatives und sich ständig Veränderndes. Dass wir von unseren Eltern oder Großeltern und diese wieder von ihren Eltern und Großeltern zu großer Sparsamkeit angehalten wurden, ist vor dem Hintergrund ihrer Wirklichkeit mehr als logisch und richtig. Man denke nur, welche Mangelzeiten diese Generationen allein durch die Kriege und die darauf folgenden Nachkriegszeiten überstehen mussten. Aber auch ohne Krieg und Nachkriegszeit hatten die Männer früherer Generationen kaum mehr als einen Anzug, der zur Hochzeit gekauft wurde und in dem man sie meistens auch beerdigte. Ich erinnere mich, dass meine Urgroßmutter nur zwei Kleider besaß. Eines hatte sie an und eines lag gewaschen und gebügelt im Schrank. Ich habe sie als lustige und gescheite Frau in Erinnerung, die mit viel Witz die Dinge so nahm, wie sie waren. Sie starb mit 94, geboren unter dem deutschen Kaiser und gestorben in der sozialistischen DDR. Sie hatte zwei Weltkriege und zwei große Wirtschaftskrisen erlebt und dabei vier Kinder großgezogen. Frustriert schien sie mir nie und ich frage mich manchmal, wie sie mit meinem heutigen Gehalt umgegangen wäre. Das, was ich manchmal als „zu wenig" auf meinem Konto ansehe, hätte sie keineswegs als zu wenig empfunden. Wahrnehmungen und Bedürfnisse ändern und entwickeln sich ganz offensichtlich. Wodurch ändern sie sich? Ich denke, sie ändern sich mit zunehmender Leistungskraft der Wirtschaft. Und wie steht es heute mit der Leistungskraft unserer Wirtschaft? Gehen wir noch einmal einen kleinen Schritt in die jüngste Geschichte zurück und schauen uns die Deutsche Wiedervereinigung 1990 an. Quasi über Nacht wollten 17 Millionen DDR Bürger die Schokolade, die Kleidung, die Autos und die Heimelektronik aus dem Westen und natürlich wollten sie die gesamte

Welt bereisen. Über Nacht gab es für die Wirtschaft der Bundesrepublik 17 Millionen Konsumenten mehr. Das ist eine große Herausforderung für eine Volkswirtschaft. Ich kann mich aber an keine Engpässe in der Versorgung erinnern. Offensichtlich war es für die westdeutsche Konsumgüterindustrie kein nennenswertes Problem, über Nacht 17 Millionen Menschen mehr zu versorgen. Was für eine kraftvolle Wirtschaft! Ich erinnere mich noch gut, wie verblüfft ich damals darüber war. Warum biete ich Ihnen diese Überlegungen gerade beim Thema Geld an? Was hat das alles mit der Frage zu tun, ob Geld tatsächlich eine knappe Ressource ist und wir eine solche Knappheit ertragen müssen? Für mich ergibt sich aus den eben beschriebenen Erfahrungen folgende entscheidende Frage: Wie kann es in einem Land mit einer derart kraftstrotzenden Industrie eine wie auch immer geartete finanzielle Begrenzung geben? Ich sehe nur ein Problem: Wohin mit all dieser produktiven Kraft? Mir scheint, wir haben kein Mangelproblem, sondern wohl eher ein Kraftüberschuss-Problem. Wenn überhaupt, sehe ich einen Mangel eher bezüglich der kaufkräftigen Nachfrage. Aber dieser Mangel ist nicht etwas Natürliches oder Schicksalhaftes. Dieser Mangel ergibt sich aus der Logik nach der wir den produzierten Wert gesellschaftlich verteilen. Es gibt immer Menschen, die gerne noch etwas mehr konsumieren würden. Die Waren und Dienstleistungen dafür wären ausreichend vorhanden. Und wenn ich mir die Spareinlagen anschaue, dann scheint auch genug Geld da zu sein, zumindest gesamtgesellschaftlich. Die Statistik weist aus, dass die privaten Haushalte in Deutschland im Jahre 2016 über 569,5 Milliarden Euro Spareinlagen[3] verfügen konnten. Das Bruttoinlandsprodukt betrug im gleichen Jahr 3.133,9 Milliarden Euro[4]. Würde das gesamte ersparte Geld ausgegeben, hätte man ein Wirtschaftswachstum von mindestens 18,17 Prozent. Nur ist das Geld eben weniger bei denen, die es ausgeben würden, sondern mehr bei denen, die es lieber nicht ausgeben. Das wäre allerdings ein Thema für ein ganz anderes Buch. Was ich an dieser Stelle sagen möchte: Der Mangel in den Zeiten unserer Vorfahren wurde verursacht durch Kriege aber vor allem durch eine noch nicht sehr hoch entwickelte wirtschaftliche Leistungskraft. Selbst wenn es damals weder Kriege noch Adlige und Reiche gegeben hätte, die sich einen großen Teil des produzierten Wohlstandes aneigneten, hätte es nicht für einen allgemeinen Wohlstand gereicht, der dem heutigen ähnlich gewesen wäre. Die Fokussierung auf einen sparsamen Umgang mit Geld und Gütern war für den einzelnen Bürger also eine gescheite und logische Schlussfolgerung. In einer Zeit, wie der unseren gibt es jedoch keine vergleichbaren technischen, technologischen oder sonstigen Hürden für Wohlstand mehr. Wir können im Grunde so viel produzieren, wie wir möchten. Das heißt nicht, dass wir mehr Geld ausgeben könnten oder sollten, als wir haben. Das heißt „nur", dass wir uns überlegen dürfen, wie viel Geld wir haben möchten und uns dann auf die Frage konzentrieren, wie wir mit unserer Arbeit einen so überzeugenden Nutzen für Andere schaffen, dass wir damit die gewünschte Menge Geld verdienen können. Ich bin mir dessen bewusst, dass meine Argumentation als sehr verkürzt empfunden werden kann. Vielleicht ist sie das ja auch. Aber die Behauptung, Geld sei natürlicherweise eine knappe Ressource, beruht nach meiner Erfahrung eben auch auf sehr verkürzten Überlegungen. Mir ging es bei meiner Argumentation darum, begrenzende Glaubenssätze aufzubrechen und den Blick für Möglichkeiten zu öffnen. Hören Sie einmal in sich hinein, wie unterschiedlich die folgenden zwei Fragen auf Sie wirken:

- Ich habe nicht viel Geld, wie kann ich dennoch damit auskommen?
- Ich habe nicht viel Geld, wie kann ich mehr verdienen?

In welcher der beiden Fragen steckt mehr Energie und Kraft, vor allem für einen Unternehmer? Und hinter jeder dieser beiden Fragen steht jeweils eine bestimmte Haltung, die den Unterschied macht. Ich erinnere mich an eine selbständig arbeitende Hebamme, die an einem meiner Workshops zum Thema Geld teilnahm. Gleich zu Beginn äußerte sie die Erwartung, in diesem Workshop zu lernen, wie sie endlich den Trend durchbrechen könne, dass ihre Kundinnen ihr zunehmend Naturalien statt Geld für ihre Dienste anböten. Sie meinte, es sei wie verhext, als hätten sich die Kundinnen untereinander abgesprochen.

Aber sie brauche Geld und nicht Naturalien. Ich konnte ihr auch nicht sagen, was sie falsch machte. Aber im Verlaufe des Workshops kam sie selbst auf ihre Antwort. Ich hatte einen Fragebogen ausgearbeitet, der es den Teilnehmern ermöglichte, ihre Erziehung und familiäre Prägung zum Thema Geld genauer unter die Lupe zu nehmen. Am Ende stellten sie ihre Antworten der Gruppe vor. „Meine" Hebamme erzählte mit großer Begeisterung davon, dass sie früher viele Kinder gewesen seien und ihre Eltern aufgrund des Mangels an Geld den Kindern kein Taschengeld gaben, sondern dafür sorgten, dass die Kinder alles was sie brauchten zu Hause vorfanden. Vor allem die immer gut gefüllte Speisekammer war der Hebamme noch in bester Erinnerung. Und weil ihr das damals so gut gefiel, erzählte sie, gebe sie heute ihren zwei Kindern auch kein Taschengeld, sondern würde darauf achten, dass die Kinder zu Hause stets einen gut gefüllten Kühlschrank vorfänden, so wie damals als sie Kind war. Sie strahlte über das ganze Gesicht, als sie davon erzählte. Ganz offensichtlich war sie mit ihrer Kindheit sehr zufrieden. Ich fragte sie, ob sie also das Prinzip ihrer Eltern *Naturalien statt Taschengeld* noch heute toll fände. Darauf antwortete sie mit einem klaren „ja". Und als ich sie fragte, warum sie sich dann darüber ärgerte, dass ihre Kundinnen ihr genau das anboten, schaute sie entsetzt und hatte ihre Antwort. So kann es gehen. Es folgte ein befreiendes Lachen der ganzen Gruppe. Man hatte verstanden. Ich bin der Hebamme sehr dankbar, denn sie hat mir und den Teilnehmern ein wunderbares Beispiel dafür geliefert, in welchem Ausmaß unsere inneren Haltungen unser äußeres Erleben beeinflussen. Im Grunde war das Naturalienangebot ihrer Kunden für sie gefühlsmäßig schon in Ordnung, nur in der realen (Geschäfts-)Welt kam sie damit nicht sehr weit. Tief in ihrem Innern kämpften zwei Seelen. Die eine Seele liebte das Prinzip und die andere Seele erkannte, dass sie damit in Bedrängnis geriet. Ob ihre Kinder so begeistert davon waren, in der heutigen Zeit ohne Taschengeld unterwegs zu sein, habe ich besser nicht erfragt. Was die Eltern der Hebamme seinerzeit getan haben, war eine intelligente Art mit einem Mangel umzugehen und Not zu vermeiden. Die gleiche Logik in der heutigen Zeit führte aber nicht zur Vermeidung von Not, sondern im Gegenteil in eine (Geld-)Not. Nachdem sie ihre innere Haltung zu dem Thema korrigiert hatte, war die Hebamme auch in der Lage, etwas anderes auszustrahlen und ihre Kunden reagierten entsprechend. Sicher hatte sie auch vorher nie direkt zu ihren Kunden gesagt, dass sie Naturalien besser als Geld finden würde. Aber wir drücken uns nicht nur in direkten Hauptsätzen aus. Wir drücken unser Inneres über kleine Gesten und Bemerkungen sowie feine Reaktionen in bestimmten Situationen aus. Unsere Kunden nehmen uns ja auch intuitiv wahr. Unterschätzen wir das nicht. All das zusammen mag ihren Kunden auf subtile Weise eine Botschaft gegeben haben, dass es bei dieser Hebamme passend sein könnte, ihr Naturalien statt Geld anzubieten. Vermutlich hatte die Hebamme auch Schwierigkeiten, adäquat darauf zu reagieren, weil sie tief in ihrem Inneren dieses Prinzip mit so vielen positiven Emotionen aus ihrer Kindheit verband.

Ich möchte dieses Thema nicht beenden, ohne noch kurz auf einen Einwand einzugehen, den ich häufig zu hören bekam: Wie kann es in einer materiell begrenzten Welt ein unbegrenztes Wachstum geben? Auch das wäre ein Thema für ein spezielles Buch und ich bin wohl eher nicht der Experte dafür. An dieser Stelle möchte ich dennoch einige Überlegungen in die Diskussion werfen, ohne dass damit das Thema annähernd zufriedenstellend besprochen wäre:

1. Geld ist ein Wertausdruck und Wert hat nicht zwingend etwas mit Materie beziehungsweise Material zu tun, sondern vor allem mit menschlicher Leistung und Energie. Ich kann auch sehr viel Geld mit ideellen Leistungen verdienen. Ich kann heute beispielsweise hunderte Bücher kaufen, indem ich sie aus dem Netz als E-Books herunterlade. Dafür muss nicht ein Blatt Papier den Besitzer wechseln und nicht ein Baum gefällt werden. Die Menschen können Millionen Bücher als Dateien auf den Markt werfen und viel Geld damit verdienen ohne, dass dies die begrenzte materielle Welt berühren würde. Die materielle Welt mag begrenzt sein, die menschliche Kreativität ist es (vermutlich) nicht. Das Beispiel E-Book zeigt: Man kann viel Gebrauchswert und (Geld-)Wert schaffen mit wenig Material.

2. Gerade sehr moderne und effiziente Volkswirtschaften haben das Potenzial, mit Material sehr sparsam umzugehen. Mein erstes Handy habe ich 1993 gekauft. Ich besitze es noch, aber nur als Erinnerung an alte Zeiten. Es kostete damals über 800,- DM und wog gefühlt das Vierfache von meinem heutigen Handy, das ich letztens für 29,- Euro als Provisorium gekauft habe. Dieses ist zudem nicht nur leichter und billiger, sondern es verfügt auch noch über unvergleichlich mehr Funktionen, von denen man 1993 noch nichts wusste. Außerdem habe ich auf dem gleichen Handy auch noch meine Festnetznummer. Ich brauche also auch kein extra Telefon für einen Festnetzanschluss zu Hause. Das zeigt: Man kann mehr Gebrauchswert mit geringerem (Geld-)Wert und gleichzeitig mit weniger Material schaffen.

3. Mein I-Phone, das ich mir kürzlich zugelegt habe, ist umgerechnet in D-Mark etwas teurer als mein erstes Handy von 1993. Aber auch mein I-Phone wiegt nur ein Drittel von dem, was mein erstes Handy wog und hat zudem gefühlte 1000 Funktionen mehr zu bieten. Das zeigt: Man kann mehr Gebrauchswert mit mehr Wert und dennoch mit weniger Material schaffen.

Wie gesagt, das sind nur erste Überlegungen zu diesem Thema. Der eine oder andere Leser mag auch sie zu Recht als etwas verkürzt empfinden. Meine Absicht war auch nicht, das Thema erschöpfend zu klären, sondern einer zumeist sehr apodiktisch geäußerten Behauptung etwas gesunden Zweifel entgegenzusetzen. Es macht immer Sinn, eine angebliche Gewissheit in Frage zu stellen, zumal wenn es sich dabei um eine Position handelt, mit der man sich in seiner Gestaltungskraft mental begrenzt. Und manchmal sind die Argumente eben auch offensichtlich absurd. Wenn mir freischaffende Sozialpädagogen erklären, sie könnten mit ihrer Arbeit nicht mehr Geld verdienen, weil die Ressourcen auf dem Planeten begrenzt seien, dann fehlt mir das Verständnis. Ich wüsste nicht weshalb die Ressourcen der Welt dadurch knapper werden, dass wir uns noch effizienter und umfassender darum bemühen, möglichst alle Kinder und Jugendliche in Not aufzufangen und in ein erfolgreiches Leben zu begleiten.

Mitunter haben Führungskräfte die Befürchtung, dass ein offenes Gespräch über das Thema Geld zusätzliche Probleme bringt, die man besser unter der Decke hält. Ich konnte bei meiner Arbeit in den Unternehmen diese Befürchtungen nicht bestätigt finden, im Gegenteil. Mit den Selbstreflexionen zum Thema Geld bekamen die meisten Teilnehmer meiner Workshops Lust, sich Gedanken darüber zu machen, welche Möglichkeiten Geld zu verdienen, sie im Unternehmen noch ungenutzt ließen. Und sie entwickelten meistens auch Ideen, wie man diese Möglichkeiten in Zukunft ausschöpfen könnte. Außerdem fühlten sie sich dank der offenen Diskussionen in ihren Wünschen akzeptiert und gewürdigt. Gerade das hat sich als ein wichtiger Faktor der Motivationspflege erwiesen. Ein Unternehmen hat die Aufgabe, Gewinne zu erwirtschaften. Menschen arbeiten, um ihre materielle Lebensgrundlage zu sichern. Davon auszugehen, dass man auf die Umstände, die Rahmenbedingungen und das Ergebnis dieses Prozesses nur wenig oder gar keinen Einfluss hat, ist keine unternehmerische Haltung. Ein solches Herangehen ist weder offensiv und lösungsorientiert noch wirklich unternehmerisch. Genauso wenig ist es produktiv und hilfreich, sich selber ein Weltbild zusammenzuzimmern, das in letzter Konsequenz suggeriert, man würde mit seinem unternehmerischen Erfolg die Existenz des Planeten in Gefahr bringen. Ich bin sehr für ganzheitliches Denken und den kategorischen Imperativ[5] aber ich kann nicht sehen, wie diese beiden Dinge unternehmerischen Erfolg zwingend ausschließen.

Ich will mit diesen Überlegungen nicht sagen, dass Sie sich bewusst für weniger wirtschaftlichen Erfolg entscheiden würden, weil Sie der Meinung sind, die Möglichkeiten der Welt seien ohnehin begrenzt. In der Regel läuft das nicht so bewusst und geradlinig in uns ab. Aber es hat sich gezeigt, dass wir manchmal tief in unserem Inneren eine Haltung leben, um die wir uns eigentlich gar nicht so viele Gedanken machen und die scheinbar auch gar nichts mit unserer Arbeit zu tun hat. Bei näherem Hinsehen zeigt sich dann, dass eben diese Haltung aus dem tiefsten Inneren heraus und ganz unbewusst unser unternehmerisches Handeln beeinflusst oder gar bremst, und manchmal so sehr, dass sie uns den Erfolg unnötig schwer macht. Dann ist es an der Zeit, sich eben diese Haltung etwas genauer anzuschauen. Allerdings ist das kein einfacher Prozess. Bei keinem Thema ist mir mehr Widerstand entgegengebracht worden als bei dem Thema Geld. Vermutlich liegt es daran, dass Geld ein sehr existenzielles Thema ist, aber auch ein sehr emotionales, weil es unser soziales Leben stark prägt. Es hängt nicht nur sehr vieles in unserem Leben vom Geld ab. Wir kompensieren auch seelisch so manches mit Geld. Ich habe natürlich auch sehr sympathische und warmherzige Unternehmer getroffen, die betriebswirtschaftlich vorbildlich und wachstumsorientiert arbeiteten, die in ein professionelles Marketing investierten, sich kontinuierlich um die Erweiterung von Einkommensquellen bemühten und sich auch auf gesellschaftlicher Ebene einbrachten, um die Interessen der Branche öffentlich zu verhandeln. Sie zeigten allen auf beeindruckende Weise, dass dieser klare kaufmännische Blick sehr gut mit einer hohen ethischen Motivation und einem sehr empfindsamen Verständnis für Mensch und Umwelt harmonieren kann. Das muss also kein Entweder-oder sein. Es kann sehr gut ein Sowohl-als-auch sein. Fragen Sie sich, welches Leben Sie führen möchten! Fragen Sie sich, wie viel Geld Sie dafür brauchen und dann „benutzen" Sie ihr Unternehmen, um diese Menge Geld zu erwirtschaften, indem Sie anderen Menschen einen überzeugenden Nutzen bringen. Solange Sie Ihr Geld nach dem Prinzip „Geben gleich Nehmen" verdienen, ist alles in wunderbarer Ordnung. Niemand verbietet Ihnen, sich so zu verhalten, dass Sie die Umwelt nicht belasten. Ganz im Gegenteil, es wird Ihnen sehr viele Sympathien einbringen. Wenn Sie noch keine Idee haben, wie das gehen kann, dann machen Sie es zu Ihrem Thema und holen Sie sich helfende Partner ins Boot. Aber blockieren Sie sich nicht gedanklich so sehr, bewusst oder unbewusst, dass Sie sich und Ihr Unternehmen deswegen in wirtschaftliche Schwierigkeiten bringen. Jeder einigermaßen vernünftige Mensch wird Ihr ganzheitliches Denken begrüßen. Aber genau so wird man Verständnis dafür haben, dass Sie zwar nach Lösungen suchen aber derzeit noch keine oder keine ausreichend guten haben. Erzählen Sie davon. Wie heißt es so schön in Goethes Faust: *„Wer stets strebend sich bemüht, den können wir erlösen."* (6) Es reicht also, sich stets strebend zu bemühen. Auch das Unternehmerleben ist mehr eine Reise und weniger ein Ankommen.

Beruf ist Berufung – Lust an der Beziehungsgestaltung
In den hunderten von Einzelinterviews und Befragungen in mittelständischen Unternehmen hat sich eines immer sehr deutlich gezeigt: Für die meisten Menschen ist ihr Beruf mehr als eine Einkommensquelle, er ist auch eine Berufung. Vor allem ist er ein gewichtiger Teil ihres sozialen Lebens. Bei der Arbeit geht es immer um die Befriedigung von menschlichen Bedürfnissen in ihrer gesamten Bandbreite. Menschen möchten neben einem guten Verdienst und einer fachlichen Bestätigung auch eine Arbeit mit guten sozialen Beziehungen, Harmonie, Frieden, Warmherzigkeit, Mitgefühl und ein Füreinander-da-Sein. Daher erwarten sie, dass sich die Führungskräfte und Inhaber darum kümmern, wenn die soziale Wirklichkeit im Unternehmen unbefriedigend aussieht. Unter nichts scheinen Mitarbeiter mehr zu leiden, als unter einem realen oder empfundenen Mangel an guten Beziehungen auf Arbeit. Man kann ohne Übertreibung sagen: Wer als Führungsperson in der Lage ist, faire und kooperative Beziehungen zu gestalten, kann bezüglich seines Personalmanagements den wichtigsten Punkt für sich verbuchen. Wer jedoch eher wenig Lust und Kompetenz zur Beziehungsgestaltung hat, muss mit einem gerüttelten Maß an sozialem Stress und Widerstand rechnen. Ich habe immer wieder erlebt, wie Menschen über sich hinausgewachsen sind, wenn sie das Gefühl hatten, von der Führung fair und verständnisvoll behandelt zu werden. Genauso musste ich umgekehrt beobachten, zu welchen Mitteln der Intrige und bewussten Schädigung des Unternehmens Teammitglieder greifen können, wenn sie sich von der Führung kaltherzig und ungerecht behandelt fühlen. Sobald dies der Fall war, wurden Sachthemen missbraucht, um Unzufriedenheit mit der sozialen Situation im Unternehmen indirekt zum Ausdruck zu bringen. Dass dies die Effizi-

enz der Arbeit und damit die Existenzfähigkeit des Unternehmens ins Schwanken bringen kann, liegt auf der Hand. Was kann und sollte man also tun? Was hat sich bewährt? Ich werde im dritten Kapitel zum Thema Mitarbeiterführung darauf umfassend eingehen. An dieser Stelle soll es vorerst lediglich um die passende Haltung gehen. Fragen Sie sich darum als Erstes, wie viel Lust auf Nähe und Beziehung Sie wirklich haben. Bewerten Sie doch einmal Ihre Beziehungslust. Auf einer Skala von „1" bis „10", wo liegt Ihre Lust auf Beziehung? Sie können diese Frage gerne für Ihre einzelnen Lebensbereiche unterschiedlich beantworten. Eine „1" heißt, Sie haben überhaupt keine Lust auf Menschen und Beziehung. Eine „10" heißt, dass es für Sie nichts Schöneres und Sinnvolleres gibt, als menschliche Beziehungen. Wo würden Sie sich einordnen? Seien Sie ganz ehrlich zu sich selbst, egal wie Ihre Antwort ausfällt. Solange Sie professionell mit Ihrer Wahrheit diesbezüglich umgehen, ist alles im grünen Bereich. Es kommt darauf an, ehrlich mit sich selbst zu sein. Das ist der erste Schritt zur Professionalität in puncto Beziehung. Sich auf einer Ebene der Klarheit und Wahrheit zu bewegen tut auch dann gut, wenn Ihre Antwort nicht dem Bild entspricht, das Sie gerne von sich hätten.

Was ist, wenn Sie feststellen, dass Sie eigentlich nur wenig „Beziehungslust" haben? Das wären Werte von „5" abwärts. Die Antwort ist simpel: Erkennen Sie es einfach an und machen Sie es im Gespräch mit Ihrem Team öffentlich. Ihre Mitarbeiter werden es vermutlich schätzen, wenn Sie ihnen beispielsweise erklären: *Ich weiß, Sie möchten lieber einen Chef, der warmherzig und gesprächig ist. Das wäre ich vielleicht sogar gerne. Aber ich bin es nicht. Ich bin eher der mathematisch distanzierte Typ. Dennoch möchte ich, dass Sie sich gut in meinem Unternehmen fühlen. Was können wir also tun, um das Problem für Sie erträglich zu machen und uns irgendwo in der Mitte zu treffen?*

Sie werden möglicherweise überrascht sein, in welchem Ausmaß Ihre Mitarbeiter bereit sind, Ihnen mit Kompromissen entgegenzukommen. Wenn Erwartungen nicht erfüllt werden können, ist es immer gut und richtig, diese Erwartungen zumindest offen anzuerkennen und zu würdigen und dann gemeinsam nach einer Lösung zu suchen. Irgendein Kompromiss ist immer möglich. Doch wenn Sie versuchen, Erwartungen zu ignorieren oder gar zu diskreditieren, nur weil Sie diese nicht erfüllen mögen oder können, dann provozieren Sie Widerstand, der Ihnen das Unternehmerleben unnötig schwer macht. Sie müssen beim Thema Beziehung übrigens nicht alles alleine machen. Auch wenn Sie die Führungskraft sind: Bezüglich der Beziehungsgestaltung dürfen Sie Ihre Mitarbeiter ruhig mit in die Verantwortung nehmen.

Seien Sie nicht enttäuscht, wenn Ihr Team vielleicht nicht gleich sehr gesprächig auf Ihre Erklärung und Ihr Angebot reagiert. Die Frage ist ja auch sehr anspruchsvoll. Ihre Mitarbeiter müssen vielleicht erst einmal darüber nachdenken und miteinander diskutieren. Entscheidend ist, dass Sie als Chef das Thema verständnisvoll angesprochen haben und signalisieren, dass Sie bereit sind, im Rahmen Ihrer persönlichen Möglichkeiten nach Lösungen zu suchen. Das ist sehr viel und es ist sehr professionell. Unabhängig von der Reaktion Ihrer Mitarbeiter verhindern Sie auf diese Weise, dass das Problem sein Unwesen in der Tabuzone treiben kann, was immer zum Nachteil Ihres Unternehmens wäre. Außerdem, wenn Sie Ihre sozialen Präferenzen selber ansprechen und konstruktiv zum Thema machen, können Sie nicht Gegenstand von nörgelndem Klatsch und Tratsch werden, der zu nichts als zu allgemeiner Frustration führen würde. Taktvolle Offenheit im Umgang mit Differenzen ist die Strategie, die sich am besten bewährt hat. Es ist möglicherweise nicht gerade angenehm, Ihre scheinbaren oder tatsächlichen Schwächen offen zum Thema zu machen. Doch wenn Sie als Vorgesetzter es tun, stehen die Chancen gut, dass Ihr Team sich das zum Vorbild nimmt. Das wäre gleichzeitig eine tolle Entwicklung in Richtung professioneller Lernkultur.

Das Thema Beziehungsfähigkeit ist wohl für fast jeden Menschen ein etwas heikles Thema. Unser Beziehungsverhalten hat eine lange Geschichte und diese Geschichte ist bei jedem Menschen anders. Sie ist Teil unserer Persönlichkeit. Das gilt auch für Sie als Unternehmer. Sie haben gute Gründe, so zu sein, wie Sie sind, und es steht Ihnen auch als Unternehmer frei, selbst zu entscheiden, wer Sie diesbezüglich sein möchten oder nicht. Doch bedenken Sie, dass dies auch für Ihre Mitarbeiter gilt. Auch diese haben gute Gründe für ihre Beziehungsbedürfnisse. Versuchen Sie also gar nicht erst, daran etwas ändern zu wollen. Ignorieren oder diskreditieren Sie diese aber auch nicht. Wenn Ihr Beziehungsverhalten und die Beziehungserwartung Ihres Teams nicht zusammengehen, dann sollte man nicht versuchen, die anderen zu ändern oder sie in ihren Erwartungen abzuwerten beziehungsweise zu ignorieren. Es ist sehr aufwendig, den Lauf von zwei Flüssen ändern zu wollen. Viel einfacher ist es, zwischen ihnen eine Brücke zu bauen. Und genau darum sollte es gehen: Brücken bauen. Beziehungsgestaltung ist das gegenseitige Anerkennen des Soseins und die Fähigkeit zu schauen, was dabei möglich ist. Konzentrieren Sie sich immer auf diese Frage: Was ist unter den gegebenen Umständen möglich? Da man zum Brückenbauen wissen muss, zwischen welchen Punkten man diese errichten kann, ist es wichtig, sowohl das eigene Beziehungsverhalten als auch die Erwartungen der anderen zu kennen. Wenn Sie mit dieser Aufgabe nicht allein zurechtkommen, spricht nichts dagegen, sich von einem guten Coach helfen zu lassen. Meiden Sie Berater oder Coaches, die Sie davon überzeugen wollen, sich in Ihrer Persönlichkeit zu ändern. Wenn Sie dies selber wollen, spricht nichts dagegen. Aber das bestimmen Sie. Ansonsten lautet die Aufgabenstellung, das eigene Beziehungsverhalten zu verstehen und zwischen unterschiedlichen Erwartungen von Menschen zu vermitteln. Noch einmal: Es geht nicht um Vollkommenheit. Es geht um das Machbare, das Mögliche. Das wird immer ein Kompromiss sein und daran ist absolut nichts Schlechtes. Sie werden von diesem Prozess auf allen drei Ebenen profitieren: in Ihrer Lebensführung, in Ihrer Unternehmensführung und in der Führung Ihrer Mitarbeiter. Unternehmensführung ist im Wesentlichen Beziehungsgestaltung. Zurück zu der Bewertung Ihrer Beziehungslust auf einer Skala von 1 bis 10. Was ist nun, wenn Sie sich bei der oben aufgeworfenen Frage einen Wert oberhalb der „5" gegeben haben? Das heißt, wenn Sie feststellen, dass Ihnen als Chef eine große Beziehungslust eigen ist. Dann haben Sie erst einmal ein Problem weniger. Allerdings kann es trotzdem nicht schaden, die eigene Beziehungskompetenz zu vervollkommnen. Motiviert zu sein, heißt nicht automatisch, dass man kompetent ist. In puncto Beziehungsgestaltung kann man sich immer noch weiter vervollkommnen. Sie werden überrascht sein, was es da alles zu lernen gibt. Seien Sie mutig und genießen Sie es, aus all den vielen Seminaren, Workshops, Büchern und CDs auszuwählen, die zu diesem Thema auf dem Markt sind. Dabei gilt das Motto: Was zu Ihnen passt, ist richtig. Es soll schließlich auch Spaß machen. Beziehungsgestaltung zu professionalisieren wird Ihnen auf jeden Fall die Führungsarbeit und damit Ihr Leben erleichtern und Ihr Zeitbudget entlasten. Fragen Sie sich doch einmal, wie viel Zeit und Kraft Sie täglich für die Bewältigung zwischenmenschlicher Probleme aufbringen und wie Ihr Leben aussehen würde, wenn Sie diese Kraft und Zeit für sich und Ihren unternehmerischen Erfolg verwenden könnten. Übrigens wird eine gesteigerte Beziehungskompetenz sich nicht nur auf Ihr Leben und Ihre innerbetriebliche Zusammenarbeit positiv auswirken, sondern auch auf Ihre Kundenbeziehungen. Beziehung ist Beziehung und was man kann, kann man immer. Es gibt darüber hinaus gerade für mittelständische Unternehmer noch einen sehr einfachen Grund, weshalb es existenziell sein kann, die Beziehungserwartung beziehungsweise soziale Motivation der Mitarbeiter zu pflegen und professionell zu bedienen. Seien Sie ehrlich: Finden Sie wirklich, dass Sie die lukrativsten Löhne Ihrer Branche und Region zahlen und auf diese Weise den Wettbewerb um die besten Leute einfach gewinnen können? In der Regel haben mittelständische Unternehmer das Nachsehen, wenn große Konzerne in ihrer Region um die gleichen Fachkräfte werben. Der Grund ist ganz einfach der, dass die großen Unternehmen in der Regel bessere Löhne zahlen. Das muss nicht so sein, aber es ist häufig so. Dennoch müssen mittelständische Unternehmen nicht zwingend in diesem Wettbewerb verlieren. Menschen haben nicht nur eine Lohnmotivation. Es geht ihnen auch um gute und harmonische Beziehungen sowie allgemein um soziale Bedürfnisse. Und hier können mittelständische Unternehmer durchaus im Kampf um gute Leute für sich punkten. Vorausgesetzt, sie beherrschen das Thema Beziehungsgestaltung. Gerade die Menschen mit einer hohen ethischen und sozialen Beziehungserwartung sind bereit, Lohn und soziale Zufriedenheit miteinander abzugleichen und zu schauen, welche Kompromisse für sie akzeptabel sind. Wenn Sie dieser Erwartung aber nicht ausreichend Rechnung tragen, kann es leicht zu einer Demotivation bei dem betreffenden Mitarbeiter kommen und Sie riskieren, Mitarbeiter zu verlieren. Wer Leistung fordert, muss die treibende Motivation seiner Mitarbeiter berücksichtigen. Und wer außergewöhnliche Leistung fordert, muss die treibende Motivation außergewöhnlich gut berücksichtigen. Interessieren Sie sich darum für die sozialen Erwartungen Ihrer Mitarbeiter beziehungsweise für deren Beziehungserwartungen und nehmen Sie diese ernst. Im dritten Kapitel werde ich auf diese Themen noch einmal näher eingehen. Nachfolgend stelle ich Ihnen einige Haltungen vor, die Ihnen in Ihrem Bemühen um eine professionelle Beziehungskultur gute Dienste leisten werden.

Verstehen geht vor Bewerten und Abwerten
Es gibt mehrere Gründe, weshalb Verstehen generell vor Bewerten oder gar Abwerten gehen sollte. Der offensichtlichste ist der, dass es wenig Sinn macht, einen Sachverhalt zu bewerten, bevor man ihn umfassend und richtig verstanden hat. Wenn beispielsweise die Bewertung der Marktsituation nützlich sein soll, muss sie mit der Wirklichkeit möglichst gut übereinstimmen. Ansonsten besteht eine große Gefahr, die falschen Schlussfolgerungen und Entscheidungen zu treffen. Insofern ist es immer wichtig, zuerst eine umfassende, möglichst neutrale Betrachtung aller einschlägigen Informationen und Zusammenhänge vorzunehmen, und erst dann zu einer Bewertung zu kommen. Bis hierhin würde mir bestimmt jeder Recht geben, zumindest in der Theorie. Praktisch sind wir alle (und da nehme ich mich nicht aus) sehr schnell mit einer Bewertung oder einem Urteil zur Hand. Gerade wenn es um Menschen geht, urteilen wir gerne „aus dem Bauch" heraus und sind uns ganz sicher, damit richtig zu liegen. Das ist fatal. Im Umgang mit Menschen werden wir auf diese Weise nicht nur sehr schnell ungerecht und mitunter sogar verletzend. Das ist schon schlimm genug. Aber es kommt noch schlimmer. In dem Moment, in dem ich das Verhalten eines Menschen voreilig bewerte oder gar ab-

werte beende ich verfrüht einen Dialog, ohne dass es eine Möglichkeit zur Verständigung gegeben hätte. Der voreilig bewertete Mensch verschließt sich dann dem weiteren Gespräch oder er beginnt sich zu verteidigen, weil er sich ungerecht behandelt fühlt. Vielleicht „schlägt" er auch zurück, weil er sich in seiner Würde verletzt fühlt. Beides können wir Menschen nur schwer ertragen: Ungerechtigkeit und Verletzung unserer Würde. Wenn das passiert, wird es nicht mehr um die Sache gehen, sondern um Gerechtigkeit und Würde. Das ist menschlich nur allzu verständlich aber wirtschaftlich völlig kontraproduktiv. Schuld daran hat derjenige, der voreilig urteilt, bewertet und abwertet. Wenn einmal der Eindruck entstanden ist, dass man meine Sichtweisen weder verstehen will noch respektiert, verschließe ich mich dem weiteren Gespräch. Und wenn ich sogar davon ausgehen muss, dass alles, was ich sage, gegen mich verwendet werden kann, äußere ich mich möglichst überhaupt nicht mehr. Niemand ist offen, wenn eine Bewertung oder gar Abwertung zu befürchten ist. Vor nichts haben Menschen in der Regel mehr Angst, als davor, nicht angenommen zu werden. Mir gegenüber haben sich Führungspersonen oft beklagt, dass man doch mit allem zu ihnen kommen könne und offen sagen könne, was man denke. Dennoch würden dies die Mitarbeiter in der Regel nicht oder viel zu wenig tun. Wenn ich dann die Mitarbeiter fragte, warum sie nicht offen zu ihrem Vorgesetzten sagen würden, was sie denken, antworteten sie zumeist, dass sie Angst vor Nachteilen hätten. Die Angst vor unmittelbarer Entlassung war eher nicht so groß. Aber die Angst, die Gunst des Vorgesetzten zu verlieren und Nachteile zu erleiden, wurde immer wieder formuliert. Im Grunde handelte es sich dabei um die Angst, bewertet und abgewertet statt verstanden zu werden. Diese Angst vor Abwertung hat sich als ein großer Stressfaktor und als signifikanter Störfaktor für die erfolgreiche Gestaltung des Miteinanders im Unternehmen erwiesen.

Was hat sich bewährt? Wie wirkt folgender Satz auf Sie: *Ich hatte mir ein anderes Verhalten vorgestellt. Sie hatten aber sicher Ihre Gründe und die möchte ich gerne verstehen. Bitte erklären Sie mir, welche Überlegungen oder Erfahrungen Sie bewogen haben, sich so und nicht*

anders zu verhalten. Vielleicht habe ich ja etwas nicht bedacht oder übersehen. Würden Sie sich diesem Anliegen eher verschließen oder würden Sie eher freimütig erklären, was Ihre Beweggründe waren? Jeder Mensch hat eine bestimmte Logik hinter seinem Verhalten. Auch wenn sich diese Außenstehenden nicht sofort erschließt. Die Logik hinter dem Verhalten eines Menschen zu kennen und dann darüber zu reden, führt eher zu einem Einvernehmen als eine reine Bewertung des Verhaltens. *Ich möchte dich verstehen.* Es gibt keinen Satz, der besser geeignet wäre, einen Menschen für einen Diskurs oder eine Kontroverse zu öffnen als dieser Satz. Er ist ein (beinahe) „todsicherer" Türöffner zur Welt eines anderen Menschen. Und was würden Sie tun, wenn man dann noch fragte: *Aus meiner Sicht würde es unseren Kunden und damit dem Unternehmen besser gehen, wenn wir es in Zukunft so statt so machten. Meine Überlegungen sind folgende... Was meinen Sie?*
Wären Sie dann bereit, den Vorschlag zu überdenken und eventuell noch eigene Ideen einzubringen? Wären Sie bereit, den neuen Weg auszuprobieren? Oder würden Sie sich verschließen, weil Sie sich von Ihrem Gegenüber abgewertet und beschämt fühlen? Vermutlich würden Sie sich eher einbezogen und akzeptiert fühlen. Wer fragt, der führt. Es ist ein Zeichen hoher Führungsprofessionalität, dem anderen Fragen zu stellen und genau zuzuhören. Sie gestalten damit nicht nur gesunde Beziehungen, sondern Sie lernen Ihre Mitarbeiter kennen, hören eventuell interessante Ideen, die Sie für Ihr Unternehmen gut nutzen können und bewirken, dass die Mitarbeiter ihrerseits offen für die Gedanken und Vorstellungen der anderen bleiben. Es ist für Ihre Professionalität kein Problem, dass Sie in Gedanken schnell mit einem Urteil und einer Bewertung zur Hand sind. Das machen wir alle, daran können wir im Grunde gar nichts ändern. Die Gedanken sind einfach da. Das ist auch nicht schlimm. Schlimm wird es erst, wenn Sie mit Ihren Vorurteilen und Vermutungen so umgehen, als wären diese bewiesene Tatsachen. Das sind sie aber nicht. Nehmen Sie darum Ihre Vorurteile und schnellen Bewertungen zur Kenntnis und behandeln Sie diese wie eine Art Arbeitshypothese, deren Wahrheitsgehalt im Gespräch erst noch überprüft werden muss. Gehen Sie ins Gespräch, stellen Sie

Fragen und vor allem leben Sie die Haltung: ICH WILL DICH VERSTEHEN BEVOR ICH DEIN VERHALTEN BEWERTE. Wenn Sie bewerten müssen, was im Grunde Ihr Job als Unternehmer ist, bewerten Sie bitte niemals die Person, sondern immer deren Verhalten! Tun Sie dies bitte nur und ausschließlich im Hinblick darauf, wie sein Verhalten auf die Erreichung Ihrer Unternehmensziele wirkt. Der Mensch vor Ihnen muss sich nicht dafür rechtfertigen, der zu sein, der er ist. Seine Art, Mensch zu sein, geht Sie als Unternehmer im Grunde nichts an. Es geht bei einer Arbeitsbeziehung um Verhalten und Leistung. Wichtig ist, dass Sie Ihre Position immer so formulieren, dass Sie mit Ihrem Gegenüber im Gespräch bleiben. Hüten Sie sich, das Gespräch diktatorisch abzuwürgen. Ich gebe Ihnen ein Beispiel. Wie wirkt die nachfolgende Äußerung auf Sie? *Das, was Sie da gemacht haben, war eine große Enttäuschung für mich. Wie kann man bloß nicht wissen, dass es so und nicht anders gemacht werden muss? Das weiß doch jedes Kind. So etwas will ich nicht noch einmal erleben. Gehen Sie jetzt zurück an Ihre Arbeit!*

Was glauben Sie, wie Ihr Mitarbeiter auf so eine Äußerung vom Chef reagieren wird? Nach meiner Erfahrung nicken die Menschen, meiden den Blickkontakt und versuchen, so schnell wie möglich den Raum zu verlassen. Sie fühlen sich schlecht und falsch behandelt und versuchen innerlich, sich zu rechtfertigen. Und weil sie ihr Verhalten **nicht** erklären durften, da das „Gespräch" eher ein abwertender Monolog statt ein verstehender Dialog war, werden diese Mitarbeiter sich bei ihren Kollegen beschweren. Mitarbeiter, die auf so eine Weise zusammengestaucht wurden, versuchen, die Solidarität ihrer Kollegen zu bekommen und das heißt, sie erzählen davon. Thema wird aber nicht sein, wie man es nun besser machen könnte. Thema wird sein, wie ungerecht der Chef ist. Den Rest des Tages wird der betreffende Mitarbeiter in schlechter Stimmung verbringen, in die er auch seine Kollegen einbeziehen. Möglicherweise denkt man sogar über eine kleine Rache nach, weil man sich nicht respektiert, sondern beschämt fühlt. Beschämt zu werden, ist für jeden von uns eine unangenehme Erfahrung, die sich ungünstig auf die Motivation auswirkt. Wer fragt und versteht, führt. Wer nicht fragt, sondern bewertet und abwertet, wird nicht selten von den Bewerteten und Abgewerteten irgendwann vorgeführt. Aber was immer auch die Reaktion des Mitarbeiters sein wird. Ganz bestimmt wird er seine Energie und Kraft nicht darauf konzentrieren, mit Begeisterung der Forderung seines Chefs nachzukommen. Schon gar nicht wird er sich Gedanken machen, wie man das Betriebsergebnis weiter verbessern könnte. Er wird im Gegenteil seine Aufmerksamkeit auf die Abwehr seines schlechten Gefühls konzentrieren, das er nach einem solchen „Gespräch" hat. Was also hat es genützt? Sie werden jetzt vielleicht einwenden, dass Sie aber im Recht waren. Ja, das waren Sie vermutlich! Aber noch einmal, was nützt es Ihnen, im Recht zu sein, wenn Ihre Mitarbeiter in schlechter Laune arbeiten? Vielleicht werden Sie mir antworten, dass gewisse Dinge einfach gesagt werden müssen und gewisse Dinge einfach unterlassen oder getan werden müssen und Sie im Übrigen die Verantwortung für das Unternehmen tragen. Darin würde ich Ihnen nicht widersprechen. Doch gerade weil Sie die Verantwortung für das Unternehmen tragen und gewisse Dinge getan oder unterlassen werden müssen und Sie im Übrigen in der Sache im Recht sind, ist es wichtig, die Durchsetzung der richtigen Sache nicht zu behindern, indem Sie die Beziehungsebene stören und die Würde und Selbstachtung eines Mitarbeiters unterwandern, auch wenn das gar nicht Ihre Absicht war. Eine gut gepflegte Beziehungsebene ist die Voraussetzung für die erfolgreiche Durchsetzung der sachlichen Anforderungen an die Arbeit. Nichts tut der Beziehungsebene so gut wie Fragen, Zuhören und Verstehen und nichts zerstört die Beziehungsebene so nachhaltig wie Bewerten, Abwerten und Beschämen, noch dazu vielleicht auf der Grundlage von Vorannahmen. Machen Sie sich Ihr Leben und Ihre Führungsaufgabe nicht schwerer als nötig. Ihr eigenes „Nervenkostüm" wird es Ihnen danken. Natürlich gilt das auch für den Umgang Ihrer Mitarbeiter untereinander. Auch von diesen dürfen Sie verlangen, dass sie andere Kollegen nicht abwerten oder beschämen. Der unbefangene und freie Fluss der Gedanken und Ideen ist gewissermaßen der Schmierstoff der innerbetrieblichen Zusammenarbeit und Kooperation. Dieser freie unbefangene Fluss beruht auf angenehmen und stabilen Beziehungen. Installieren und verlangen Sie also eine Kultur des Verstehens statt des Bewertens und Abwertens. Sie als Chef sind das Vorbild, das alle anderen in diese Kultur (ein-)führt. Das heißt, Sie als Vorgesetzter dürfen und müssen von allen Teammitgliedern verlangen, dass sie sich um ein Verstehen der anderen bemühen, weil Sie es selbst auch so machen. Treten Sie Tendenzen der Abwertung und des gegenseitigen Beschämens konsequent entgegen. Der Schaden für das Unternehmen ist sonst auf Dauer zu groß. Jeder Mensch hat Gründe dafür, wie er sich verhält. Auch wenn das Verhalten noch so absurd zu sein scheint, ist es wichtig, diese Gründe zu erfahren. Interessieren Sie sich dafür! Sie werden vielleicht anregend überrascht. Damit keine Missverständnisse aufkommen: Natürlich dürfen und müssen Sie von Ihren Mitarbeitern fordern, sich so zu verhalten, wie es für den Erfolg des Unternehmens richtig und wichtig ist. Ein Verhalten zu verstehen, heißt nicht unbedingt, es zu akzeptieren. Wenn Sie sich für die Logik hinter dem Verhalten interessieren, beschädigen Sie die Beziehung nicht und bekommen eine Idee davon, wie Sie überzeugend argumentieren, weil Sie nun die Gründe kennen. Ihr Mitarbeiter bleibt offen für Ihre Argumente, weil er grundsätzlich gewertschätzt wird. Er kann sich darum ganz auf das geforderte Verhalten konzentrieren und es vielleicht sogar noch mit eigenen Ideen anreichern. Das tut er nur, wenn er nicht fürchten muss, von oben herab vorschnell abgeurteilt und damit ungerecht behandelt zu werden. Verstehen statt Bewerten und Abwerten ist auch eine wichtige Vorbedingung, damit die nächste Haltung gelebt werden kann.

Konflikte lösen heißt, Gewinner zu schaffen
In einem Unternehmen kommen Menschen mit unterschiedlichsten Charakteren, Biografien, Erwartungen, Begabungen und Kompetenzen zusammen. Diese wollen und sollen ein gemeinsames unternehmerisches Ziel erreichen. Dass es dabei zu Interessenskollisionen, Meinungsverschiedenheiten oder Kontroversen kommt, liegt angesichts der großen sozialen Vielfalt auf der Hand und kann nur als natürlich bezeichnet werden. Generell gibt es zwei Möglichkeiten, mit Interessenskollisionen umzugehen. Man kann entweder sagen, die Stärkeren

gewinnen und zwingen die Schwächeren, sich unterzuordnen. In diesem Fall gibt es am Ende des Prozesses Gewinner und Verlierer. Oder man hört zu, argumentiert sachbezogen und baut auf diese Weise eine Brücke, die es ermöglicht, Interessen oder Sichtweisen zu verhandeln und damit auszugleichen. Am Ende dieses Prozesses gehen dann beide Seiten als Gewinner aus der Auseinandersetzung hervor. Beide Seiten stehen als Gewinner da, wenn auch als Gewinner, die sich auf einen Kompromiss verständigt haben. Im Grunde zeigt ein bestehender Konflikt bereits an, dass eine Meinungsverschiedenheit oder Interessenskollision nicht nach dem Win-win-Prinzip[7] verhandelt wurde und sich deswegen eine oder sogar beide Seiten als Verlierer fühlen. Grund dafür ist, dass man einer respektvollen Kontroverse aus dem Weg gegangen ist. Man beachte: Eine Kontroverse ist nicht identisch mit einem Konflikt. Eine Kontroverse ist ein Prozess, bei dem über unterschiedliche Standpunkte sachlich diskutiert wird. Ein Konflikt entsteht erst, wenn man diese Diskussion vermeidet oder so respektlos führt, dass sich Menschen in ihrer Würde verletzt fühlen. Eine Kontroverse gibt beiden Meinungen eine ebenbürtige Chance, sich als richtig zu erweisen und baut auf sachliche Argumente. Ein Konflikt entsteht, wenn man dem anderen eben keine Chance geben möchte, seine Sicht im Gespräch ebenbürtig zu verhandeln. Ein Konflikt führt in der Regel zur persönlichen Abwertung des Menschen, der eine andere Sicht der Dinge hat. Dass viele Menschen daher den Konflikt meiden, ist nur allzu verständlich. Er bringt nichts Gutes und belastet die Beziehung enorm. Aber warum meiden Menschen die Kontroverse? Dafür kann es viele Gründe geben, nachfolgend vier mögliche, die ich häufig beobachtet habe:

- Man geht davon aus, dass die eigenen Interessen und Meinungen unterlegen sein werden und will sich eine Niederlage ersparen.
- Man fühlt sich nicht in der Lage, den eigenen Argumenten angemessene Beachtung zu verschaffen.

- Man verfolgt die Absicht, die Interessen der anderen zu ignorieren und will ihnen daher gar nicht erst eine Chance geben, ihre Interessen im Gespräch zu erläutern und andere davon zu überzeugen.
- Man befürchtet, die anderen könnten sich verletzt und gedemütigt fühlen, wenn man die eigenen Standpunkte klar und direkt kommuniziert. Man weiß nicht, wie man ein solches Ergebnis vermeiden könnte.

Was immer auch die Gründe dafür sein mögen, die Debatte beziehungsweise Kontroverse zu meiden – auf jeden Fall befürchtet man, dass es kein erfreuliches Ereignis sein wird, wenn man in die offene Diskussion geht. Da gesunde Beziehungen nicht aus Verlierern und Gewinnern bestehen, sondern auf Dauer nur funktionieren, wenn sich beide Seiten wohl darin fühlen, müssen sie auf dem Respekt vor den Gedanken und Interessen des anderen beruhen. Die Beschädigung der Beziehungsebene ist jedenfalls beim Gewinner-Verlierer-Modell vorprogrammiert. Verlieren greift nicht nur das Gerechtigkeitsempfinden des betreffenden Menschen massiv an, sondern auch dessen Selbstwertgefühl. Außerdem fühlt er sich in einer Gemeinschaft, die ihn zum Verlierer macht, verständlicherweise nicht mehr wohl. Das alles bewirkt eine Verschiebung der Aufmerksamkeit und der Energie weg von den Sachthemen der Arbeit hin zum Konflikt beziehungsweise hin zur Verteidigung der Selbstachtung. Sachthemen stehen dann mehr und mehr unter dem Zeichen der Verteidigung des eigenen Selbstwertes und des Sich-revanchierens für erlittene Verletzungen. Das dürfte so ungefähr das Schlimmste sein, was Ihnen und Ihrem Unternehmen passieren kann. Unsere Arbeit stellt für sich genommen schon höchste Anforderungen an Aufmerksamkeit und Energie. Eine Kontroverse oder besser gesagt ein Konflikt, aus dem man als abgewerteter Verlierer hervorgeht, untergräbt massiv das seelische Gleichgewicht und damit die mentalen Möglichkeiten, den Arbeitsanforderungen gerecht zu werden. Es gibt nur eine Konsequenz: Missbrauchen Sie Ihre Macht niemals, indem Sie Verlierer produzieren. Eine erfolgreiche Zusammenarbeit beruht auf freiwilliger Einsicht und nicht auf Unterwerfung.

Die nötigen Verhandlungen können vielleicht etwas mehr Zeit in Anspruch nehmen, als eine direktive Entscheidung darüber, wer gewinnt und wer verliert. Dafür ist aber eine Win-win-Situation nachhaltig und wirklich tragfähig. Alle Beteiligten können sich danach wieder voll und ganz auf die Arbeit konzentrieren. Und genau das ist es, was gute Führung beabsichtigt. Ich werde auf diesen Punkt im Abschnitt 3 noch gründlicher eingehen.

Der Schlüssel zur Herstellung von Win-win-Situationen ist der Abgleich von Erwartungen und Ideen. Das führt uns wieder zur bereits erörterten Haltung zurück, dass Verstehen vor Bewerten und Abwerten geht. Fragen, zuhören, Vor- und Nachteile erörtern sowie offen sein für andere Sicht- und Herangehensweisen sind die Methoden des Abgleichs von Erwartungen und Ideen. Generell habe ich festgestellt, dass Konflikte fast immer durch enttäuschte Erwartungen ausgelöst werden. Allerdings musste ich auch feststellen, dass die so Enttäuschten zuvor auch nicht klar und deutlich gesagt hatten, was sie erwarteten. Selbst auf entsprechende Fragen konnten oder wollten sie nur sehr vage antworten. Nicht selten entspannten sich konfliktreiche Situationen schon dadurch, dass es gelang, den Einzelnen zu ermuntern, offen und klar über seine Sichtweisen, Haltungen, Bedürfnisse oder Ängste zu reden und auch dem Anderen zuzuhören, wenn der über seine Sichtweisen, Haltungen, Bedürfnisse und Ängste sprach. Ein solches Gespräch braucht aber das feste Vertrauen darauf, dass niemand überfahren oder ignoriert wird und dass auf gar keinen Fall die Würde und Selbstachtung angetastet wird. Wenn das gelingt, ist die Lösung nicht mehr weit. Ich habe in den Unternehmen fast immer mit Menschen zu tun gehabt, die durchaus bereit waren, auf die Erfüllung eigener Erwartungen ganz oder teilweise beziehungsweise vorübergehend zu verzichten. Auch sind den Betroffenen nicht alle Erwartungen gleich wichtig. Aber man möchte doch, dass die eigenen Erwartungen Gehör finden und man möchte eine plausible Erklärung dafür haben, warum man auf die Erfüllung seiner Erwartungen verzichten soll. Diese Erklärungen zu geben, ist Sache der Unternehmensführung. Ein Kompromiss ist (fast) immer möglich. Vorausgesetzt, man weiß, was man will.

Manchmal habe ich in Workshops die Teilnehmer gebeten, eine Art Gebrauchsanweisung für sich selbst aufzuschreiben. Neben einer gewissen Erheiterung rief diese Aufgabenstellung vor allem Ratlosigkeit hervor. Es ist offenbar gar nicht so einfach, sich selbst und den anderen deutlich zu sagen, wie man behandelt werden möchte und was man erwartet. Konfliktvermeidung über die Abgleichung von Erwartungen setzt also eine gewisse Selbstreflexion und Selbsterkenntnis voraus. Man muss sagen können, welche Erwartungen man warum hat. Dies gilt nicht nur für Führungskräfte, sondern für alle Mitarbeiter. Sich dafür nötigenfalls externe Hilfe zu suchen, ist keine schlechte Investition. Man kann davon auch privat profitieren. Beziehung findet überall statt. Wenn es also um Konflikte geht, dann geht es um Win-win-Lösungen. Zeigen Sie Ihr Bemühen, Kompromisse zu finden. Laden Sie Ihre Mitarbeiter vielleicht auch ein, selbst Vorschläge für Kompromisse zu machen und Ideen zu entwickeln. Wichtig ist, dass jeder aus einem Gespräch beziehungsweise einer Diskussion mit erhobenem Haupt gehen kann und sich niemand als Verlierer fühlt.

An Kommunikation sparen, kommt (zu) teuer
Die Versorgung Ihrer Mitarbeiter mit allen nötigen und relevanten Informationen ist die Voraussetzung dafür, dass die Arbeit wirklich so erledigt werden kann, wie Sie das als Führungsperson beschlossen haben. Die punktgenaue Umsetzung von Anweisungen ist die Voraussetzung dafür, dass die Zusammenarbeit funktioniert und die Unternehmensziele erreicht werden. Missverständnisse verbrauchen unnötigerweise Zeit, Kraft und leider auch Geld. Sowohl die genaue Umsetzung von Anweisungen als auch die Vermeidung von Missverständnissen braucht Kommunikation. Das heißt, Sie brauchen Gespräche. **Gesprächsführung ist sozusagen Ihr wichtigstes Führungsinstrument.** Hier ist eine gewisse kommunikative Üppigkeit besser als Sparsamkeit. Ich habe leider zu oft erlebt, was passiert, wenn seitens der Führung an Kommunikation gespart wurde. Es entstanden regelmäßig Missverständnisse. Von Mitarbeitern wurden Gerüchte in die Welt gesetzt, weil sie auf wichtige Fragen leider keine befriedigenden

Antworten bekamen. Also „versorgten" sie sich und ihre Kollegen mit Vermutungen und Spekulationen. Auf dieser Grundlage trafen diese Mitarbeiter dann eigenmächtige Entscheidungen. Diese Entscheidungen hatten leider selten etwas mit dem zu tun, was die Führung wollte und was für das Unternehmen richtig gewesen wäre. Auf diese Weise ging der Führung nicht nur ein gutes Stück an Kontrolle verloren. Die Arbeit wurde auch nicht so erledigt, wie es für das Unternehmen wichtig gewesen wäre. Alle Informationen, die Ihre Mitarbeiter nicht von Ihnen bekommen, ersetzen sie durch Vermutungen und Annahmen. Alle Konflikte, um die Sie sich nicht kümmern, schwelen weiter und verhärten sich eher, als dass sie sich freundlich auflösen würden. Dadurch verlieren Sie als Führungskraft nicht nur Autorität und Kontrolle. Sie erhöhen die Gefahr, dass es nicht so läuft, wie Sie es als richtig und sachdienlich für Ihr Unternehmen ansehen. Den Preis dafür zahlen Sie mit Ihrem Unternehmen. Sparen Sie daher nicht an der Kommunikation. Versorgen Sie Ihre Mitarbeiter lieber gleich selbst mit allen Informationen, die nötig und gewünscht sind. Erläutern Sie Ihre Entscheidungen so, dass sie für Ihre Mitarbeiter plausibel sind. Nehmen Sie sich Zeit, Kontroversen zu klären. Und empören Sie sich nicht, wenn Mitarbeiter nicht gleich beim ersten Mal die Information oder Anweisung verinnerlichen, die Sie ihnen gegeben haben. Das muss nicht heißen, dass Ihre Mitarbeiter ignorant sind. Unser Gehirn hat seine eigene Logik, mit Sprachinformationen umzugehen. Insofern wäre es eine lohnende Investition, sich eine Weiterbildung in Sachen Kommunikation zu gönnen. Natürlich ist die Zeit knapp. Aber wie viel Zeit kostet es, das Unternehmen wieder auf die richtige Bahn zu bringen, wenn die Dinge erst einmal falsch gelaufen sind? An Kommunikation zu sparen, kann Sie sehr teuer zu stehen kommen. Welche Maßnahmen haben sich bewährt? Lassen Sie mich Ihnen folgende Erfahrungen zur Verfügung stellen:

- Verstehen, was der andere weiß und denkt, ist die Grundlage für Verständigung.
- Zuhören ist der Schlüssel für jede Verständigung und damit Lösung.

- Setzen Sie nichts als selbstverständlich voraus. Bringen Sie auch Dinge zur Sprache, die Sie als selbstverständlich ansehen würden. Für Ihre Mitarbeiter sind sie es möglicherweise nicht.
- Fragen Sie nach, ob das, was man zu Ihnen gesagt hat, wirklich so gemeint war, wie Sie es verstanden haben.
- Sagen Sie vor allem, **was** Sie wollen und weniger, **was** Sie **nicht** wollen. Unser Gehirn kann mit positiven Formulierungen besser umgehen als mit „Nicht-Botschaften". Wenn ich weiß, was ich nicht tun soll, weiß ich noch lange nicht, was ich tun soll. Aber genau das wollen Ihre Mitarbeiter wissen. Was sollen sie also (stattdessen) tun?
- Erläutern Sie Ihre Position unter Zuhilfenahme von Beispielen, Bildern und Vergleichen. Unser Gehirn kann Bilder und Metaphern sehr gut verarbeiten und vor allem vermeiden Sie so Missverständnisse. Das wusste schon Jesus, als er seinen Jüngern empfahl: *Predigt in Gleichnissen!*
- Lassen Sie sich am Ende einer Erläuterung wiederholen, was Ihre Gesprächspartner von dem verstanden haben, was Sie ihnen eben erläuterten. Auf diese Weise erfahren Sie sofort, ob und an welcher Stelle Missverständnisse aufgetreten sind und welche Informationen noch fehlen.

Wichtig ist, dass Sie sich fragen, welche Informationen zu einem Vorgang oder einer Veränderung nötig sind. Haben Sie keine Angst, sich zu wiederholen oder Ihren Mitarbeitern bereits Bekanntes zu sagen. Lassen Sie Raum für Fragen. Gegebenenfalls können Sie Informationen „nachliefern", um Verständnislücken zu schließen. Wenn ich will, dass mich jemand versteht, dann muss ich ihm sagen, was ich zu sagen habe. Wenn er mich nicht so verstanden hat, wie ich das wollte, habe ich ihm eventuell zu wenig gesagt oder mich missverständlich ausgedrückt. Das ist alles kein Problem, man kann sich ein Feedback organisieren und dann weiß man, ob man richtig verstanden wurde oder nicht.

Unterschätzen Sie auch nicht die Bedeutung von sehr persönlichen Themen. Ich habe einmal eine Geschäftsführerin gecoacht, die im Verlaufe unserer Zusammenarbeit schwanger wurde. Ich fragte sie, wie sie die Zeit handhaben würde, in der sie wegen der Geburt des Kindes zu Hause bleiben müsste. Sie teilte mir mit, dass sie nicht vorhätte allzu lange auszufallen und auf keinen Fall ein Mutterjahr einlegen wolle. Mich interessierte natürlich, wie ihre Mitarbeiter auf die Schwangerschaft und diese Entscheidung reagiert haben. Die Antwort hat mich verblüfft. Sie meinte, dass sie darüber mit niemanden im Unternehmen sprechen möchte, weil das Ganze ja ihre Privatangelegenheit sei. Dieser Meinung war ich dann allerdings ganz und gar nicht. Genauso, wie ich von selbst die Schwangerschaft bemerkt hatte, müssen das auch ihre Mitarbeiter getan haben und daraus ergibt sich für diese selbstverständlich die gleiche Frage, die ich gestellt habe: Was wird mit dem Unternehmen, wenn die Inhaberin und Geschäftsführerin über eine gewisse Zeit ausfällt? Diese Frage stellen sich Mitarbeiter. Wenn sie darauf keine Antwort erhalten, denken sie sich eine oder mehrere aus. Genau das war schon geschehen. Es kursierten sehr phantasievolle Gerüchte, die von einem Eigentümerwechsel bis hin zur Beförderung von Mitarbeitern zum neuen Geschäftsführer gingen und für einigen Wirbel sorgten. Ich empfahl der jungen und im Übrigen sehr fähigen Geschäftsführerin, umgehend eine Erklärung abzugeben, dass sie schwanger war und wie sie ihre Pflichten wahrzunehmen gedenke, nachdem sie ihr Kind zur Welt gebracht habe. Diese Geschäftsführerin war eher nicht der Beziehungs-Kuschel-Typ und das war ihr gutes Recht. Aber sie hatte ein Team, das es gerne hatte, wenn es „menschelte". Da war es zu erwarten, dass die Schwangerschaft der Geschäftsführerin ein großes Tuschel- und Klatschthema war. Also galt es, die Flucht nach vorn anzutreten, und die Mitarbeiter mit Informationen zu versorgen, damit sie sich mitfreuen konnten, was sie dann auch taten. Für Mitarbeiter ist es wichtig, zu wissen, welcher Pilot im Cockpit am Steuer sitzt und was er plant.

Unser Kommunikationsverhalten ist ebenso wie unser Beziehungsverhalten sehr individuell durch unsere Persönlichkeit, unsere Kultur und unsere Biografie geprägt. Insofern kommt es nicht darauf an, sich zu verbiegen und „nach Lehrbuch" zu kommunizieren. Sie dürfen der

Mensch bleiben, der Sie sind. Aber zeigen Sie sich auch. Jeder Mensch möchte ein Gegenüber, das sich ehrlich zeigt und eben dadurch beruhigend wirkt, weil man weiß, woran man ist. Authentizität ist ein Schlüsselelement guter Kommunikation und Beziehungsgestaltung. Um wirklich professionell zu sein, sollte man darüber hinaus einige Grundregeln der Kommunikation lernen und wissen, wie unser Gehirn mit Sprache und Information umgeht. Nur weil wir sprechen können, heißt das noch lange nicht, dass wir auch kommunizieren können. Empfehlenswert ist es, sich auch bezüglich der Professionalisierung des eigenen Kommunikationsverhaltens aus dem reichen Angebot an Workshops und Seminaren sowie an Literatur und CDs zu bedienen. Hier gibt es vieles, das Ihre Neugier und Lernfreude wecken wird und das Sie auch ganz privat als Bereicherung für Ihr Leben empfinden werden. Allerdings werden Sie sich auch damit abfinden müssen, dass Kommunikation zwischen Ihnen und Ihrem Team niemals so ablaufen wird, wie im Privatleben. Es heißt, Hierarchie sei der Sündenfall der Kommunikation, da unbefangene Kommunikation nur auf der Grundlage von Gleichrangigkeit möglich sei. Einerseits ist dies zutreffend. Sie sollten als Führungskraft wirklich nicht erwarten, dass Mitarbeiter „frei von der Leber weg" mit Ihnen reden. Mitarbeiter haben nach meiner Erfahrung im Gespräch mit Vorgesetzten immer die Tatsache im Hinterkopf, dass sie mit jemandem sprechen, der über ihr Sein oder Nichtsein entscheiden kann. Da schwingt immer eine gewisse Vorsicht mit. Andererseits darf diese Tatsache nicht darüber hinwegtäuschen, dass auch zwischen den Hierarchien beide Seiten gleichermaßen die Verantwortung für das Gelingen der Kommunikation tragen. Mit einer Hand kann man nicht klatschen. Dazu gehören immer zwei. Kommunikation ist eine Veranstaltung, an der mindestens zwei Menschen teilnehmen. Deshalb sollten auch alle Teilnehmer ihren Beitrag zum Gelingen der Kommunikation leisten. Was gesagt wurde und was nicht, entscheidet der Empfänger der Nachricht ganz gewaltig mit und dessen sollte er sich auch bewusst sein. Machen Sie einmal den Test und erzählen Sie Freunden eine Geschichte. Fragen Sie dann jeden einzelnen, was er von dieser Geschichte verstanden hat. Obwohl alle das Gleiche gehört haben, werden alle die Geschichte etwas anders wiedergeben. Das ist ganz natürlich. So sind wir Menschen eben. Genau das sollten alle Beteiligten auch berücksichtigen. Eine Konsequenz ist, dass der Sender einer Botschaft nichts bis wenig erreichen kann, wenn der Empfänger der Botschaft nicht aktiv daran mitarbeitet, dass bei ihm das ankommt, was der Sender ihm mitteilen wollte. Aus diesem Grund sind Sender und Empfänger auf einer Ebene, wenn es um die Verantwortung für das Gelingen von Kommunikation geht. Nicht nur Sie als Führungsperson sollten daher Ihre Kommunikation professionalisieren und dazu externe Hilfe in Anspruch nehmen. Das Gleiche gilt auch für Ihr Team. Es spricht nach meiner Erfahrung nichts dagegen, Seminare und Workshops zum Thema Kommunikation gemeinsam durchzuführen. Im Gegenteil, es ist sehr nützlich, wenn Team und Führung diesbezüglich den gleichen Wissensstand haben. Nicht empfehlen kann ich deshalb, dass Sie zwar Ihre Teams in Seminare zur Kommunikation schicken, Sie selber aber eine entsprechende Weiterbildung meiden. Denn wenn Ihr Team dank Trainings irgendwann professioneller kommuniziert als Sie, riskieren Sie einen rasanten Verlust an Respekt! Investieren Sie ruhig in ein gemeinsames Seminar oder Training, diese Investition rentiert sich auf jeden Fall.

Zum Schluss möchte ich die Bedeutung, die Information und Kommunikation für Ihr Unternehmen haben, noch durch folgende Überlegungen veranschaulichen. Schauen wir uns zuerst das Wort Information genauer an. Was sagt es uns? Genau genommen spricht es davon, dass dank einer **In-form-ation** etwas oder jemand **in eine Formation** oder **in** eine **Form** gebracht wird. Ich **in-form**iere mich heißt dann, ich sorge dafür, dass ich **in einer Formation in einer bestimmten Form** mitspielen kann. Wenn ich jemand anderen **in-formiere** dann sorge ich dafür, dass er sich in einer bestimmten Formation angemessen bewegen kann und in Form bleibt. Die Formation, in der sich Ihre Mitarbeiter dank Ihrer Information richtig bewegen sollen, ist natürlich Ihr Unternehmen. Das Gleiche gilt für Ihre Kunden. Auch hier dienen Informationen dazu, es Ihren Kunden zu ermöglichen, sich mit Ihrer „Formation" vertraut zu machen, Vertrauen zu gewinnen und weiter im Geschäft zu bleiben. Ein Unternehmen führen heißt, eine bestimmte Ordnung beziehungsweise Formation zu definieren und im Alltag durchzusetzen. Die Versorgung mit Informationen ist das wirksamste Mittel, Ihre Ordnung durchzusetzen. Informationen helfen, Formationen zu gestalten und in der gewünschten Form zu halten. Sie geben Ihren Mitarbeitern Informationen indem Sie mit ihnen kommunizieren, dadurch können sich Ihre Mitarbeiter kon**form** zur **Formation** Ihres Unternehmens verhalten. Und natürlich brauchen auch Sie als Unternehmer Informationen, damit Sie sich konform zur Wirklichkeit verhalten können. Sie holen sich beispielsweise Markt- und Kundeninformationen ein, damit Sie Ihr Unternehmen und Ihre Angebote in eine Form bringen können, die Ihre Kunden anspricht und es Ihnen ermöglicht, erfolgreich zu sein. Auch Sie bekommen diese Informationen (nur) über Kommunikation. Sie müssen wissen, wie Ihre Kunden und Mitarbeiter denken, um entscheiden zu können, welche Informationen Sie wem wann geben sollten und wie Sie Ihr Unternehmen und Ihre Angebote am besten gestalten. Jedes Gespräch mit einem Menschen gibt uns Informationen, vorausgesetzt, wir selbst waren nicht der einzige, der gesprochen hat. Aus diesem Grund sind Dialoge auch so wichtig und Monologe so kontraproduktiv. Kommunikation ist also der Weg zur Information. Kommunikation hat aber noch eine weitere Wirkung und Funktion als „nur" Mittel zum Zwecke der Information zu sein. **Kommunikation** schafft auch die nötige Gemeinsamkeit im Handeln. Wirklich effizient und profitabel können Sie nur arbeiten, wenn alle gemeinsam am gleichen Strang ziehen, um die richtige Formation zu gestalten. Es geht um gemeinsames zielgerichtetes Handeln. Diese Gemeinsamkeit wird über Kommunikation geschaffen. Das Wort selbst sagt uns genau das. Der Begriff **Kommun**ikation leitet sich von dem lateinischen Wort **commun**em ab. Und communem heißt übersetzt **gemeinsam**. Denken Sie beispielsweise an die Begriffe Kommunalverwaltung oder an die Kommunen der 68er Bewegung. Bei unseren Kommunalverwaltungen geht es um die Wahrung der Interessen der Gemeinschaft beziehungsweise um gemeinschaftliche Interessen, das berühmte Gemeinwohl.

An Kommunikation sparen, kommt (zu) teuer

Bei den 68er Kommunen ging es ebenfalls um den Geist des Gemeinsamen. Das Wort Kommunismus hat auch etwas mit Gemeinsamkeit zu tun. Es stammt wohl aus der Zeit der Pariser Commune und meint im Grunde eine Gesellschaft, in der man nicht mehr gegeneinander konkurriert, sondern in der man gemeinsam und miteinander das tut, was allen gleichermaßen dient. Das nennt man Gemeinwohl. Sind Worte nicht etwas sehr Klares? Auf Ihr Unternehmen bezogen bedeutet dies, dass eine professionelle Kommunikation dafür sorgt, die Gemeinsamkeit im Handeln aller Beteiligten zu gewährleisten. Sie werden Ihre wirtschaftlichen Ziele nicht erreichen, wenn alle machen, was sie wollen oder gar gegeneinander arbeiten. Ein Unternehmen führen heißt also, eine Formation zu entwickeln und zu gestalten, in der wir alle gemeinsam daran arbeiten, wirtschaftlich erfolgreich zu sein. Kommunikation und Information sind die nötigen Instrumente dafür. Darum sind Kommunikation (communem = gemeinsam) und Information (in Formation bringen) von so entscheidender Bedeutung. Wenn Sie also an Kommunikation und Information sparen, können Sie Ihr unternehmerisches Ziel nicht voll und ganz erreichen, weil Sie Ihre Möglichkeiten, die nötige Formation beziehungsweise Ordnung herzustellen, drastisch reduzieren. Darüber hinaus untergraben Sie die Kraft und Effizienz des gemeinschaftlichen Handelns, weil es einfach zu viel Unsicherheit und zu viele Missverständnisse gibt. Je weniger Sie angemessen informieren und im Dialog kommunizieren, je mehr Unordnung und Kraftvergeudung produzieren Sie. Das kommt Sie teuer (zu stehen). Ich werde auf das Thema Formation beziehungsweise Form Ihres Unternehmens im zweiten Kapitel zurückkommen, in dem wir darüber nachdenken, was denn die richtige Formation Ihres konkreten Unternehmens sein könnte und sollte. Im 3. Kapitel stelle ich Ihnen einige Erkenntnisse darüber vor, was Gemeinsamkeit in einem Unternehmen heißt und wie sie gelingen kann. Aber es wird auch darum gehen, was Gemeinsamkeit in einem Unternehmen nicht heißt und woran sie sehr oft scheitert. Kommen wir nun zu einer weiteren Haltung.

Gestärkte Selbstwertkompetenz schützt vor Erpressung
Was mir in vielen Gesprächen mit Führungskräften und Beschäftigten auffiel und mich gleichzeitig überraschte, war das Ausmaß an emotionaler Erpressung, der sich sowohl Führungskräfte als auch Mitarbeiter in ihrer Arbeit ausgesetzt sahen und sehen. Da verlangen Kunden, man möge doch gleich mal noch dieses oder jenes kostenlos für sie tun, wenn man denn schon einmal dabei sei, andernfalls würden sie sich nach einem „besseren" Anbieter umsehen. Da erpressen neuerdings Mitarbeiter ihre Vorgesetzten mit Krankschreibung oder Kündigung, wenn die Vorgesetzten nicht dieses oder jenes tun oder ermöglichen. Aber da erpresst man sich auch selbst, weil man meint, die angedrohten oder vorstellbaren möglichen Konsequenzen nicht aushalten zu können, wenn man sich nicht unwidersprochen und exakt so verhält, wie es Vorgesetzte, Kollegen, Angestellte oder Kunden fordern. Und seit einiger Zeit gibt es auch die als „Erpressung" empfundenen Auswirkungen des Wandels am Arbeitsmarkt. Nicht wenige Unternehmer und Vorgesetzte hatten sich in den letzten Jahrzehnten gut damit arrangiert, dass es eine relativ hohe Arbeitslosigkeit auch bei gut ausgebildeten Fachkräften gab. Man meinte, dass die Angestellten deswegen froh sein müssten, überhaupt einen Arbeitsplatz zu haben, ganz gleich, zu welchen Bedingungen. Das führte in einigen Fällen durchaus dazu, dass man der Professionalisierung der eigenen Personalführung nicht den Stellenwert beimaß, den sie eigentlich hätte haben sollen.
Führen mit der Angst, war ein recht bequemer Weg. Ein wirklich guter war er indes noch nie. Erpressung und Angst sind absolute Beziehungskiller. Erpressung mit der Angst oder mit Schuldgefühlen schädigt eine Beziehung unumkehrbar. Um den damit verbundenen Vertrauensverlust wieder auszugleichen, braucht es sehr viel Zeit und Professionalität, ohne Garantie dafür, dass es gelingt. Aber vor allem kostet eine zerrüttete Beziehungsebene ein Unternehmen viel Geld. Denn von Loyalität und kreativem Sich-Einbringen kann dann kaum noch die Rede sein. Nicht zu vergessen, dass Angst und schlechte Beziehungen Stressfaktoren von hoher Zerstörungskraft für die mentale Gesundheit von Menschen sind. Es muss daher dringend davor gewarnt werden, zu

erpressen oder Erpressungen nachzugeben. Welche Maßnahmen haben sich bewährt? Die gute Nachricht gleich zu Beginn: Das Phänomen der (emotionalen) Erpressung ist nicht neu, im Gegenteil. Es scheint seit Generationen eine recht übliche Form der Interessensdurchsetzung gegenüber anderen Menschen zu sein. Das Positive an dieser Feststellung ist, dass man sich deshalb in der westlichen Welt intensiv mit diesem Thema beschäftigt hat und es heute sehr viel Wissen darüber gibt, wie man mit emotionaler Erpressung umgehen kann, wie man sich wehrt und wie man es sich selbst abgewöhnt. Als besonders sachdienlich haben sich bei meiner Arbeit in den Unternehmen die einschlägigen Erfahrungen und Erkenntnisse der amerikanischen Psychologin und Psychotherapeutin Susan Forward erwiesen. Auf ihre Erkenntnisse gestützt, konnte ich bei meinen Klienten viele entscheidende „Aha-Erlebnisse" erzielen. Susan Forwards Buch „Emotionale Erpressung" [8] kann ich Ihnen nur wärmstens empfehlen. Sie finden darin viele Anregungen, die Ihnen helfen herauszufinden, ob emotionale Erpressung für Sie relevant ist und wie Sie sich gegebenenfalls davon befreien können. Bei meiner Arbeit in den Unternehmen war es jedenfalls oft sehr hilfreich, das Thema zu bearbeiten. Mitunter war die Wirkung drastischer, als beabsichtigt. Ich erinnere mich beispielsweise an einen jungen Mitarbeiter in einem Pflegeunternehmen, der an einem Workshop teilnahm, in dem ich das Thema emotionale Erpressung diskutierte und eine entsprechende Checkliste vorstellte. In der Pflegebranche ist emotionale Erpressung nach meiner Erfahrung ein sehr häufiges Problem. Wochen später erzählte mir eben dieser junge Mann, er wäre noch am gleichen Abend zu seiner Freundin gegangen und hätte die Beziehung beendet. Die Diskussion und die Checkliste hätten ihm die Augen geöffnet, was seine Freundin mit ihm seit Jahren treibe. Er habe schon lange das Gefühl gehabt, dass diese Beziehung nicht gut für ihn sei, aber er konnte bisher nicht sagen, was genau es war. Dank des Seminars war es ihm anscheinend endlich möglich, klar zu erkennen und in Worte zu fassen, dass seine Freundin ständig versuchte, ihn emotional zu erpressen, indem sie ihm Schuldgefühle einredete und ihn für ihre Wünsche und ihr Wohlergehen verantwortlich machte. Darum habe er die Beziehung beendet, weil er erkannt habe, dass seine Freundin nie damit aufhören würde. Nun, das war zwar nicht das, was ich beabsichtigt hatte, aber er schien erleichtert und froh, also war ich es auch. Immerhin, nun hatte er die Chance auf eine bessere Beziehung. Ich kann Ihnen nur wärmstens empfehlen, sich auch mit diesem Thema zu beschäftigen. Allerdings sollten Sie mit „Risiken und Nebenwirkungen" rechnen, wie das Beispiel mit dem jungen Mann zeigt. Wichtig ist, dass Sie sich als Unternehmer Wissen zu diesem Thema aneignen, um genau erfassen zu können, ob es sich bei einer gegebenen Situation um eine Erpressung handelt oder nicht. Das Aufzeigen von Konsequenzen muss nicht zwingend eine Erpressung sein. Aber es ist ein großer Unterschied, ob man natürliche und logische Konsequenzen aufzeigt, um einen möglichen Entschluss in seiner Sinnhaftigkeit besser debattieren zu können oder ob man mit Konsequenzen und vor allem mit Schuld droht, die als alternativlos dargestellt werden. Ein emotionaler Erpresser zielt auf Emotionen, nicht auf Argumente. Er will beim Anderen das unangenehme Gefühl der Schuld erzeugen. Jeder möchte Schuldgefühle loswerden. Und darauf hofft der emotionale Erpresser. Im Grunde sagt er: *Du wirst deine Schuldgefühle erst los, wenn du tust, was ich fordere.* Hier wird in der Regel erwartet, dass die angedrohten Schuldgefühle für den anderen so unannehmbar sind oder ihn so sehr treffen, dass er bereit ist, alles zu tun, um sie abzuwenden und sich darum auf die Erpressung einlässt. Das heißt, entgegen den eigenen Interessen zu handeln. Emotionale Erpressung hat immer zum Ziel, einen Menschen daran zu hindern, gut für sich oder die Gemeinschaft zu sorgen. Der Erpresser möchte, dass der andere gut für den Erpresser sorgt, egal welcher Schaden daraus für Andere entsteht. Ein Erpresser interessiert sich nicht für die berechtigten Interessen seiner Mitmenschen. Es geht vielmehr darum, den Mitmenschen für eigene Interessen zu benutzen. Dahinter steht in den meisten Fällen eine gewisse Unreife. Emotionale Erpresser wollen die Macht über das Leben der Anderen, weil sie sich weigern, die Verantwortung für sich selbst zu übernehmen. Egal, welche persönliche Geschichte dahinter steht, ein solches Verhalten ist nicht akzeptabel. Letztendlich tut es auch dem emotionalen Erpresser nicht gut, wenn man seinem Erpressungsversuch nachgibt. Das Ergebnis eines reifen Miteinanders ist immer eine Win-win-Situation. Das Ergebnis einer (emotionalen) Erpressung ist immer eine Gewinner-Verlierer-Situation. Der Gewinner ist jedoch nur scheinbar ein Gewinner, weil die langfristige Zerrüttung der Beziehung letztendlich auch ihn zum Verlierer macht, wie das vorangegangene Beispiel mit dem jungen Mann und seiner Freundin zeigt. Verhandeln ist ein Austausch von Argumenten und Sichtweisen mit offenem Ausgang. Erpressen ist der Versuch, einen ganz bestimmten Ausgang zu erzwingen. Man versucht, den anderen zu zwingen, sich dem eigenen Willen zu unterwerfen, indem man ihm mit unannehmbaren Konsequenzen und Schuldgefühlen droht. Zumindest wird ein schlechtes Gewissen provoziert. Das Ganze ist ein beachtlicher Energiekiller, den Sie sich nicht antun sollten. Beschäftigen Sie sich darum mit diesem Thema. Die Erpresser wissen genau um die Ängste und Unsicherheiten ihres Opfers und nutzen diese schamlos aus. Denn wer mit seinen Ängsten und Zweifeln unter Druck gesetzt wird, kann sich nur schwer wehren. Schließlich steht viel auf dem Spiel. Letztendlich gehören zu diesem Erpresserspiel allerdings immer zwei. Sie entscheiden selbst, ob Sie die Erpressung zulassen oder nicht. Im Grunde funktioniert Erpressung nur, weil man annimmt, die angedrohte oder – im Falle der Selbsterpressung – von mir vermutete Konsequenz nicht ertragen und verkraften zu können. Diese Annahme stützt sich auf unser Selbstbild. Wir haben ein Bild davon, was wir können und was nicht beziehungsweise was wir sollen und was nicht. Wenn wir einschätzen, dass wir die angedrohte Situation beherrschen können und der Drohung im Zweifelsfall etwas entgegenzusetzen haben, dann ist sie für uns nicht mehr gefährlich. Dann mögen die angedrohten Konsequenzen unerwünscht oder unangenehm sein, aber sie sind eben keine Katastrophe. Wir können die Erpressung abwehren, weil wir über einen „Plan B" verfügen und Alternativen haben. Ein Mensch, der seiner selbst bewusst ist, wird seine Grenzen aufzeigen und entsprechend reagieren, wenn diese Grenzen überschritten werden. Ein Unternehmer sollte wissen, dass er nicht mit Erpressung Personalführung machen kann. Aber er sollte umgekehrt auch in der Lage sein, die Erpressungsversuche von Mitarbeitern abzuwehren. Machen Sie sich und Ihren Mitarbeitern klar, dass nicht Sie, sondern Ihr Unternehmen letztendlich die Rahmenbedingungen und Handlungsspielräume definiert, die für jeden im Unternehmen zwingend sind. Machen Sie sich und Ihren Mitarbeitern darüber hinaus klar, dass jeder Verantwortung für das Gelingen des Miteinanders hat. Je sicherer Sie sich über Ihre eigenen Potenziale und Verantwortlichkeiten sind, je einfacher ist es für Sie, Erpressungen abzuwehren und in eine sachliche Verhandlung zu verwandeln. Voraussetzung ist, dass der Andere das auch will. Bieten Sie ein gemeinsames Nachdenken über das Machbare und über Kompromisse an. Wer sich darauf nicht einlässt, ist auf Dauer keine Hilfe. Unser Selbstbild beruht auf vielen Annahmen über uns selbst. Diese Annahmen stimmen vielleicht nicht in jedem Punkt und sollten daher überprüft werden. Ein gesundes Selbstbewusstsein – also das Bewusstsein über sich selbst – hilft, gegenüber Erpressung stark zu sein und den Erpresser zu zwingen, sich wieder auf eine gesunde Win-win-Verhandlung einzulassen. Ein fairer Kompromiss muss immer möglich sein. Wer diesen ausschlägt oder als eine persönliche Niederlage missversteht, ist auf Dauer kein Gewinn für Ihr Unternehmen.

Erpressung schadet dem Unternehmen, weil sie die Beziehungsebene und damit die Unternehmenskultur zu ihrem Nachteil verändert. Sie als Person in Führungsverantwortung sollten sich natürlich unter allen Umständen davor hüten, zu diesem „Instrument" der Unternehmensführung zu greifen. Erpressung „spart" zwar die Verhandlung ein und erscheint somit auf den ersten Blick als recht effizient. Aber der Sieg, den Sie damit erringen, ist definitiv ein Pyrrhussieg. Das heißt, der Sieger geht langfristig aus dem Konflikt genauso geschwächt hervor, wie der Verlierer und kann auf dem Sieg nichts von Wert aufbauen. Wenn Sie bei Ihren Mitarbeitern die Neigung zur Erpressung bemerken, ist eine sofortige und klare Gegenwehr angesagt. Machen Sie deutlich, dass Sie Erpressung nicht zulassen. Investieren Sie nötigenfalls in einen Workshop, in dem sowohl Strategien zur Abwehr von Erpressung erarbeitet werden, als auch Kompetenzen für eine Kontroverse mit sachlichen Argumenten. Erpressung ist ein großes Thema, das Sie nicht alleine bewältigen müssen. Ein externer Coach kann hier eine große Hilfe sein und der Lernprozess selbst kann sehr viel Freude machen. Gönnen Sie sich das. Ihr Unternehmen wird es Ihnen danken.

Ich bin Teil des Systems und Verhalten macht Sinn
Ich habe immer wieder erlebt, dass sich Mitarbeiter darüber beschwerten, wie schlecht die menschliche Atmosphäre im Unternehmen sei. Bei genauerem Hinschauen zeigte sich dann aber, dass sie selber mit ihrem Klatsch und Tratsch sowie ihren Intrigen einiges zur Verschlechterung dieser menschlichen Atmosphäre im Unternehmen beitrugen. Manchmal wurde dabei sogar die Grenze zur Verleumdung überschritten. Es war für mich als Außenstehende oft verblüffend, wie wenig Gespür diese Mitarbeiter für die Konsequenzen ihres eigenen Verhaltens hatten. Das Thema Klatsch und Tratsch ist mir immer wieder in den Unternehmen als großes Problem „serviert" worden, bei dem sich jeder als Opfer fühlte. Ich habe dann erst einmal versucht, mir einen Eindruck über die wahre Dimension dieses Problems zu verschaffen. Man muss ja nicht jedes Problem lösen, mit manchen Problemen kann man sehr gut leben. Gerade beim Thema Klatsch und Tratsch kann man ruhigen Gewissens ein gewisses Maß tolerieren. Wenn allerdings eine bestimmte Dimension überschritten wird und das Ganze in Boshaftigkeit umschlägt, muss man einschreiten. Manchmal war es hilfreich, einen Klatsch und Tratsch Workshop zu veranstalten nach dem Motto: „Ich bin Teil des Systems und Verhalten macht Sinn". Die Mitarbeiter wurden gebeten, mir die Vorteile des Klatschens und Tratschens aufzuzählen und anschließend die Nachteile. In der Regel war ich sehr überrascht, welche gut reflektierten Antworten ich von den (im Übrigen sehr liebenswerten) „Klatschtanten" erhielt, wie beispielsweise die folgenden:

- *Klatschen gibt mir Macht über Kollegen.*
- *Es baut Frust ab.*
- *Ich kann mir Verbündete schaffen.*

Nach dem Sinn oder Nutzen eines Verhaltens zu fragen, öffnet generell Türen zu hochinteressanten Gesprächen und liefert brauchbare Erkenntnisse. Nach meiner Erfahrung wird den meisten Mitarbeitern dabei klar, welche Verantwortung und welche Macht sie haben, wenn es um die soziale Atmosphäre im Unternehmen geht. Sie begreifen, dass sie Teil des Systems sind. Und sie begreifen, welchen tieferen Sinn ihr eigenes Klatschverhalten für sie hat. Stößt man ein wertfreies Nachdenken über Vorteile und Nachteile eines Verhaltens an, ermöglicht dies, dass Menschen selbst zu den entscheidenden Erkenntnissen gelangen. Im konkreten Fall wurde den Mitarbeitern schnell klar, dass Klatsch und Tratsch mehr Nachteile als Vorteile hat. Das ist dann der richtige Zeitpunkt, eine Diskussion darüber anzuregen, mit welchem neuen Verhalten man die Vorteile des Klatschens beibehält, ohne die Nachteile zu riskieren. Bezogen auf das Beispiel konnten folgende Fragen helfen:

- Wozu brauche ich Macht über meine Kollegen, wenn wir gut miteinander kooperieren?
- Wie kann ich Frust konstruktiv abbauen oder vielleicht sogar vorbeugen?
- Wozu brauche ich in einem fairen und gerechten Umfeld noch Verbündete?
- Was kann ich tun, damit ein faires Umfeld entsteht?
- Wer kann mir dabei helfen?

Es ist eine Tatsache, dass Ihr Unternehmen ein System darstellt, in dem unterschiedliche Faktoren, Umstände, Bedingungen, Anforderungen und Ziele auf Menschen mit unterschiedlichen Charakteren, Biografien, Erwartungen, Fähigkeiten und Kompetenzen treffen und sich gegenseitig beeinflussen. Da gilt es, eine enorme Vielfalt zu managen und auf ein gemeinsames Ziel auszurichten. Eingeführte Veränderungen können ungeplante Wirkungen haben, weil man bestimmte Zusammenhänge angesichts der Komplexität nicht im Blick hatte. Sich dem bewusst zu sein und sich dem zu stellen, macht gute Führungsarbeit aus. Es ist manchmal schon genug, diese Tatsache im Kopf zu behalten und gelegentlich darüber nachzudenken. Bei allem, was in Ihrem Unternehmen geschehen soll oder eben nicht geschehen soll, ist es wichtig zu fragen, welche Faktoren im System Ihres Unternehmens eine Rolle spielen, die man vielleicht bisher nicht im Blick hatte. Das hat vor allem für das Planen und Managen von Veränderungsprozessen eine große Bedeutung, weswegen ich im zweiten Kapitel noch einmal darauf zurückkommen werde. An dieser Stelle ist es mir wichtig, dass Sie sich als Teil eines Systems verstehen und sich immer wieder fragen: Wer reagiert auf wen oder was und wie? Welches Ergebnis hängt mit welcher Dynamik im Unternehmen zusammen? Ist das Verhalten meiner Mitarbeiter eine Reaktion auf mein Verhalten als Chef? Ist es eine Reaktion auf die von mir geschaffenen Regeln und Strukturen? Oder ist umgekehrt mein Verhalten das Ergebnis des Verhaltens meiner Mitarbeiter? Oder trifft beides zu? Es ist ein bisschen wie die Frage, ob erst die Henne oder das Ei da waren. So genau wird man das allerdings nie wissen. Das macht auch nichts. Wichtig ist, dass Sie sich eben diese Fragen immer wieder neu stellen. Es geht hierbei nicht um Schuld. Wenn sich einer Ihrer Mitarbeiter in einer Weise verhält, die nicht gut für das Unternehmen ist, dann muss er dieses Verhalten natürlich beenden und durch ein neues Verhalten ersetzen. Daran gibt es keinen Zweifel. Zu fragen, ob das unerwünschte Verhalten etwas mit Ihnen, mit den Umständen oder anderen Kollegen zu tun hat heißt nicht, dass man diese Verhaltensänderung nicht fordern dürfte. Darum geht es nicht. Es geht darum, die Situation zu nutzen, um einerseits ein besseres Verständnis für die innere Dynamik Ihres Unternehmens zu gewinnen, also etwas über Ihr Unternehmen zu lernen. Andererseits ist die Frage nach den Wechselwirkungen in Ihrem System nötig, um fair zu sein. Nicht selten empört uns „falsches" Verhalten bei anderen, weil wir bewusst oder unbewusst schlechte Absichten dahinter vermuten. Mitunter ist der rein sachliche Schaden des „falschen" Verhaltens weniger groß, als die Empörung darüber, dass da jemand (angeblich) schaden wollte oder Interessen nicht respektiert hat. Das heißt, es wird nicht nur fachliche Inkompetenz vermutet, sondern vor allem eine Respektlosigkeit gegenüber dem Unternehmen, dem Chef oder gegenüber Kollegen. Unterstellungen in diese Richtung führen aber in aller Regel zu keiner Lösung. Interessant und sinnvoll ist dagegen die Frage, welche Umstände im Unternehmen das kritisierte Verhalten begünstigt haben. Vielleicht erkennt man dann, dass es ein Fehler im System war, der das unerwünschte Verhalten des Kollegen provoziert hat. Vor diesem Hintergrund würde dessen Verhalten vielleicht sogar Sinn machen? Sie dürfen gerne Vermutungen anstellen. Vergessen Sie aber bitte nicht, dass eine Vermutung eine unbewiesene Hypothese ist und keine bewiesene Tatsache. Diese Hypothese kann sehr hilfreich sein, um zu wissen, in welche Richtung man schauen sollte. Aber es ist nicht hilfreich, wenn Sie diese Hypothese als eine bewiesene Tatsache ansehen und sie als solche in das Gespräch mit dem betreffenden Mitarbeiter nehmen. Hingegen kann es spannend sein, mit ihm diese Hypothesen zu diskutieren. Sie als Unternehmer sind Teil des von Ihnen geschaffenen Systems. Sie beeinflussen es und Sie werden davon beeinflusst. Und das gilt für jeden Menschen in Ihrem Unternehmen. Jeder beeinflusst das System und wird von ihm beeinflusst. Laden Sie all Ihre Mitarbeiter ein, sich diesem Prinzip anzuschließen. Ich bin Teil des Systems, ich beeinflusse es und werde davon beeinflusst. Diese Haltung kann bei Konflikten sehr entspannend wirken und bei Fehlern schnell zu einer Veränderung führen. Es ist ein großer Unterschied, ob der Einzelne sich als aktiver Teil des Systems versteht oder ob er sich schlicht als Opfer von Bedingungen sowie Verhaltensweisen seiner Kollegen und Vorgesetzten sieht. Wirklich erwachsen handelnde Menschen gehen davon aus, dass sie mit dem, was sie tun, das System genauso beeinflussen, wie das System sie beeinflusst.

Für Sie als Führungskraft bedeutet das: Wenn ein Mitarbeiter sich nicht so verhält, wie Sie es wünschen, kann das Ursachen haben, die nichts mit dem bösen Willen des betreffenden Mitarbeiters zu tun haben. Es kann sein, dass im System Faktoren wirken, die Ihren Mitarbeiter scheinbar oder tatsächlich zwingen, sich so zu verhalten. Dann wäre eben dieses Verhalten ein wertvoller Hinweis, in Ihrem Unternehmen etwas in Ordnung zu bringen. Hilfe bringen Fragen wie diese:

- Wie muss/sollte ich mich ändern, damit sich mein Mitarbeiter ändern kann?
- Was braucht mein Mitarbeiter, um sich ändern zu können?
- Wie kann wer behilflich sein, damit dem betreffenden Mitarbeiter die gewünschte Veränderung gelingen kann?
- Wer oder was müsste sich noch ändern und wie?

Mit diesen Fragen können Sie so manche Überraschung erleben. Entscheidend ist, wie bereit Sie zu Überlegungen mit offenem Ausgang sind. Sie können solche Fragen auch ganz direkt an die entsprechenden Mitarbeiter richten. Und es gibt noch eine spannende fünfte Frage:

- Welchen Sinn macht das gegenwärtige Verhalten meines Mitarbeiters aus seiner Sicht?

Es ist ein sehr friedvolles und lösungsorientiertes Herangehen anzunehmen, dass das Verhalten des anderen für ihn selbst Sinn macht. Auch wenn Sie diesen Sinn nicht sofort erkennen können. **Verhalten macht Sinn** ist eine Haltung, die es ablehnt, in unseren Mitmenschen von vornherein Gegner, Versager oder Böswillige zu sehen. Diese Haltung hilft, Konflikte zu vermeiden und stattdessen respektvolle Dialoge und Kontroversen zu führen. Begreift man, dass Verhalten Sinn macht, ist man in der Lage, Menschen in ihrer eigenen Logik, Erfahrung und Perspektive wahrzunehmen. Diese respektierende Haltung fühlt Ihr Mitarbeiter und wird eher bereit sein, sich in einem Gespräch zu öffnen. Ich erinnere mich an ein Unternehmen, in dem es den Nichtrauchern ungerecht vorkam, dass Raucher zwischendurch immer wieder den Arbeitsplatz verlassen durften, um zu rauchen, während die Nichtraucher nur in den vorgesehenen Pausenzeiten den Arbeitsplatz verlassen durften. Das war ein Dauerthema, bei dem sich die Raucher von den Nichtrauchern angegriffen und die Nichtraucher von der Geschäftsführung ungerecht behandelt fühlten. Eigentlich sollte ich mit diesem Team ein Seminar über ein bestimmtes Fachthema durchführen. Aber das war schier unmöglich, weil der Konflikt zwischen Raucher und Nichtraucher spürbar im Raum stand und die Missstimmung fast mit Händen zu greifen war. Ich sah ein, dass ich unter diesen Umständen einfach nicht die nötige Aufmerksamkeit für mein Seminarthema erhalte. Meine Teilnehmer waren emotional und gedanklich mit diesem „Nichtraucher-gegen-Raucher-Konflikt" beschäftigt. Also änderte ich kurz entschlossen meinen Plan für das Seminar und ließ meinen Teilnehmern Raum, das anzusprechen, was gerade an Frust und Unzufriedenheit an ihnen nagte. Ich hörte mir jede Seite an und verpflichtete jeden im Raum, sich ebenfalls in Ruhe und ohne zu unterbrechen anzuhören, was die jeweils andere Seite zu sagen hatte. Danach bat ich jeden Teilnehmer aufzuschreiben, welchen Sinn die „gegnerische" Position haben könnte. Die Nichtraucher sollten den Nutzen beziehungsweise den Sinn der Raucherpausen für die Raucher formulieren und die Raucher sollten versuchen, Argumente für die Klagen der Nichtraucher zu finden. Nach anfänglichen Widerständen machten (fast) alle mit. Die Raucher verstanden die Nichtraucher sehr schnell. Sie verstanden, dass es nicht gerecht war, dem einen etwas zu erlauben, was der andere nicht durfte. Sie akzeptrierten, dass die Nichtraucher auch mal eine kleine Pause zwischendurch wünschen und brauchen. Außerdem erkannten die Raucher, dass die Nichtraucher immer etwas schlechter über den aktuellen Klatsch und Tratsch informiert waren, weil sie an den Rauchergesprächen nicht teilnahmen. Es war ihnen auch verständlich, dass die Nichtraucher in die Solidarität der Rauchergemeinde einbezogen werden wollten. Die Nichtraucher ihrerseits hatten ebenfalls sehr schnell den Sinn und den Nutzen der Raucherpausen erfasst. Nachdem diese Erkenntnisse über den Sinn des Verhaltens der jeweils anderen Seite offengelegt waren, konnten wir uns damit beschäftigen, wie wir in Zukunft mit diesem Thema umgehen wollten. Die Raucher erkannten, dass die Nichtraucher ihnen nichts wegnehmen, sondern dass sie genau das Gleiche für sich haben wollten: eine kurze Meditationspause zwischendurch, einen sozialen Austausch und eine Verbundenheit sowie einen kurzen Weg zu den Informationen über das, was im Unternehmen gerade vor sich ging. Nun war es möglich, sich darüber zu unterhalten, wie die Bedürfnisse der Nichtraucher bedient werden konnten, ohne rauchen zu müssen. Der Konflikt wurde in eine anregende Diskussion darüber aufgelöst, wie man in Zukunft kleinere Pausen zwischendurch für jeden organisieren und ein vertrauensvolles, menschlich angenehmes Miteinander gestalten könnte, das auch für den nötigen Informationsfluss an die Nichtraucher sorgt. Man fand nicht gleich auf alle Fragen zufrieden stellende Antworten. Aber statt sich anzugreifen, dachte man nun gemeinsam in die gleiche Richtung. Statt eines Konfliktes gab es nun einen Dialog darüber, wie man sich entgegenkommt. Für diesen Dialog brauchten die Mitarbeiter mich dann nicht mehr.

Sobald Sie sich also darüber empören, dass sich Mitarbeiter nicht so verhalten, wie Sie es erwarten, stellen Sie sich in Zukunft vielleicht lieber die folgenden Fragen:

- Welchen Sinn macht dieses Verhalten für den Mitarbeiter?
- Welchen Nutzen beziehungsweise Vorteil bringt ihm sein Verhalten?
- Wie kann es gelingen, das Verhalten zu ändern, aber den bisherigen Nutzen beizubehalten?

Sie dürfen Ihre Mitarbeiter in diese Überlegungen gern einbeziehen. Es entwickeln sich einfach andere Gespräche (und auch Beziehungen), wenn Mitarbeiter nicht mehr ermahnt und kritisiert, sondern im Gegenteil gefragt werden:

- Was waren deine Überlegungen und Argumente für dieses Verhalten?
- Welche Vorteile bringt dir dieses Verhalten, die dir wichtig sind und die berücksichtigt werden sollen?
- Hast du Ideen, wie man durch ein anderes Verhalten, das besser mit den Interessen des Unternehmens vereinbar ist, einen ähnlichen Nutzen für dich herstellen kann?

- Welche Unterstützung brauchst du, um dieses neue Verhalten im Alltag umsetzen zu können?
- Wer sollte sich ebenfalls ändern – und wie sollte sich der andere ändern, damit du dich ändern kannst?
- Welchen Beitrag könntest du leisten, damit der andere sich leichter ändern kann?

Diese und ähnliche Fragen geben Ihnen als Führungsperson nicht nur die Möglichkeit, die Beziehungsebene zu verbessern. Sie schaffen mit solchen Gesprächen auch eine immer effizientere Organisation des Miteinanders im Unternehmen. Darüber werden sich Ihre Mitarbeiter freuen. Unterschätzen Sie nicht, in welchem Ausmaß sie ohnehin ständig über das Unternehmen nachdenken, in dem sie arbeiten. Ihre Mitarbeiter wollen ja, dass das Unternehmen funktioniert und sie wollen auch, dass ihre Zusammenarbeit funktioniert. Sich als Teil des Systems zu begreifen stärkt ihre Fähigkeit, in größeren Zusammenhängen zu denken und Ideen und Vorschläge einzubringen, die realistisch sind, weil eben bereits viele Zusammenhänge berücksichtigt wurden. Übrigens eignet sich diese Herangehensweise auch im Falle von Erpressungen. Mit dem Prinzip „Verhalten macht Sinn" können scheinbar festgefahrene Fronten wieder aufgelöst und das Spiel zwischen Erpresser und Erpresstem in einen Dialog über Wunsch und Möglichkeit umgewandelt werden. Wenn man beispielsweise fragt: Was ist der tiefere Sinn der Erpressung? Dann kommt man vielleicht zu der Erkenntnis, dass sich der Erpresser nicht in der Lage fühlt, seine Wünsche und Bedürfnisse offen zu verhandeln, weil er sich selbst als unfähig empfindet, in einer sachlichen Argumentation zu bestehen. Man kann dann das Gespräch darauf lenken, welche Hilfestellungen er bräuchte, um sich in eine solche sachliche Debatte zu begeben und seinen Bedürfnissen und Wünschen angemessen Ausdruck zu verleihen.

Es gibt noch ein weiteres Argument für diese Haltung. Ein Führungsstil, der auf dieser Prämisse beruht wird immer als professionell wahrgenommen, weil er gerecht, souverän und lösungsorientiert ist. Sie erhöhen damit Ihre Autorität im Unternehmen. Da alles eine Übungssache ist, wäre zu empfehlen, sich diesbezüglich die Freiheit des Übens zu nehmen. Es kann nicht von Nachteil sein, sich einige Seminare oder Trainings zum Thema systemische Führung(skommunikation) zu gönnen. Diese Haltung ist eine sehr persönliche Einstellung zu sich selbst sowie zu Ihren Mitmenschen. Sie wird entweder zu Ihrer zweiten Natur oder sie funktioniert nicht, weil sie aufgesetzt wirkt und damit (bestenfalls) wirkungslos bleibt. Im Rahmen dieses Buches kann ich nicht tiefer darauf eingehen. Gerade weil Führung auch – und zuallererst – Führung des eigenen Lebens bedeutet, geht es hierbei um sehr persönliche Themen, die bei jedem anders gelagert sind. Die ganzheitliche, systemische Sicht auf das Leben wirkt auf die Art und Weise, wie Sie Ihr Leben führen. Auch Sie als Mensch sind ein System aus vielen Erfahrungen, Sichtweisen, Neigungen, Glaubenssätzen, Ideen, Wünschen, Verhaltensweisen und Gewohnheiten. Wenn Sie an einer Stelle etwas ändern, wird dies zwingend auch Auswirkungen auf andere Seiten Ihrer Lebensführung und Lebenseinstellung haben. Menschen verweigern bestimmte Erkenntnisse manchmal gerade aus diesem Grund. Wenn ich in einem Punkt meine Meinung und mein Verhalten ändere, hat das eben nicht selten auch Auswirkungen auf Themen und Bereiche in meinem Leben, die ich lieber so lassen würde wie sie sind. Also lasse ich mich gar nicht erst auf bestimmte Erkenntnisse ein, weil ich auf diese Weise so weiter machen kann wie bisher. Wenn ich erkannt habe, dass ich Teil des Systems bin, kann ich mich weniger als sein Opfer sehen, dann muss ich Verantwortung übernehmen. Und dann steht vor mir die Aufgabe, alles das zu lernen, was ich können muss, um diese Verantwortung wahrzunehmen. Wenn ich beispielsweise erkannt habe, dass die menschliche Atmosphäre in meinem Team auch deshalb so schlecht ist, weil ich klatsche und tratsche, dann muss ich damit aufhören. Aber wie werde ich dann meinen Frust über das Verhalten bestimmter Kollegen los, wenn ich mich nicht mehr hinter deren Rücken darüber auslassen darf? Dann muss ich vielleicht lernen, wie ich meine Kritik direkt demjenigen sage, dem sie gilt. Aber vielleicht reagiert diese Person dann sauer und ich habe neben meinem Frust auch noch Ärger. Wie halte ich das aus? Sie sehen, es ist nicht so einfach, an einer Stelle etwas zu ändern ohne dass dies bestimmte „Risiken und Nebenwirkungen" hat. Diese systemische Sicht, die den Menschen als Teil eines vielfach verflochtenen Systems begreift, fordert Übung und Zeit, aber sie erhöht die Selbstkompetenz und damit den Freiraum für die Gestaltung Ihres Unternehmens. Sie dürfen gerne Ihren Mitarbeitern diese Haltung als allgemein praktizierte Unternehmenskultur ans Herz legen. Auch hier wären entsprechende Seminare oder Coachings eine gute Investition. Denn wie ich immer wieder gesehen habe, stellen Beziehungsprobleme einen großen Teil der Alltagsprobleme im Unternehmen dar und sind eine Hauptursache für Stress und Fluktuation. Es ist für alle im Team wichtig zu begreifen, dass sie Teil des Systems sind und es mitprägen. Wenn sie dafür Hilfe brauchen, und das ist zu erwarten, können Sie entsprechende Weiterbildungen anbieten oder sogar anordnen. Aber es ist an Ihnen, diese Haltung zum prägenden Element Ihrer Unternehmenskultur zu machen, sie vorzuleben und klar zu kommunizieren.

Zu denken, ich bin Teil des Systems und Verhalten macht Sinn, ist übrigens auch gut für den Umgang mit Kunden und Behörden. Zu fragen, was der Sinn hinter dem Verhalten meiner Kunden ist, eröffnet Spielräume für die Verhandlung von Win-win-Lösungen. Ein Beispiel: Der Sohn einer pflegebedürftigen Patientin in einem Altersheim war ständig dabei, die Arbeit der Pfleger zu kritisieren. Nichts, was sie taten, war gut genug. Für die Pfleger war das eine sehr unangenehme Situation, zumal sie sich viel Mühe gaben. Statt sich ständig zu verteidigen, gab ich ihnen den Rat, im Gespräch mit diesem Sohn herauszufinden, worum es ihm tatsächlich ging. Dabei kam schließlich heraus, dass er seiner Mutter gegenüber ein schlechtes Gewissen hatte, weil er nicht selber für sie sorgte. Er wollte dieses schlechte Gewissen etwas beruhigen, indem er überkritisch auf die Arbeit der Pfleger schaute. Als die zuständigen Pflegekräfte das verstanden hatten, konnten sie auf das eigentliche Problem reagieren und ihm erklären, dass er gar nicht in der Lage war, das zu leisten, was ausgebildete Kräfte für seine Mutter taten. Man gab ihm zu bedenken, dass er seine verfügbare Zeit sinnvoller dafür nutzen könnte, das Beisammensein mit seiner Mutter zu genießen, während die Pflegearbeit durch Fachkräfte erledigt würde. Man vermittelte ihm auf diese Weise das Gefühl, doch noch gut für seine Mutter zu sorgen, nur eben nicht als ihr Pfleger, sondern als ihr Sohn, der sich in der verfügbaren Zeit auf eine schöne Zweisamkeit mit seiner Mutter konzentrierte. Die Gespräche nahmen ihm etwas die Schuldgefühle und erleichterten dadurch den Pflegern den Umgang mit ihm. Gute Fragen waren in diesem Fall beispielsweise folgende:

- Was macht sie so sicher, dass es ihrer Mutter zu Hause besser ginge, als hier im Heim?
- Angenommen, es gäbe etwas, das ihnen hilft, sich gegenüber ihrer Mutter nicht mehr schuldig zu fühlen, weil sie sie ins Heim brachten. Was könnte das sein?
- Was können wir gemeinsam tun, damit sie in der Zeit, in der sie hier zu Besuch sind, nicht mehr von ihrem schlechten Gewissen geplagt werden, sondern stattdessen die gemeinsame Zeit genießen können?

Sich zu fragen: Wie kann ich anders auf meinen Kunden schauen, damit mein Kunde anders auf mich schauen kann, hilft Ihnen, Ihre Einflussmöglichkeiten auszuschöpfen. Es geht nicht um Manipulation. Sie sollen einer Maus keine hungrige Katze verkaufen. Aber in einer Beziehung hat jede Seite 50 Prozent der Verantwortung für das Gelingen der Beziehung. Das gilt auch für den Umgang mit Ihrem Kunden. Es geht also darum, Ihre 50 Prozent Verantwortung und Einfluss so professionell wie möglich auszufüllen. Wenn Sie Ihrem Kunden mit der Haltung begegnen, dass sein Verhalten Sinn macht, dann verbieten Sie sich Bewertungen und Abwertungen. Dadurch bleiben Sie im Gespräch. Und wenn Sie bewusst davon ausgehen, dass Sie Teil dieser Kundenbeziehung sind, dann konzentrieren Sie sich auf Ihre Gestaltungskraft, statt sich Ihrem Kunden ausgeliefert zu fühlen. Ihr Kunde reagiert in jedem Fall auf Sie, davon dürfen Sie ausgehen. Sie haben keine Macht, darüber zu entscheiden, wie Ihr Kunde auf Sie reagiert. Aber Sie haben die

Macht, zu entscheiden, worauf Ihr Kunde reagiert. Sie sind es, worauf er reagiert. Sie entscheiden, ob Ihr Kunde auf einen Anbieter reagiert, der sich ausgeliefert fühlt und bewertet oder ob er auf einen Anbieter reagiert, der seinen Einfluss professionell wahrnimmt und sich aufrecht bemüht, seinen Kunden richtig zu erfassen. Die Haltung „Ich bin Teil des Systems und Verhalten macht Sinn" bewirkt, dass Sie Ihren Kunden zu verstehen geben: Ihr dürft reagieren, wie ihr es für richtig haltet, ich respektiere eure Reaktion, aber ich definiere, auf wen und auf was ihr reagiert. Damit nehmen Sie das Zepter in Ihre Hand, statt sich vom Kunden mehr oder weniger treiben zu lassen. Das wird Ihr Leben in jeder Hinsicht vereinfachen. Sie dürfen dann ruhigen Gewissens zu sich sagen: Ich habe meine 50 Prozent Verantwortung zu 100 Prozent ausgefüllt. Mehr war nicht möglich. Was immer dabei herauskommen mag, von nun an ist es Schicksal. Es gibt nichts, was Ihnen einen sicheren Erfolg garantiert. Es gibt nur Wege, die Wahrscheinlichkeit des Erfolgs zu erhöhen. Darum geht es bei dieser Haltung.

Angst und Isolation gehören dazu
Sprechen wir zum Schluss dieses Kapitels über etwas, das alle Menschen kennen, das Ihnen als Unternehmer aber in ganz besonderer Weise zu schaffen machen wird: Angst und Isolation. Ich werde Ihnen keine metaphysischen oder tiefenpsychologischen Erkenntnisse präsentieren, wie Sie diese beiden „Dinge" überwinden können. Ich kenne persönlich niemanden, der frei von Existenzängsten wäre und der kein Problem mit der sozialen Isolation hätte, mich selbst eingeschlossen. Auch Ihre Kunden haben Ängste. Wir alle haben existenzielle Ängste. Der amerikanische Psychologe Irvin Yalom beschrieb in seinem Buch zur existenziellen Psychotherapie[9], dass alle Ängste im Kern eine abgewandelte Todesangst seien. Wir wollen leben. Darum geht es und darum geht es auch in der Wirtschaft. Mit Ihrer Unternehmensgründung verbinden Sie gewiss auch die Absicht, besonders gut zu leben, materiell wie ideell. Sie wollen wohlhabend sein, frei und ihr eigener Herr. Und für Sie ist Ihr Unternehmen das ideale Werkzeug, dieses Ziel zu erreichen. Aber Sie sind dabei weiterhin abhängig von anderen Menschen.

Angst und Isolation gehören dazu

Sicher, Sie haben keinen Chef mehr über sich. Diese Freiheit „bezahlen" Sie jedoch mit einer immensen Verantwortung und einem nicht geringen existenziellen Risiko. Sie haben Kunden von denen Sie abhängig sind. Leider sind diese scheinbar viel weniger berechenbar, als jeder noch so launige Chef. Der müsste im Zweifelsfall Gesetze einhalten, die Ihre Interessen schützen. Aber ein Kunde macht, was er will. Wenn er nicht kauft, was Sie ihm zu bieten haben, greift kein Gesetz und kein soziales Netz, dann „entlässt" er Sie quasi einfach. Sie haben dann bald eine unangenehme Zahl auf Ihrem Kontoauszug und niemand hilft Ihnen, das zu ändern. Sie sind allein mit Ihrem Problem. Es ist nur natürlich, dass Sie angesichts dieser Wahrheit mit Ängsten zu tun haben. Diese Ängste sind wie eine Melodie, die ständig mitschwingt, mal leise und weniger dramatisch, mal laut und unangenehm. Und manchmal verdichten sich diese Ängste sogar zu einem regelrechten „Panikorchester". Ich habe mir einmal erklären lassen, dass das Wort Panik aus dem Griechischen kommt und soviel bedeutet wie: alles auf einmal. Ich weiß nicht, ob das stimmt, aber es würde nach meiner Erfahrung Sinn machen. Ich kenne das selber, wenn die Ängste den Schlaf rauben und alles düster und hoffnungslos erscheinen lassen.

Wie kann man mit diesen Ängsten umgehen? Das Wichtigste habe ich gerade getan: Nicht verdrängen, sondern darüber reden. Es ist wie es ist, die Ängste sind da. Verdrängen oder so tun, als ob nichts wäre, scheint nach allem, was ich erlebt und beobachtet habe, keine geeignete Lösung zu sein. Es ist ein bisschen wie im Märchen mit dem Rumpelstilzchen. In dem Moment, in dem die Müllerstochter Rumpelstilzchen beim richtigen Namen nennen konnte, hatte das Rumpelstilzchen seine Macht über die Müllerstochter verloren. In unseren Märchen und Mythen steckt viel Weisheit. Der Mythos von Dracula beispielsweise gibt uns einen Hinweis, wie man die „Macht des dunkel Bedrohlichen" brechen kann. Dracula hat vor nichts so viel Angst, wie vor dem Hahnenschrei, weil dieser das Anbrechen des Tages und damit Licht verkündet. Alles Bedrohliche verliert seine Macht, wenn es ans Tageslicht „gezerrt" wird, so die Botschaft der Legende. Wie also mit seinen Ängsten umgehen? Machen Sie es „wie im Märchen": Zerren Sie Ihre Ängste ans Licht, indem Sie sie zugeben, darüber reden und sie beim Namen nennen. Was genau macht Ihnen Angst? Eine befriedigende Antwort auf diese Frage wäre schon einmal ein Anfang. Wichtig ist, dass Sie Ihre Ängste nicht verdrängen. Aber hüten Sie sich davor, mit Ihren Mitarbeitern über Ihre Ängste zu sprechen. Das ist das völlig falsche Publikum. Als Passagier wollen Sie auch nicht einen von Ängsten getriebenen Piloten trösten, der sich nicht sicher ist, ob das Flugzeug vielleicht doch abstürzt. Und genauso wenig wollen Ihre Mitarbeiter Sie als Chef mit Ihren Ängsten trösten. Ihre Mitarbeiter haben eigene Ängste. Diese werden nicht kleiner bei einem Chef, der gerade nicht weiter weiß. Haben Sie keine Angst vor Ihrer Angst, aber reden Sie mit jemandem außerhalb Ihres Unternehmens darüber. Nachfolgend möchte ich einige Anregungen geben, wie man gedanklich mit diesem Thema umgehen könnte. Ich lade Sie ein, sich davon das auszuwählen, was Ihnen hilfreich erscheint:

- Wenn die Ängste Sie überfallen und belasten, dann versuchen Sie nicht, sich ständig zusammenzureißen und sie zu verdrängen. Gestehen Sie sich in einer stillen Minute ein, dass Sie gerade von Ihren Ängsten übermannt werden. Das ist zutiefst menschlich und passiert jedem. Und Sie haben gewiss schon oft erfahren, dass diese Zustände auch wieder vorübergehen. Auch dafür hatte meine Urgroßmutter einen Spruch: *Manchmal ist Stillhalten und wehtun lassen der beste Weg zur Heilung. Schmerz entsteht aus Widerstand.*

- Gönnen Sie sich eine kurze Unterbrechung und formulieren Sie so präzise wie möglich, wovor Sie Angst haben. Gerade wenn Sie Panik vermeiden wollen, ist es wichtig, dieses Alles-auf-einmal in handhabbare separate Portionen aufzuteilen. Wenn nicht alles wie ein riesiger Knäuel geballt auf Sie zukommt, sondern in kleinen Portionen gut sortiert vor Ihnen liegt, haben Sie vielleicht eher eine Idee, wie man mit dieser kleinen „Portion Angst" umgehen könnte und was zu tun wäre, damit nicht eintritt, was Sie befürchten. Großes erscheint kleiner, wenn es in Einzelteile zerlegt ist. Dann macht es auch gleich nicht mehr so viel Angst.

- Reden Sie mit einem Freund oder Partner darüber. Gönnen Sie sich einen Coach oder Therapeuten. Machen Sie es wie die Müllerstochter, geben Sie Ihrem tobenden „Angst-Rumpelstilzen" einen treffenden Namen.

- Formulieren Sie was das Schlimmste ist, was passieren könnte und fragen Sie sich, was Sie tun würden, wenn der schlimmst mögliche Fall eintreten würde. Arbeiten Sie an einem Plan B. Es wird Ihnen gut tun, einen solchen im Hinterkopf zu haben. Das Schlimmste für einen Unternehmer ist sicher das Scheitern seines Unternehmens. Machen Sie sich klar, dass das immer passieren kann, nicht weil Sie ein Versager sind, sondern weil die Dinge eben nicht immer so laufen, wie man das einst erhofft und erträumt hatte. Außerdem machen Menschen Fehler, auch als Unternehmer. Am besten sollten Sie bereits bei der Gründung darüber nachdenken, was Sie tun würden, wenn es nicht klappt. Dann sind Sie gegen zukünftige Ängste und Panikanfälle besser gewappnet. Man hat mir darauf gelegentlich geantwortet, dass es vielleicht nicht hilfreich sei, gleich am Anfang über ein mögliches Scheitern nachzudenken. Es wurde befürchtet, dass es dadurch zu einer Art sich selbsterfüllenden Prophezeiung käme oder allgemein zu einer Demotivation. Darauf kann ich nur sagen: Ein Unternehmen zu führen, hat nichts mit metaphysischen Beschwörungen des Schicksals zu tun. Ein Unternehmer sollte so früh wie möglich lernen, mit der Wirklichkeit umzugehen. Die Möglichkeit des Scheiterns **ist** eine Wirklichkeit. Verdrängen, ist keine angemessene Reaktion darauf. Außerdem, wenn Sie die Möglichkeit des Scheiterns von Anfang an ganz sachlich mitdenken, besteht die Chance, dass Sie sich früh genug dagegen wappnen und auf diese Weise das Risiko reduzieren. Wenn der Mann vom Wetterbericht ein nahendes Unwetter verkündet, haben wir die Möglichkeit, uns vorzubereiten, um den Schaden gering zu halten. Niemand käme auf den Gedanken, dem Mann vorzuwerfen, ohne seine Ansage hätte es weder das Unwetter noch den Schaden gegeben. Es gibt den Spruch: Katastrophen verhindert man, indem man sie ansagt.

- Fragen Sie sich, ob Ihre Ängste nicht auch etwas Positives und Hilfreiches an sich haben. Immerhin will Ihre Seele, Ihr Unterbewusstsein oder Ihre Intuition (oder was auch immer wir da in uns haben) Ihnen vielleicht helfen, indem es Sie auf Risiken aufmerksam macht. Der amerikanische Sicherheitsberater Gavin de Becker erzählt in seinem Buch „Mut zur Angst" [10], dass 90 Prozent der Menschen, mit denen er zu tun hatte, weil sie Opfer von Gewalttaten wurden, von ihrer Angst vor der Tat gewarnt worden seien: *Geh nicht weiter, tu dies statt jenes.* Und hätten diese Menschen auf ihre Angst gehört, wäre ihnen nicht passiert, was ihnen passiert ist. Sie wären nicht Opfer einer Gewalttat geworden. Es gibt also gute Gründe, Ängste nicht nur als Belastung anzusehen. Sie können auch wohlmeinende Helfer sein, die Sie durch Gefahren navigieren möchten. In diesem Fall wäre es sinnvoll, sich zu fragen: Welchen Rat gibt mir meine Angst gerade? Die hilfreiche und zutiefst logische Antwort auf diese Frage kann Ihnen womöglich weiterhelfen, vorausgesetzt, Sie bleiben pragmatisch und können es ertragen, sich unter Umständen von bestimmten Wünschen und Hoffnungen zu verabschieden, zumindest vorübergehend.

- Ich hatte an früherer Stelle bereits angemerkt, dass Eitelkeit und Ego Ihnen als Unternehmer nicht gut tun. Tatsächlich sind es oft gerade diese beiden, die verhindern, dass Sie die manchmal sehr hilfreiche Botschaft Ihrer Angst annehmen können. Nämlich dann, wenn Ihre Angst Sie darauf hinweist, dass es so, wie Sie sich das vorgestellt haben, nicht geht und Sie umdenken müssen. Wenn man diese Botschaft als eine Art demütigende Kritik des Lebens missversteht, weigert man sich vielleicht, geschmeidig mit dem Leben und seinen Lektionen zu kooperieren. Wer bin ich, wenn ich mich ändere? Gebe ich dann nicht zu, dass ich mich geirrt habe und nicht perfekt bin? Was werden „die Anderen" dazu sagen? Werden Sie mich als Versager ansehen? Kennen Sie diese Fragen? Aber Eitelkeit und Ego verhindern nicht nur, dass wir mit unseren Ängsten und ihren Botschaften kooperieren, sie produzieren umgekehrt auch selbst massive Ängste nach dem Motto: Wie werden die Leute über mich reden, wenn ich scheitere? Darauf kann ich nur sagen: Die Leute werden reden, was sie reden wollen. Darauf haben Sie ohnehin keinen Einfluss. Also lassen Sie die Leute und ihr Reden nicht Ihr Geschäftsleben sowie Ihr Verhalten beeinflussen. Wenn jemand Sie als Versager ansieht und herablassend behandelt, weil Sie aus Ihren Fehlern und Irrtümern schnell und zügig lernen, sich ändern und zugeben, sich geirrt zu haben, dann soll er das tun. Vielleicht spricht aus diesem Verhalten seine eigene Angst, sich zu irren und seine eigene Starrheit im Umgang mit den Botschaften des Lebens. Ein solcher Mensch ist dann gewiss kein hilfreicher Partner. Das Leben ist ständig dabei, uns zu bestätigen oder zu korrigieren. Das Leben ändert sich ständig und wir müssen uns auch ändern. Das ist Evolution. Jede Starrheit oder Lernverweigerung bringt uns automatisch in ernsthafte Schwierigkeiten mit dem Leben. Es mag also hilfreich sein sich zu fragen, ob es vielleicht die Bedürfnisse und die Logik Ihres Egos sind, die Ihnen da gerade mit einer obskuren Angst vor Gesichtsverlust die Hölle heiß machen. In diesem Fall empfiehlt es sich zu fragen, ob Sie Ihr Ego wirklich noch brauchen und wozu eigentlich?

- Viele Ängste, im Grunde genommen die meisten unserer Ängste, beziehen sich auf etwas, das in der Zukunft passieren wird, im Moment ist es noch nicht passiert. Wir malen uns in Gedanken aus, was vielleicht irgendwann passieren könnte. Es ist natürlich völlig in Ordnung und auch nötig, „Worst-Case-Szenarien" in Gedanken durchzuspielen. „Worst-Case" heißt übersetzt: der schlimmste Fall. Darüber nachzudenken hilft, eben diese Szenarien beziehungsweise diesen Fall daran zu hindern, wirklich einzutreten. Schlimm wird es erst, wenn man die eigenen Spekulationen, Annahmen und Hypothesen über die Zukunft gedanklich wie bewiesene Tatsachen behandelt. Eine Annahme ist eine Annahme und keine bewiesene Tatsache. Wollen Sie wirklich Ihre kostbaren Nerven und ihr Wohlbefinden zerrütten wegen Hypothesen über die Zukunft, über deren Wirklichkeitsgehalt Sie im Moment überhaupt noch nichts mit Sicherheit wissen können? Niemand kann die Zukunft sicher voraussagen, zumindest nicht ohne Glaskugel, Pendel und Tarotkarten. Nein, das ist natürlich Spaß. Jedoch wie heißt es so schön? Wer in ewigem Entsetzen leben will, schaffe sich in Gedanken eine düstere Zukunft. Denken Sie über die Zukunft, mögliche Risiken und Gefahren gründlich nach, aber versetzen Sie sich dabei nicht in Angst und Schrecken, weil Sie Ihre Spekulationen und Gedanken als bewiesene Tatsachen ansehen. Sie sind es nicht!

- Angst und Panik entstehen immer dann, wenn man ein Gefühl des Ausgeliefertseins hat, das heißt, wenn man nicht mehr weiter weiß. Hier hilft nur eines: mehr Wissen, mehr unternehmerische Kompetenz, mehr Nutzen von Chancen und Möglichkeiten. Wenn die Ängste wieder einmal zuschlagen, fragen Sie sich einfach: Was soll ich jetzt lernen? Was kann ich tun, damit meine Befürchtungen nicht Wirklichkeit werden? Im Grunde hoffe ich darauf, dass ich Ihnen mit diesem Buch einige Werkzeuge an die Hand geben kann, die es Ihnen ermöglichen, sich weniger Ihrem Markt, Ihren Kunden oder Ihren Mitarbeitern ausgeliefert zu fühlen, weil Sie wissen, welche Antworten Sie geben können. Insofern ist dieses Buch auch ein Stück „Angstbekämpfung" und „Panikprävention". Kompetenz und Gestaltungskraft sind noch immer die beste Angstprävention.

- Einen letzten Punkt möchte ich nicht vergessen. Möglicherweise ist er der wichtigste Punkt, weil er der verlässlichste bei der Eindämmung von Angst und Panik ist: gute und stabile Freundschaften, eine liebevolle Familie und ein Partner, der Ihnen mit Liebe und Verständnis zur Seite steht. Menschliche Wärme und Beziehungen, in denen wir uns geborgen fühlen, sind die wirksamste und vitalste Antwort auf Panik und Ängste. Lassen Sie also Ihr Privatleben nicht verkümmern. Sie bezahlen eine Verarmung Ihres Privatlebens mit einem viel zu hohen menschlichen Preis, der sich mit zunehmendem Alter immer schmerzhafter bemerkbar machen wird. Sie bezahlen die Verarmung Ihres Privat- und Seelenlebens aber auch als Unternehmer, weil Sie

Angst und Isolation gehören dazu

ein etwaiges menschliches beziehungsweise emotionales Defizit mit in Ihr Unternehmen tragen. Dort wird Ihnen dieses Defizit nicht etwa hilfreich zur Seite stehen nach dem Motto: Nichts lenkt mich von meinem Unternehmen ab. Tatsächlich wird dieses Defizit Ihren gesamten Führungsstil unangenehm einfärben, zum Schaden für Ihr Team und Ihr Unternehmen, die beide einen Menschen mit großer sozialer Reife, Kompetenz und Zufriedenheit brauchen. Ein menschlich erfüllendes Privatleben mit Freunden, Familie und Partner ist aber nicht nur eine große Hilfe bei der Bewältigung von Angst und Panik. Sein Fehlen kann ein Hauptauslöser für Angst und Panik sein. Vielleicht fragen Sie sich beim nächsten Mal, ob hinter Ihren Sorgen und Ängsten um Ihr Unternehmen nicht in Wahrheit ein Aufstand Ihrer menschlich isolierten Seele steht. Wie gesagt, geben Sie Ihren Ängsten den richtigen Namen, dann haben Sie eine gute Chance, sie für Wachstum und Veränderung zu nutzen, statt sich von ihnen leidvoll verwirren und schwächen zu lassen.

Ehrlicherweise muss man zugeben, dass Scheitern für Unternehmer nicht das Ende des Lebens bedeutet. Es gibt jedes Jahr Tausende Insolvenzen. Das Scheitern ist somit eine Normalität. Und die Menschen, die das betrifft, leben danach auch weiter. Niemand muss verhungern oder muss deswegen unter der Brücke schlafen, zumindest nicht in Deutschland. Es gäbe also keinen wirklichen Grund, sich allzu sehr zu ängstigen. Allerdings machen uns nicht nur materielle Verluste Angst. Uns ängstigt nicht zuletzt auch ein sozialer Abstieg. Wir befürchten, gesellschaftliches Ansehen und soziale Kontakte zu verlieren. Kurz gesagt, wir haben Angst vor der sozialen Isolation. Und diese Angst sollten Sie als Unternehmer wirklich bekämpfen, denn sie wird Sie kräftemäßig teuer zu stehen kommen und ohne Hoffnung auf Besserung bleiben. So sehr Sie ein Mensch wie alle anderen sind, der sich nach Nähe, Anerkennung und menschlicher Wärme sehnt. Als Unternehmer sind Sie isoliert. Das kann und darf nicht anders sein. Ihr Bedürfnis nach menschlicher Nähe dürfen Sie nicht in Ihrem Unternehmen befriedigen. Sie und niemand sonst sind der Unternehmensführer. Sie gehen allein voran und alle anderen sollen Ihnen folgen. Sie haben die alleinige Verantwortung, die alleinige Entscheidungsbefugnis und die alleinige Entscheidungspflicht. Sie sind dem Gesetzgeber gegenüber in der alleinigen Verantwortung. Sie sind Ihrem Unternehmen gegenüber in der Pflicht, wie sonst niemand. Sie sind in Ihrem Unternehmen allein. Ihre Verantwortung, Ihre Macht und Ihr Risiko werden von niemandem sonst im Unternehmen geteilt, es sei denn, Sie hätten einen Geschäftspartner. Sie sind dank Ihrer herausragenden Position von allen Mitarbeitern isoliert. Das ist keine einfache Situation und es ist mehr als verständlich, dass Sie sich damit schwertun. Aber ich kann nur warnen! Ich habe einfach zu oft erleben müssen, wie negativ es sich für ein Unternehmen auswirkt, wenn der Inhaber mit dieser Isolation nicht umgehen kann und von seinen Mitarbeitern erwartet, sie mögen sein Bedürfnis nach menschlicher Nähe irgendwie bedienen. Wenn er persönlich gemocht werden möchte riskiert er, nur sehr halbherzig das zu tun, was das Unternehmen fordert, weil er befürchten muss, sich damit unbeliebt zu machen. Dabei sehen Mitarbeiter letztendlich durchaus ein, dass gewisse Änderungen und Maßnahmen einfach sein müssen. Das heißt nicht, dass sie davon immer begeistert sind. Aber wenn am Ende der Unternehmenserfolg dem Chef Recht gibt, ist für Mitarbeiter früher oder später schon alles in Ordnung. Natürlich ist es wichtig, dass Sie als Vorgesetzter von Ihren Mitarbeitern respektiert und geschätzt werden. Sonst würde man Ihre Anweisungen eher anzweifeln, als sie strikt zu befolgen. Doch das hat weniger mit der Sympathie für Ihre Person, als mehr mit der Achtung vor Ihrer Kompetenz zu tun. Es geht um den Erfolg Ihres Unternehmens und die Professionalität Ihres Führungsstils. Dazu ist ein Chef nötig, der bei sich bleibt und gut damit umgehen kann, auch einmal allein auf einsamen Posten zu stehen.

Ganz besonders ungünstig ist es, wenn es eine enge private Beziehung zwischen Chef und Mitarbeiter gibt. Mitarbeiter haben ihr eigenes Wohlergehen im Kopf und möchten Vorteile aus der Beziehung zum Vorgesetzten ziehen. Was, wenn diese Erwartungen im Widerspruch zu dem stehen, was das Unternehmen gerade braucht? Wie entscheiden Sie sich dann? Entscheiden Sie sich zugunsten der Beziehung zu Ihrem

Mitarbeiter oder entscheiden Sie sich für die objektiven Bedürfnisse Ihres Unternehmens? Und wie wird „Ihr Mitarbeiter-Freund" reagieren, wenn Sie sich im Zweifelsfall für das Unternehmen und nicht für seine Erwartungen entscheiden? Wird er sich verraten fühlen und rächen? Richtig schlimm wird es, wenn zwischen der Geschäftsführung und einem Mitarbeiter eine Liebesbeziehung existiert. Das ist nicht selten der Anfang vom Ende des Unternehmens. Die Anderen im Team zweifeln an der Objektivität und Fairness des verliebten Vorgesetzten. Der oder die Geliebte des Chefs nimmt sich Sonderrechte heraus, womit das hochsensible Thema Gerechtigkeit einer enormen Erosion ausgesetzt ist. Das Unternehmen wird mehr und mehr in den Dienst der Beziehung gestellt. Der vom Chef geliebte Mitarbeiter bekommt informelle Vollmachten, die seine Stellung normalerweise nicht vorsieht und nutzt sie seinen Kollegen gegenüber aus. Das gesamte soziale Gefüge gerät aus dem Lot. Ersparen Sie sich das bitte alles. Befriedigen Sie Ihr ganz menschliches Bedürfnis nach Liebe und Nähe bitte in Ihrem Privatleben und halten Sie in Ihrem Unternehmen die Rolle des „einsamen Wolfes" aus. Nun könnte man einwenden, dass man nichts dafür kann, in wen man sich verliebt. Oder man wird daran erinnern, dass gerade kleine Unternehmen oftmals Familienbetriebe sind, in denen Kinder, Eltern oder Ehepartner miteinander arbeiten. Diese Einwände werden zurecht erhoben. In der Sache sind sie aber kein Beweis dafür, dass die obige Warnung überflüssig wäre. Wie oft habe ich es erlebt, dass sich Mitarbeiter nicht mehr über das Fehlverhalten des Sohnes vom Chef beschweren, weil sie zu oft erlebt haben, dass der Chef die Hand schützend über den Sohn hält. Das ist menschlich verständlich, unternehmerisch aber katastrophal. Wie oft habe ich es erlebt, dass die gesamte Kommunikation im Unternehmen irgendwie blockiert war, weil Mann und Frau an der Spitze in einer Ehekrise lebten und die Arbeit im Unternehmen darunter litt. Ich könnte noch viele Beispiele aufzählen. Tatsache ist, dass man sich bei privaten Beziehungen im Unternehmen darüber klar werden muss, wie man diese so lebt, dass die Arbeit nicht darunter leidet. Hier müssen klare Regeln aufgestellt werden. Diese sollten unbedingt ins Unternehmen kommuniziert und vor allem auch berechenbar gelebt werden. Unterschätzen Sie dieses Thema nicht. Vielleicht wäre es ratsam, sich für die professionelle Handhabung derartiger Familiendynamiken einen Coach zu gönnen, der Sie unterstützt. Gerade weil Gefühle involviert sind, ist es nicht gar so einfach, immer sachlich zu bleiben. Ein außenstehender Dritter kann da sehr hifreich sein. Und selbst wenn Sie zu Recht meinen, das Thema gut „im Griff" zu haben – fragen Sie sich ruhig immer mal wieder, ob es einen Bedarf gibt, gewisse Entwicklungen nachzujustieren.

Wir Menschen treffen uns in einem Unternehmen und arbeiten zusammen, um Geld zu verdienen. Der Grund weshalb ausgerechnet wir uns zusammentun ist, dass wir bestimmte Fähigkeiten und Kompetenzen haben, die wir einbringen können und die das Unternehmen dringend braucht, um erfolgreich zu sein. Wir tun uns also nicht zusammen, weil wir uns lieben und mögen, sondern weil wir uns brauchen, um ein Unternehmen so erfolgreich zu machen, dass wir davon alle gut leben können. Das ist ein ganz unsentimentaler Grund. Natürlich gehen wir respektvoll und anständig miteinander um. Natürlich ist es auch schön, wenn wir uns sympathisch sind und miteinander lachen. Die gemeinsame Arbeit darf und soll Spaß machen. Gewiss ziehen Menschen es vor, in einem Unternehmen weniger Geld zu verdienen, sich dafür aber menschlich sehr wohl zu fühlen, als in einem Unternehmen für sehr viel mehr Geld gemobbt zu werden. Aber am Ende des Tages sind unsere Beziehungen von einer existenziellen Absicht getragen. Man könnte sagen, unsere Beziehungen folgen einer gewissen materiellen Berechnung. Daran ist nichts verkehrt. Private Beziehungen sind das ganze Gegenteil. Sie sind uns um ihrer selbst willen wichtig, sie verfolgen keine ökonomische Absicht. Wir suchen uns unsere Freunde und Geliebten nicht danach aus, wie sehr sie uns nützlich sein können, sondern weil wir sie um ihrer selbst willen mögen, schätzen und lieben. Das macht die menschliche Schönheit von Freundschaft und Liebe aus. Arbeitsbeziehungen hingegen verfolgen sehr wohl eine ökonomische Absicht. Das ist der generelle Unterschied zwischen privaten Beziehungen und Arbeitsbeziehungen. Wenn Sie als Unternehmer um Ihrer selbst willen geliebt und geschätzt werden wollen, so ist Ihr Privatleben dafür der richtige Raum. Ihr Unternehmen interessiert sich letztendlich nicht für Sie als Mensch, sondern für die Qualität Ihrer Führungsarbeit. Aus diesem Grund ist es auch so wichtig, dass Sie ein erfülltes Privatleben haben, damit Sie Ihre menschlichen Bedürfnisse dort befriedigen können und nicht der Verführung erliegen, diesen Bedürfnissen auf Arbeit nachzugeben. Leider passiert das gar nicht so selten. Diese Vermischung von menschlichen Bedürfnissen und den Bedürfnissen des Unternehmens hat mit schöner Regelmäßigkeit negative Folgen für alle Beteiligten und vor allem für das Unternehmen. Nun mag man meinen, dass man da, wo man die Macht hat, auch die Freiheit hat, die Dinge nach eigenem Ermessen zu handhaben. Ich möchte an dieser Stelle jemanden zitieren, der nicht im Verdacht steht, gefühlskalt und profitorientiert (gewesen) zu sein. Karl Marx schrieb seinerzeit Folgendes: *„Das Reich der Freiheit beginnt in der Tat erst da, wo das Arbeiten, das durch Not und äußere Zweckmäßigkeit bestimmt ist, aufhört; es liegt also der Natur der Sache nach jenseits der Sphäre der eigentlichen materiellen Produktion."* [11] Diesen Satz würde ich Ihnen am liebsten als Leitspruch mitgeben. Denn er fasst das Wesentliche Ihres Unternehmerdaseins zusammen: Sobald Sie die Tür zu Ihrem Unternehmen durchschreiten, sind Sie äußeren Notwendigkeiten und Zweckmäßigkeiten unterworfen. Ihre einzige Freiheit als Unternehmer besteht darin, diesen Notwendigkeiten und Zweckmäßigkeiten möglichst professionell zu entsprechen. Das ist alles. Und diesen Notwendigkeiten und Zweckmäßigkeiten können Sie nur dann optimal entsprechen, wenn Sie das so tun, wie es für Sie als Unternehmer vorgesehen ist: allein auf einsamen Posten im Cockpit Ihres Flugzeuges, das sich Unternehmen nennt! Sie dürfen und müssen mit allen Menschen um sich herum kooperieren, tragfähige Beziehungen gestalten und ein tiefes Verständnis für Menschen und deren Kommunikation entwickeln. Es ist gewiss auch von Vorteil, ein humorvoller Mensch zu sein und mit Geduld, Erwartungen zu erläutern und Kompromisse zu verhandeln. Nur eines dürfen Sie auf keinen Fall: erwarten, dass man Sie um Ihrer selbst willen liebt und sich um Sie sorgt.

Sie sind der Pilot im Cockpit Ihres Flugzeugs und sind allein für Ihre Entscheidungen verantwortlich. Ob es dem Piloten gut geht, fragt sich ein Passagier nur aus eigenem Interesse, weil es wichtig ist für die Frage, ob man heil wieder herunter kommt. Sie als Pilot Ihres Unternehmens können nicht die Stewardess ans Steuer lassen. Auch wenn die Stewardess dazu bereit wäre, ändert das nichts an der Tatsache, dass nicht die Stewardess in der rechtlichen Haftung steht und das wirtschaftliche Risiko trägt, sondern ganz allein Sie. Darum erwartet man einfach von Ihnen, dass Sie selbst für sich sorgen und Ihre Arbeit im Cockpit allein und souverän meistern. Das meine ich mit Isolation. Das ist eine schwere Lektion, dessen bin ich mir nur allzu gut bewusst. Dennoch, freunden Sie sich damit an, je eher, je besser!

Ich habe Ihnen in diesem Kapitel die Haltungen erläutert, die Ihnen nach meiner Erfahrung sehr gut helfen können, Ihre Energie effizient einzusetzen, um Ihre Ziele zu erreichen. Wie gesagt, das Motto der Ökonomie ist: Tue weniger und erreiche mehr! Gerade wenn es um die Bewältigung der multifunktionalen Überlastung geht, ist es wichtig, zuerst Ordnung im eigenen Kopf zu machen und den eigenen Gedanken nicht zu erlauben, Verwirrung zu stiften, Sie auszubremsen oder Sie in die falsche Richtung zu lenken. Das sollte man sich bei der Überfülle an Aufgaben und Problemen einfach nicht leisten. Vielleicht sind Ihnen beim Lesen weitere Gedanken und Ideen gekommen. Ergänzen Sie die Liste von Haltungen nach Herzenslust und sprechen Sie mit Freunden oder anderen Unternehmern darüber. Obwohl Sie als Unternehmer viel Macht und Verantwortung haben, werden Sie nicht umhinkönnen zu erkennen, dass Sie für vieles, was Ihnen geschieht, keine Verantwortung tragen und manchmal nur eine begrenzte Macht haben, die Dinge dahin zu treiben, wo Sie sie gerne hätten. Das ist es ja vielleicht, was Ihnen manchmal soviel Angst macht. Macht und Verantwortung können ängstigen, aber das Gefühl von Machtlosigkeit kann auch ängstigen. Ihre Mitarbeiter könnten Ihnen viel darüber erzählen. Dennoch müssen Sie mit dem, was da ungewollt und ungeplant auf Sie zukommt, umgehen. Dafür braucht es einen klaren Kopf. Diesen klaren

Kopf zu behalten, darin besteht sowohl Ihre Macht als auch Ihre Verantwortung. Oder um es anders auszudrücken: Sie haben nur eine begrenzte Macht über Ihre Umwelt, aber Sie haben eine fast unbegrenzte Macht über sich selbst. Seiner selbst mächtig zu sein oder zu werden, ist der erste Schritt zum erfolgreichen Unternehmen und ein dauerhaftes Fundament, das Ihnen ermöglicht, „Ihr Schiff" durch unvorhergesehene Stürme zu navigieren. Das gesamte erste Kapitel war daher eine Einladung, von dieser Macht umfangreich Gebrauch zu machen. Ihre Haltungen und Gedanken sind die Essenz all Ihrer Handlungen und beeinflussen Ihren Erfolg als Unternehmer in ganz entscheidendem Maße. Wenn wieder einmal etwas schief läuft, halten Sie vielleicht von nun an inne und fragen sich kurz: Welcher Gedanke und welche Haltung stellen mir da gerade ein Bein? Und wenn umgekehrt alles ganz toll läuft, fragen Sie sich bitte auch: Was ist gerade mein Beitrag zu diesem Erfolg? Welche Haltungen und Gedanken haben mich zu diesem Erfolg geführt? Bitte keine falsche Bescheidenheit, es ist wichtig, dass Sie Ihre Erfolge auch auf sich selbst beziehen. In diesem Fall stinkt Eigenlob nicht, sondern duftet nach zukünftigem Gewinn. Ob Misserfolg oder Erfolg, Sie können daraus viel für die Zukunft lernen. Das ist gutes Selbstmanagement. Und das heißt auch, dass Sie Ihrer Verantwortung gerecht werden.

Ver**antwort**ung bedeutet, eine Antwort zu geben. Im Englischen heißt Verantwortung „responsibility". Dieses Wort setzt sich zusammen aus dem Wort „response" (Antwort) und dem Wort „ability" (Fähigkeit). Demnach ist Verantwortung die FÄHIGKEIT, zu antworten. Die richtige Antwort zur richtigen Zeit zu geben, macht einen Großteil Ihrer Unternehmensführung aus. Wir können uns vielleicht nicht immer die Fragen aussuchen, die uns das Leben stellt. Aber wir können entscheiden, welche Antwort wir geben. Diese Antwort kommt aus Ihrem Kopf. Darum ist es so wichtig, dass dort eine angemessene Ordnung aus Haltungen und Einstellungen herrscht. Egal, welch tolle und teure Technik in Ihrem Unternehmen steht und welche grandiosen Experten Sie eingestellt haben, Ihr wichtigstes Kapital ist Ihr eigener Kopf. Investieren Sie daher keine Energie in die Lernverweigerung. Nutzen Sie Ihre Energie stattdessen für ständiges Lernen und Begreifen. Arbeiten Sie zuallererst an sich selbst. Das Leben wird Sie dafür belohnen.

2. Managementkompetenz & Unternehmensführung

Im vorherigen Kapitel haben wir besprochen, wie wichtig Haltungen und Einstellungen sind und dass es wenig hilft, sich konkretes Wissen über Methoden und Instrumente zur Unternehmensführung anzueignen, wenn die persönlichen Haltungen und Einstellungen nicht passen. In diesem Kapitel soll es darum gehen, dass Haltungen allein auch nicht ausreichen. Man braucht darüber hinaus konkretes handwerkliches Rüstzeug. Das Thema Unternehmensführung ist umfassend genug, um ganze Studiengänge auszufüllen. Es gibt in unserer Gesellschaft schon sehr viel Wissen und ständig kommt neues hinzu. Ich möchte Sie ermuntern, sich an diesem reichen Schatz von Wissen und Erfahrung nach Belieben zu bedienen. Ich habe nicht den Ehrgeiz, ein neues Lehrbuch für Betriebswirtschaft zu verfassen. Es gibt schon genug gute und weniger gute. Und wenn es um Bilanzierung, Buchhaltung und Businesspläne geht, kann ich nur auf die Angebote verweisen, die Kammern oder andere Einrichtungen diesbezüglich anbieten. Fragen Sie auch gerne Ihren Steuerberater. Er wird Ihnen gewiss weiterhelfen. Wichtig ist, dass Sie generell in der Lage sind, Ihre Bilanzen selbst zu lesen und dafür sorgen, dass Sie zu jedem Zeitpunkt wissen, wie Ihr Unternehmen finanziell dasteht. Ich war immer wieder überrascht, wenn mir mittelständische Unternehmer gesagt haben, sie würden erst mit einigen Monaten Verspätung wissen, wie es finanziell um ihr Unternehmen steht, dann nämlich, wenn ihnen ihr Steuerberater die Bilanzen vorlegt. Das ist natürlich ganz und gar keine akzeptable Situation. Wie wollen Sie mit vielen Monaten Verspätung wirksam reagieren? Ein Kapitän schaut doch auch ständig, ob sein Schiff noch auf dem richtigen Kurs ist. Er fährt nicht einfach los und prüft irgendwann einmal, ob das Schiff den richtigen Hafen anläuft. Sie müssen jeden Tag wissen, wie die finanzielle Lage Ihres Unternehmens ist. Im Grunde sollte das morgens Ihre erste Handlung sein: den Computer anstellen und Kontostände überprüfen, schauen welche Außenstände zu bearbeiten sind, welche Kontoeingänge verbucht wurden und welche Verbindlichkeiten Sie aktuell haben. Kontostände sind der Herzschlag Ihres Unternehmens. Und es ist Ihre erste Pflicht, sich jeden Tag zu vergewissern, welchen „finanziellen Puls" und welchen „finanziellen Blutdruck" Ihr Unternehmen hat. Egal welche konkrete organisatorische Lösung Sie diesbezüglich für sich finden, sorgen Sie dafür, dass Sie jeden Tag als erstes eben diesen finanziellen Puls und Blutdruck Ihres Unternehmens kontrollieren. Beginnen Sie damit den Tag. Das, was Sie da sehen, wird Ihnen sagen, ob und in welchem Punkt Sie gleich und sofort oder später reagieren müssen oder auch nicht. Vielleicht finden Sie ja auch so gute Nachrichten auf Ihren Konten, dass Sie den ganzen Tag deswegen glücklich sind. Das ist das, was ich Ihnen wünsche, darum geht es letztendlich. Und erliegen Sie bitte nicht der Verführung, die tägliche Kontrolle über Ihre Finanzen einem Angestellten zu überlassen. Auch, wenn dieser sehr qualifiziert sein mag für diese Aufgabe, es ist Ihr Geld. Niemand wird Ihre Interessen besser vertreten, als Sie selbst. Kümmern Sie sich um Ihr Geld selber. Nicht ohne Grund habe ich mich dafür entschieden, Geld und mögliche Haltungen dazu gleich an den Anfang dieses Buches zu stellen. Ein Unternehmen ist letztendlich ein Instrument, um Geld zu „produzieren". Wenn Ihre Konten in einem großen dicken Plus stehen, wird Sie kein Problem aus der Ruhe bringen. Aber wenn Ihre Konten irgendwo zwischen Null und Minus stehen, wird für Sie jedes Problem ein Problem zu viel sein. Holen Sie sich also gerne Helfer für die Bearbeitung bestimmter finanzieller Vorgänge, aber geben Sie niemals die Kontrolle über die Geldflüsse Ihrer Firma aus der Hand. Ich möchte nicht wissen, wie viele Mittelständler von Ihren Buchhaltern schon um große Summen geprellt wurden, weil die Buchalter besser Bescheid wussten, als die Inhaber. Ich weiß von einigen Unternehmern, denen es so erging. Sie haben es aus bestimmten Gründen nicht an die große Glocke gehängt. Ich kann mir also vorstellen, dass es da eine gewisse Dunkelziffer gibt und möchte nicht, dass Sie eines Tages dazugehören.

Die Persönlichkeit Ihres Unternehmens definiert seine Führung

Ich möchte Sie nun einladen, auf die Ordnung beziehungsweise „Formation" Ihres Unternehmens zu schauen, um diese professionell zu gestalten. Erinnern Sie sich? Als Unternehmer arbeiten Sie nicht „in" Ihrem Unternehmen sondern „an" Ihrem Unternehmen. „In" Ihrem Unternehmen wird das leckere Brot gebacken. Mit der Arbeit „an" Ihrem Unternehmen, „backen" Sie Ihre profitable Bäckerei. Ihr Unternehmen zu führen heißt im Kern, ständig die Form beziehungsweise Ordnung und Struktur Ihres Unternehmens zu gestalten und zu optimieren. Sie formen ein Unternehmen, indem Sie es ordnen und strukturieren und immer wieder prüfen, ob die geschaffene Ordnung, Formation oder Struktur noch angemessen ist oder an welchen Punkten sie verändert werden muss. Um die Komplexität Ihrer Führungsaufgaben beziehungsweise die multifunktionale Überlastung bewältigen zu können, sind vor allem vier Dinge wichtig:

1. Es ist wichtig, genau zu definieren, **wer** Ihr Unternehmen ist.

2. Es ist wichtig, zu wissen, **was** zur Gestaltung und Erhaltung einer angemessenen Struktur und Ordnung objektiv (nicht subjektiv!) nötig ist und getan werden muss.

3. Es ist wichtig, über die Fähigkeit zu verfügen, zu **vereinfachen**. Die Komplexität Ihrer Aufgaben ist nur handhabbar, wenn Sie diese Aufgaben vereinfachen. Optimierung und Effizienz bedeuten im Grunde nichts anderes, als ständig nach Wegen der Vereinfachung zu suchen.

4. Es ist wichtig, selber gut in Form zu bleiben und eine Erschöpfung zu vermeiden.

Egal wie komplex und unübersichtlich eine Situation anfänglich erscheinen mag, ist sie erst einmal geordnet und stehen die Prioritäten fest, ist es einfacher, mit ihr umzugehen. Davon werden nicht nur Sie als Unternehmer profitieren, sondern auch Ihre Mitarbeiter. Ordnung ist das halbe Leben, sagt der Volksmund. Und das ist durchaus auch bei der Unternehmensführung richtig. Aus einer Ordnung resultiert Berechenbarkeit. Jemand, der eine bestimmte Ordnung lebt, ist für andere Menschen berechenbar. Ihre Mitarbeiter werden Ihnen umso bereitwilliger folgen, wenn Sie berechenbar sind. Und sie werden sich ihrerseits berechenbar verhalten, wenn sie in einer klar definierten Ordnung agieren können. Eine klar definierte Ordnung vorzufinden, ist nach meiner Erfahrung ein großer Wunsch von Mitarbeitern an ihre Führung. Ordnung, Berechenbarkeit und Entwicklung bilden eine Einheit, die ihrerseits die Grundlage für unternehmerischen Erfolg ist. Jede Unordnung produziert Missverständnisse und Fehlverhalten und zwingt uns dadurch, mehr zu tun, als nötig gewesen wäre. Unordnung ist immer unökonomisch und unprofitabel. Wenn ein Mitarbeiter eine Stunde lang etwas tut, von dem man ihm sagte, dass es das Richtige sei und er dann die Information erhält, man habe sich geirrt, kann er die nächste Stunde dafür verwenden, den Fehler zu korrigieren. Aber die Zeit und die Energie sind unwiederbringlich weg. Und das wird nicht nur Sie ärgern, sondern auch den Mitarbeiter. Wie also kann man eine Ordnung installieren, die sowohl Ihnen selbst als auch Ihren Mitarbeitern das Leben leichter macht, weil sie Halt, Orientierung und Berechenbarkeit gibt? Wenn ich von Ordnung in Ihrem Unternehmen spreche, meine ich, dass Sie Ihr Unternehmen definieren.

- Sie definieren Ihr Unternehmen, damit Sie seine Funktionsweise all denen erklären können, die damit etwas zu tun haben, vor allem denen, die darin arbeiten und die wissen müssen, welches Verhalten warum von ihnen erwartet wird.
- Sie definieren Ihr Unternehmen, damit Sie selbst in jeder Situation zügig wissen, wie Sie sich richtig entscheiden und was als nächstes zu tun ist.

- Sie definieren Ihr Unternehmen, damit Sie genau wissen, welche Erwartungen realistisch sind und welche nicht. Das hilft, Ihre Kraft und Anstrengung auf lohnenswerte Ziele zu lenken, statt sich zu verspekulieren.

Ich hatte bereits gesagt, dass Ihr „Produkt" als Unternehmer nicht das leckere Brot ist, sondern die profitable Bäckerei. Als Unternehmer kreieren Sie ein Unternehmen, das mit seinem Angebot Kundenwünsche so effizient und passgenau erfüllt, dass Sie am Ende die Erlöse erwirtschaften können, die Sie für sich geplant haben. Natürlich sollen Sie sich für Ihr Produkt oder Ihre Dienstleistung interessieren und den Ehrgeiz haben, damit auf dem Markt einer der Besten zu sein. Vergessen Sie aber vor lauter Begeisterung für Ihr Produkt nicht, dass Sie in Ihrer Funktion als Unternehmer vor allem das Unternehmen gestalten, das dieses Produkt herstellt. Erinnern Sie sich an die Überlegungen zum Thema In**formation** im vorangegangenen Kapitel? Mittels Informationen gestalten wir eine **Formation** beziehungsweise sorgen dafür, dass ein Unternehmen in Form kommt und bleibt. Doch was ist die passende Formation beziehungsweise Form Ihres Unternehmens? Im Grunde ist es Ihr Unternehmen selbst, das diese Frage beantwortet. Denn Ihr Unternehmen hat eine Art eigene Persönlichkeit mit natürlichen Eigenschaften, die zwingend nach einer bestimmten, adäquaten Verwaltung, Ordnung und Form verlangt. Sie mögen jetzt aus guten Gründen einwenden, dass ein Unternehmen keine Persönlichkeit sein oder haben kann. Schließlich ist es kein Lebewesen. Aber schauen wir uns die Definition des Begriffes an. Sie werden mir verzeihen, dass ich mir die Definition ausgewählt habe, die gut in mein Konzept passt. Der Schweizer Psychiater C.G. Jung, einer der Väter der modernen Psychologie, liefert mir eine Art Definition von Persönlichkeit, die einiges erhellt. In seinem Buch „Wirklichkeit der Seele" schreibt er: *„Entwicklung der Persönlichkeit aber heißt ... Treue zum eigenen Gesetz."* [12] Und einige Seiten weiter stellt er fest: *„In dem Maße, als man, dem eigenen Gesetze untreu, nicht zur Persönlichkeit wird, hat man den Sinn seines Lebens verpaßt."* [13] Unabhängig davon, dass ich diese Worte auch ganz privat unterschreiben würde, empfinde ich sie als eine sehr zutreffende Metapher für Ihr Unternehmen: Es funktioniert treu nach seinem eigenen Gesetz. Dagegen können Sie nichts tun. Gewiss, Sie können diese Gesetze ignorieren, aber das wird teuer. Gute Unternehmensführung heißt demnach, dieses eigene Gesetz Ihres Unternehmens treu zu bedienen. Wenn Sie als Unternehmer den Gesetzen Ihres Unternehmens untreu werden, verpassen Sie den Sinn und natürlich den Erfolg Ihres Unternehmerdaseins. Ein Mensch ist eine Persönlichkeit, wenn er dem eigenen Gesetz treu bleibt. Ihr Unternehmen ist oder hat eine Persönlichkeit, weil es treu nach eigenen Gesetzen funktioniert. An dieser Stelle möchte ich noch einmal darauf verweisen, was ich an früherer Stelle bereits unterstrichen habe: Unternehmensführung braucht Demut, um diese Gesetze zu bedienen. Ego und Eitelkeit stehen dem Erfolg im Weg, weil sie sich schwertun damit, Diener von Gesetzen zu sein.

Lassen Sie uns nun schauen, wie man die Persönlichkeit eines Unternehmens erfassen kann. Ich werde Ihnen nachfolgend Fragen vorstellen, die Ihnen helfen, die Persönlichkeit beziehungsweise die eigenen Gesetze Ihres Unternehmens zu definieren. Am besten nehmen Sie sich Papier und Stift und schreiben Ihre Antworten gleich mit. Da jedes Unternehmen speziell ist, kann ich Ihnen keine für Sie passenden Antworten liefern. Manche Fragen mögen Ihnen müßig erscheinen, weil die Antworten Ihrer Meinung nach längst auf der Hand liegen. Macht nichts, denken Sie dennoch darüber nach und sei es nur, um auszuschließen, dass Ihnen ein bestimmter Aspekt durch die Lappen geht. Bei manchen Fragen haben Sie vielleicht Schwierigkeiten, Antworten zu finden. Das macht auch nichts. Und wenn es nur ein Satz ist, der Ihnen einfällt, schreiben Sie ihn auf. Es ist (fast) egal, wie umfassend Sie antworten können. Machen Sie einen ersten Schritt in die richtige Richtung. Darauf kommt es an. Fühlen Sie sich frei, eigene Fragen zu entwickeln. Ich bin weit davon entfernt zu glauben, dass ich mit den nachfolgenden 9 Fragen das Thema erschöpfend behandeln würde. Es geht mir im Grunde auch mehr darum, Ihnen ein Prinzip zu verdeutlichen. Haben Sie Papier und Stift oder den Computer zur Hand? Stellen Sie sich vor, das Ganze wäre ein Arbeitsblatt. Dann beginnen wir also mit der ersten Frage.

1. Was für eine Art Geschäft ist Ihr Unternehmen? Wie wird der Wert produziert?
Ist es ein Produktionsunternehmen, ein Handelsunternehmen oder ein Dienstleistungsunternehmen? Eine Bäckerei wäre ein Produktionsunternehmen. Wenn Sie Software programmieren wären Sie vermutlich eher ein Dienstleistungsunternehmen. Möchten Sie ein Geschäft eröffnen, das Waren ankauft und verkauft, haben Sie ein Handelsunternehmen. Worum es bei dieser Frage geht, ist vor allem Folgendes:

- Welche Prozesse können wie vordefiniert werden?
- Welche Prozesse sind immer wieder anders und können nur über die Definition von Rahmenbedingungen beeinflusst werden?
- In welchen Punkten lässt man seinen Mitarbeitern welche Freiheit?
- Welche Kontrollen sollen nach welchen Regeln und in welchem Rhythmus durchgeführt werden?
- Welche Feedbacksysteme sind nötig, um die Einhaltung der Vorgaben zu gewährleisten?

In einer Bäckerei zum Beispiel haben Sie Prozesse, die einfach und stets wiederholbar sind, sodass Sie als Unternehmer diese Prozesse detailliert vordefinieren können und auch sollten. Sie können zum Beispiel festlegen, wann der Ofen angeheizt wird, wann der Teig nach welchem Rezept angerührt wird und so weiter. Kreative Leistungen hingegen, lassen sich vermutlich nicht derart präzise vordefinieren. Hier sind Sie darauf angewiesen, dass Sie Mitarbeiter haben, die selber wissen, wie sie den Prozess gestalten, um passfähige Lösungen zu finden. Dafür brauchen sie in jedem Fall unterstützende Rahmenbedingungen, die wiederum Sie vorgeben beziehungsweise definieren müssen.
Je mehr Sie vordefinieren, je sicherer können sich Ihre Mitarbeiter fühlen, dass sie alles in Ihrem Sinne machen. Je weniger Sie vordefinieren,

das heißt je mehr Spielraum für eigene Entscheidungen Sie Ihren Mitarbeitern lassen (müssen), je höher mag das Risiko sein, dass man am Ende feststellt, dass nicht die gewünschten Ergebnisse geliefert wurden. Also müssen Sie sich fragen, was man dennoch tun könnte, um dieses Risiko zu reduzieren?

Mit diesen Fragen sollten Sie sich wirklich gründlich beschäftigen. Setzen Sie nichts als selbstverständlich voraus. Es geht um die Festlegung, wie in Ihrem Unternehmen das Verhältnis von Eigenverantwortung und Kontrolle sein soll. Die Eigenverantwortung hat bestimmten Regeln zu folgen und die Kontrolle hat auch bestimmten Regeln zu folgen. Wenn ich davon spreche, Mitarbeiter zu kontrollieren, dann meine ich nicht, dass diese über jeden Schritt Bericht erstatten sollen. Es geht um betriebswirtschaftlich relevante Ergebnisse, nicht darum, wann ein Mitarbeiter auf Toilette gehen darf, um es überspitzt zu formuieren. Ich habe nicht selten erlebt, wie eine Unternehmensführung, der die Kontrolle über Umsätze und Gewinne zu entgleiten drohte und die keine Idee hatte, wie sie den Abwärtstrend stoppen könnte, ersatzweise die Kontrolle über ihre Mitarbeiter verstärkte. Da wurde dann mit Vorschriften und Einschränkungen nur so um sich geworfen. Die Mitarbeiter mussten immer mehr Formulare ausfüllen und jeder Gang zur Toilette wurde registriert, weil man den Mitarbeitern immer weniger vertraute. Dass mehr Misstrauen gegenüber seinen Mitarbeitern zu mehr Umsätzen und Gewinnen führen würde, habe ich allerdings in keinem einzigen Fall erlebt. Es hat einfach nur das Leben für alle komplizierter gestaltet, frei nach dem Motto: Tue mehr und erreiche weniger. So etwas passiert, wenn die Führung sich nicht von vornherein darüber im Klaren ist, welches Maß an Kontrolle aus der Natur des Unternehmens zwingend resultiert und welches Maß an Freiraum nötig ist.

Das Verhältnis von Freiraum und Kontrolle in Ihrem Unternehmen auszuloten, ist eine wichtige Herausforderung. Denken Sie ruhig immer wieder neu darüber nach. Lassen Sie sich aber nur und ausschließlich vom Wesen Ihres Unternehmens leiten, nicht von Ihren Ängsten und Unsicherheiten. Sie dürfen gern darüber mit Ihrem Team diskutieren. Am Ende aber legen Sie als Unternehmer fest, wie es laufen soll. Genauer gesagt, die Persönlichkeit Ihres Unternehmens hat hierbei das allerletzte Wort. Die Beschäftigung mit dieser Frage lohnt sich, denn der Zeitaufwand, den Sie jetzt dafür aufbringen, alles möglichst klar zu definieren, spart Ihnen später doppelt und dreifach Zeit. Es ist wie mit den Regeln für den Straßenverkehr. Es war seinerzeit gewiss auch ein recht großer Aufwand, die Verkehrsregeln detailliert auszuarbeiten. Aber dieser Aufwand sorgt heute dafür, dass wir im Straßenverkehr nicht mehr diskutieren müssen, wer sich in welcher Situation wie zu verhalten hat. Welche (Verkehrs-)Regeln bewirken also, dass sich jeder Mitarbeiter so verhalten kann, wie es der Natur Ihres Unternehmen entspricht? Und scheuen Sie bitte auch nicht den Aufwand, diese Regeln ausführlich zu kommunizieren. Sorgen Sie für eine Art „betriebliche Fahrschule" bei der jeder die Regeln (kennen-)lernt, auch die Regeln für die Sanktionierung etwaiger Regelverstöße. Erinnern Sie sich an die Bedeutung von Kommunikation und Information für das Funktionieren Ihres Unternehmens? Nur wer die nötige Information hat, kann sich konform zu den Regeln verhalten und damit die gewünschte betriebliche Formation schaffen. Zu wissen, an welcher Stelle der Produktionsprozess klar in seinem Ablauf vordefiniert sein muss und an welcher Stelle nicht, sagt Ihnen in jeder Situation, was Ihre Verantwortung und was die Verantwortung des Mitarbeiters ist. Sie waren sicher schon einmal bei McDonalds essen. Niemand geht dorthin, weil er den Koch so sehr schätzt. Man weiß nicht wer dort in der Küche arbeitet und es ist im Grunde auch egal. Der Besuch ist in aller Regel keine Überraschung. Egal in welche Filiale man geht, man weiß recht genau, was einen erwartet. Und das ist durchaus ein Argument für McDonalds. Die Produktion der Hamburger ist derart detailliert vordefiniert, dass eigentlich jeder Mitarbeiter nach kurzer Einweisung die Hamburger in der gewünschten und klar definierten Qualität anrichten kann. Für kreative Eigenentscheidungen der Mitarbeiter ist da allerdings wenig Platz. Der Prozess ist durch seine detaillierte Vordefinition wiederholbar und damit berechenbar. Ein Mitarbeiter kann nicht einfach nach

Lust und Laune etwas Neues ausprobieren. Wenn Sie sich hingegen entscheiden, in einem italienischen Gourmet-Restaurant zu speisen, dann deshalb, weil der Koch dort besonders gut ist. Vielleicht kennen Sie ihn über die Zeit sogar persönlich. Er hat große Freiheit beim Kochen und die nimmt er sich auch. Er ist ein Experte und hat beim Kochen eine ganz persönliche Note, unverwechselbar. Man darf beides mögen, McDonals und das italienische Gourmet-Restaurant. Beide haben Vorteile und Nachteile. Will man ein Restaurant eröffnen, muss man sich entscheiden, welche Art Restaurant man betreiben will und entsprechend die Richtung vorgeben. Also, welche Persönlichkeit hat diesbezüglich Ihr Unternehmen? Ist es mehr ein Franchise-Restaurant oder eher ein Gourmet-Restaurant? Und Welche Mitarbeiter passen entsprechend zu Ihrem Unternehmen? Wenn Sie ein Franchise-Restaurant eröffnen wollen, macht es keinen Sinn, einen Gourmet-Koch einzustellen. Der wird nicht glücklich werden und Sie mit ihm auch nicht. Hier braucht es jemanden, der sich gut damit fühlt, klar vorgegebene Prozesse abzuarbeiten. Aber auch Sie als Unternehmer müssen sich am Ende dieser Überlegungen fragen: Ist für mich das Maß an Kontrolle, das ich wahrnehmen muss, in Ordnung oder habe ich damit ein Problem? Ist für mich das Maß an Freiheit und Verantwortung, das ich in die Hände meiner Mitarbeiter lege in Ordnung oder habe ich damit ein ganz persönliches Problem? Vielleicht sind Sie ja eher der Kontrolltyp, daran wäre im Grunde nichts falsch. Aber wenn Sie ein Unternehmen leiten, das seinen Erfolg kreativen Einzelleistungen der Mitarbeiter verdankt, werden Sie wohl an sich und Ihrer Vorliebe für Kontrolle arbeiten müssen. Denn ein solches Unternehmen muss seinen Mitarbeitern viel Freiraum für Eigenentscheidungen geben. Da Sie schon ein Unternehmen haben, geht es nicht mehr um die Frage, was Sie gerne hätten, sondern was die bereits existierende Realität beziehungsweise Natur Ihres Unternehmens ist. Kommen wir zur nächsten Frage.

2. Welche Bedeutung hat in Ihrem Unternehmen der „Faktor Mensch"?
Beruht Ihr Unternehmen vor allem und ganz entscheidend auf der Intelligenz, Persönlichkeit und fachlichen Kompetenz seiner Mitarbeiter

oder beruht das Unternehmen vor allem und ganz entscheidend auf der Technik und den Technologien, die zum Einsatz kommen? Aus dieser Frage ergeben sich weitere Fragen, wie beispielsweise die folgenden:

- Woraus ergeben sich die Wettbewerbsvorteile, vor allem aus dem Wissen und Können der Mitarbeiter oder aus der Ausstattung des Unternehmens mit Technik und Technologien?
- Wohin sollte demenstsprechend der Hauptteil der Investitionen fließen, in die Mitarbeiter oder in die technische Ausrüstung?
- Wohin fließt der Hauptteil der Aufmerksamkeit und Energie bei der Führung des Unternehmens?
- Welche Bedeutung hat die Bindung der Mitarbeiter an das Unternehmen für die Wettbewerbsfähigkeit des Unternehmens? Wie müssen dementsprechend die Arbeitsverträge gestaltet sein?
- Welches Regelwerk bezüglich Anreizsysteme sowie Personalentwicklung ist nötig oder auch nicht?

Bei McDonalds beruht einer der Wettbewerbsvorteile auf der Technologie und der darauf basierenden einheitlichen Gestaltung der Prozesse zur Herstellung des Hamburgers. Bei dem Italienischen Feinschmecker Restaurant resultiert der Wettbewerbsvorteil eindeutig aus dem herausragenden Wissen und Können des Kochs. Wenn Sie eine eigene Versicherungsagentur betreiben, brauchen Sie Räume und Computer sowie Geräte für die Telekommunikation. Aber vor allem brauchen Sie Leute, die sich bezüglich Versicherungen und Geldanlagen auskennen und mit Menschen gut umgehen und kommunizieren können. Ein Unternehmen, das Waren anbietet, die mit einem bestimmten technischen Verfahren hergestellt werden, muss nicht nur sehr viel Kapital für die entsprechende Technik beziehungsweise Technologie zur Verfügung stellen. Man muss auch wissen, wie „austauschbar" die Menschen sind, die diese Technik und Technologie anwenden. Wie ist das in Ihrem Unternehmen? Welche Bedeutung hat der „Faktor Mensch" bei Ihnen? Wenn Ihr Unternehmen auf Experten beruht, sollten Sie wissen, dass Sie entsprechende Lohnkosten und andere attraktive Konditionen einplanen müssen, um diese Experten für Ihr Unternehmen zu begeistern und sie vor allem dauerhaft an sich zu binden. Sie sollten dann auch Geld einplanen für eine systematische Weiterbildung. Das Wissen und Können Ihrer Mitarbeiter muss ständig auf der Höhe der Zeit sein oder besser noch, dieser etwas voraus. Vielleicht investieren Sie auch in Weiterbildungen aus Gründen der Motivation? Im Ergebnis dieser Überlegungen sind Sie in der Lage, genau zu formulieren, wie Ihre Personalpolitik aussehen soll. Das heißt, Sie wissen nicht nur welche Qualifikationen Sie brauchen. Sie definieren auch ein Regelwerk bezüglich der Gehälter, Anreizsysteme, Maßnahmen der Mitarbeiterbindung, Weiterbildungspolitik und so weiter. Sie wissen, ob in Ihrem Unternehmen die Menschen die Maschinen unterstützen oder ob die Maschinen der Entfaltung der Expertise und Kreativität Ihrer Mitarbeiter dienen. Oder sind beide gleich wichtig für den Erfolg? Mensch und Maschine, wer von beiden bringt den entscheidenden Wettbewerbsvorteil und was heißt das für Ihre Prioritäten hinsichtlich der Führung und der Investitionen?

3. Was ist die angestrebte Größe Ihres Unternehmens?
Wie groß ist Ihr Unternehmen derzeit und wie groß soll es eines Tages werden? Das ist eine wichtige Frage. Möglicherweise wachsen Sie schneller als gedacht und finden sich irgendwann in einem Unternehmen mit 80 oder mehr Leuten wieder. Was heißt das dann für Ihr Leben und für Ihre Führungsarbeit? In einem kleinen Unternehmen geht ohne Geschäftsführer beziehungsweise Inhaber in der Regel gar nichts. Das ganze Unternehmen ist auf die Person des Inhabers ausgerichtet. Fällt dieser aus, beispielsweise durch längere Krankheit, gibt es niemanden, der das Unternehmen währenddessen genauso gut führt. Meist sind auch die Kundenkontakte an die Person des Inhabers geknüpft. Und wer hat in dieser Zeit die Prokura? Außerdem sind Inhaber kleinerer Unternehmen auch sehr oft die führenden Wissensträger, was die rein fachliche Seite der Produktion beziehungsweise Wertschöpfung anbetrifft. Das alles führt zu der Frage: Wie möchten Sie gewährleisten, dass Ihr Unternehmen auch dann gut weiterläuft, wenn

Sie verhindert sind? Möchten Sie, dass Ihr Unternehmen nur läuft, weil Sie da sind? Oder wollen Sie, dass Ihr Unternehmen so gut strukturiert und organisiert ist, dass es auch bei Ihrer längeren Abwesenheit läuft? Wie gelingt Ihnen das in einem kleinen Unternehmen mit vielleicht 10 Mitarbeitern und wie gelingt Ihnen das in einem Unternehmen mit 50 oder mehr Mitarbeitern? Wer entscheidet etwas, wenn Sie nicht können und über eine gewisse Zeit nicht da sind? Welche Hierarchie funktioniert unter welchen Umständen?

Abgesehen von diesen Fragen gibt es noch einen weiteren Aspekt, der von der Größe des Unternehmens berührt wird. Vielleicht sind Sie jemand, der Hierarchien nicht besonders mag, sondern lieber familiär und mit einer flachen Hierarchie führt? Dann werden Sie sich in einem großen Unternehmen vermutlich eher unwohl fühlen, weil dieses Sie allein schon wegen seiner Größe davon abhält, mit jedem Mitarbeiter im Unternehmen einen familiären Umgang zu pflegen. Sie müssen fast automatisch distanzierter und formaler sein.

Es ist fast egal, welche Antwort Sie auf die obige Frage nach der angestrebten Größe Ihres Unternehmens geben. Wichtig ist, dass Sie sich mit dieser Frage und allen daraus resultierenden Konsequenzen für Ihren Führungsstil und die Gestaltung Ihres Lebens beschäftigen. Es ist wichtig, dass Sie sich Klarheit darüber verschaffen, wie Sie Ihr Unternehmen aufstellen wollen. Wollen Sie, dass alles auf Sie hinausläuft und von Ihrer Präsenz abhängt? Oder möchten Sie Ihr Unternehmen so aufstellen, dass es eher gestützt auf seine Strukturen und Regeln läuft (ähnlich wie in einem Franchise-Unternehmen beispielsweise). Ein größeres Unternehmen bietet ein größeres Potenzial, um Sie zu entlasten und das Unternehmen etwas unabhängiger von Ihrer Person zu machen. Ein kleines Unternehmen wird Sie umfassender in die Pflicht nehmen, was durchaus Vor- und Nachteile hat. Wenn alles von Ihnen abhängt, haben Sie es insofern leichter, weil alles in Ihrer Hand liegt. Das kann durchaus ein sehr angenehmes und effizientes Führen sein. Andererseits besteht ständig eine große existenzielle Gefahr angesichts der Möglichkeit, dass Sie ausfallen. Jeder kann krank werden. Ich habe oft beobachtet, dass der Gedanke „ohne mich läuft nichts" ein erheblicher Stressfaktor sein kann. Ein kleines Unternehmen lässt sich gut auf die Weise führen, dass alles vom Inhaber abhängt, bietet aber weniger Spielräume für eine Entlastung des Inhabers, da von seiner Präsenz Sein oder Nichtsein des Unternehmens abhängt. Wenn ich sage, dass es in einem kleinen Unternehmen weniger Spielräume für eine Entlastung gibt, so heißt das nicht, dass es keine Spielräume gäbe. Ich habe sogar sehr kleine Unternehmen erlebt, die über einen gewissen Zeitraum die Abwesenheit des Chefs sehr gut überbrücken konnten, weil die Mitarbeiter entsprechend instruiert waren und es darüber hinaus eine eingespielte Routine gab. Es geht also, aber man muss es „sehenden Auges" gestalten.

Machen Sie sich bitte auch klar, dass ein kleines familiäres Unternehmen anders miteinander kommuniziert, als ein größeres Unternehmen. Bei 10 Mitarbeitern können Sie als Chef stets für Fragen Ihrer Mitarbeiter erreichbar sein. Das ist gut zu schaffen. Bei 80 Mitarbeitern werden Sie Sprechzeiten einrichten müssen und Regeln, wie man Sie für welchen Fall erreichen kann. Bei 10 Mitarbeitern können Sie vielleicht ganz informell während einer gemeinsamen Pause die wichtigsten Informationen ausgeben und mit kurzen Absprachen „nebenher" Klarheit schaffen. Bei über 80 Mitarbeitern werden Sie Ihre Informationspolitik genauer planen und strukturieren müssen. Die Größe Ihres Unternehmens ist ein wichtiges Kriterium für die Gestaltung Ihrer Informations- und Kommunikationskanäle. Ich habe des Öfteren erlebt, dass ein Unternehmen klein angefangen hat und dann über die Jahre recht schnell wachsen konnte. Die Mitarbeiter „der ersten Stunde" hatten noch die familiäre Art der Unternehmensführung erlebt, die ein kleines Unternehmen mit sich bringt. Sie mochten diese Art und hatten sich zum Beispiel daran gewöhnt, den Chef stets ansprechen zu können. Er war früher einfach zu erreichen gewesen und man hatte auch Gelegenheit zu einem kleinen Schwatz, der einen fast automatisch mit aktuellen Informationen versorgte. Diese Mitarbeiter haben es oft als eine Verschlechterung erlebt, wenn später in dem größer gewordenen Unternehmen der gleiche Chef tagelang nicht zu sprechen war und man immer wieder merkte, dass man bestimmte Informationen nicht so ohne Weiteres erhielt. Das war eine logische Konsequenz des Wachstums. Das heißt, wenn Sie wachsen wollen, sollten Sie als Inhaber ein Gefühl dafür haben, wie die Veränderung der Unternehmensgröße auf den zwischenmenschlichen Umgang wirkt beziehungsweise wirken könnte. Erwarten Sie bitte nicht, dass Ihren Mitarbeitern von alleine klar ist, dass und wie die Unternehmensgröße auf den Umgang miteinander wirkt. Machen Sie es zum Thema und erläutern Sie, warum sich im Zuge des Wachstums was wie ändert. Haben Sie auch Verständnis dafür, dass Mitarbeiter diese Veränderungen bedauern. Schauen Sie, ob Kompromisse möglich sind.

Bei dieser dritten Frage geht es also um das Thema Struktur versus Persönlichkeit. Läuft mein Unternehmen auf der Grundlage seiner Ordnung und verteilten Verantwortlichkeiten (Strukturen und Regeln) oder läuft es, weil es ganz auf den Inhaber und dessen Persönlichkeit fokussiert ist beziehungsweise von ihm abhängt? Zum anderen geht es um die Frage, welche Informations- und Kommunikationskultur zur Größe des Unternehmens passt.

4. Wird die Leistung vornehmlich im Team erbracht oder handelt es sich vor allem um Einzelleistungen?

Diese Frage ist wichtig, um zu wissen, wie Sie die Leistung Ihrer Mitarbeiter erfassen und kontrollieren können. Darüber hinaus ergibt sich daraus die Anforderung an die Persönlichkeit des einzelnen Mitarbeiters. Was dürfen und müssen Sie als Unternehmer von Ihren Mitarbeitern an Eigenverantwortung und Teamfähigkeit verlangen? Müssen sie sozial sehr kompetent sein oder könnten sie gerne auch „Menschenflüchter" sein, Hauptsache sie sind fachlich auf der Höhe?

Bei dieser vierten Frage geht es um die Themen Sozialkompetenz, Teamgeist oder Wettbewerb und um die dazu passende Art der Leistungserfassung. Wie viel Teamfähigkeit oder Eigendynamik müssen Sie von Ihren Mitarbeitern verlangen? Welche Sozialkompetenzen sind gefragt? Was heißt das für Ihren Führungsstil? Wie können und sollten Sie die Leistung des Einzelnen erfassen? Sollte eher der Teamgeist gestärkt werden oder der individuelle Wettbewerb?

5. Wie müssen Arbeitszeiten und Arbeitsort gestaltet sein?
Handelt es sich bei Ihrem Unternehmen um eine Organisation, in der die Arbeit ganz oder teilweise an einem bestimmten Ort und zu einer bestimmten Zeit erbracht werden muss? Oder dürften Ihre Mitarbeiter auch selber entscheiden, an welchem Ort und zu welcher Zeit sie die Leistung erbringen? Daraus könnte eine weitere Frage folgen: Ist es besser, mit fest angestellten Mitarbeitern zu arbeiten oder mit freien Mitarbeitern, die Sie jeweils nur für bestimmte Projekte zu losen Teams zusammenstellen. Nehmen wir an, Sie sind ein Unternehmen, das von der eigenverantwortlichen Kreativität seiner Mitarbeiter lebt. Dann macht es vielleicht Sinn, an freie Mitarbeiter einen Auftrag zu vergeben, der bis zu einem bestimmten Zeitpunkt in einer klar definierten Qualität abzuliefern ist. Sie zahlen dann ein fest vereinbartes Honorar für ein klar definiertes Ergebnis und „Ihre" Leute entscheiden selber, wie sie den Auftrag wann und mit welchem Aufwand abarbeiten. Natürlich kann es sein, dass diese freien Mitarbeiter für ein nächstes Projekt nicht zur Verfügung stehen, weil sie inzwischen von jemand anderem einen Auftrag bekommen haben. Oder Sie stellen Ihre kreativen und eigenverantwortlich arbeitenden Mitarbeiter fest ein und bieten Home-Office an. Wie kontrollieren Sie dann die Zuverlässigkeit und Qualität der Leistung? Versuchen Sie, fein zwischen Arbeitszeitregelungen zu unterscheiden, die Ihr Unternehmen von der Natur des Produktionsprozesses her zwingend vorgibt und den Freiräumen, die es Ihnen lässt, um individuelle Vereinbarungen nach Wunsch zu verhandeln. Es ist wichtig, dass Sie sich diesbezüglich im Klaren sind, damit Sie Möglichkeiten zu Ihrem und zum Vorteil von Mitarbeitern ausreizen können, ohne dem Unternehmen zu schaden. Oder aber auch, um genau zu wissen, wo Sie sich leider auf keine Verhandlungen einlassen dürfen, weil das Unternehmen das nicht zulässt.

6. Welcher Führungsstil passt zu Ihrem Unternehmen?
Diese Frage mag Ihnen etwas unpassend vorkommen. Müsste es nicht vielmehr heißen, welcher Führungsstil zu Ihnen als Unternehmer passt? Nein, leider sind diesbezüglich Ihre persönlichen Präferenzen

nicht sehr relevant. Die Persönlichkeit Ihres Unternehmens bestimmt, wie es geführt werden muss. Ein Beispiel: Ein Feuerwehreinsatz muss „diktatorisch" geleitet werden. Da hört jeder auf das Kommando der Einsatzleitung und jegliche Diskussion verbietet sich von selbst. Vielleicht fühlt sich der Leiter des Feuerwehreinsatzes gar nicht so wohl dabei, mit seinen Kollegen im diktatorischen Befehlston umzugehen. Aber er hat keine Wahl. Wenn er erst anfangen würde zu debattieren, wäre das Haus wohl abgebrannt und die Menschen könnten nicht gerettet werden. Ein Gartenbaubetrieb hingegen, der den Auftrag erhält, einen Park neu zu gestalten, wird sicherlich gut daran tun, seine Gärtner an einen Tisch zu holen und mit ihnen ausführlich Ideen zu diskutieren, wie der Park bei einem definierten Budget am besten zu gestalten wäre. Und möglicherweise ergeben sich bei der Umsetzung des Planes Überraschungen, für deren Bewältigung man besser die Ideen der Mitarbeiter einbezieht. Also sollte man Zeit und Raum für entsprechende Diskussionen einplanen. Der Inhaber der Gärtnerei würde es ganz persönlich vielleicht vorziehen, seinen Gärtnern einfach Anweisungen zu erteilen. Er würde dann aber vermutlich auf die vielen guten Ideen verzichten müssen, die seine Gärtner einzubringen hätten. Darüber hinaus würde er sie gewiss demotivieren, weil er ihnen die Gelegenheit nimmt, sich mit dem Projekt persönlich zu identifizieren. Sie würden vielleicht gern ihr Können unter Beweis stellen. Aber aufgrund einer autoritären Führungsweise haben Sie das Gefühl, genau das nicht zu dürften. Das Ergebnis der Arbeit würde den Auftraggeber und Kunden vielleicht weniger überzeugen, als ein Park, der das Produkt eines gleichberechtigten Ideenfindungsprozesses des gesamten Teams wäre. Andererseits kann es aber auch sein, dass der Inhaber des Gartenbetriebes gar keine ausgebildeten Gärtner eingestellt hat, sondern nur angelernte Hilfsarbeiter, weil er entschieden hat, das gesamte Unternehmen von sich und seiner Fachkompetenz abhängig zu machen. Die Natur eines kleineren Gartenbetriebes lässt eine solche Entscheidung zu. Dann ist es vielleicht sogar richtig, den Mitarbeitern nur zu erläutern, was er als Chef entschieden hat und für Rückfragen zur Verfügung zu stehen. In diesem Fall wären die angelernten Hilfsarbeiter vielleicht sogar von einer Fachdiskussion überfordert. Ganz egal, welchen Führungsstil Sie als Führungsperson für sich bevorzugen würden, die Natur Ihres Unternehmens definiert, welcher Führungsstil der richtige ist beziehungsweise welche Spielräume Sie bei der Definition Ihres Führungsstiles haben. Was glauben Sie, welcher Führungsstil zur Natur Ihres Unternehmens am besten passt? Sie mögen jetzt einwenden, dass Sie sich von mir eigentlich mehr Informationen über Führungsstile und vor allem über den „richtigen" Führungsstil gewünscht hätten. Das könnte ich gut verstehen. Tatsächlich habe ich jahrelang Seminare über Führungsstile durchgeführt und mich dabei sehr genau an das akademische Wissen gehalten, das es zu diesem Thema gibt. Ich habe mich bemüht, meine Zuhörer umfassend und lückenlos mit Wissen zu versorgen. Meine Zuhörer, zumeist Führungskräfte, waren auch sehr aufmerksam und schienen sehr interessiert. In Diskussionen stimmten sie dem Gehörten zu. Es schien Ihnen plausibel und nützlich. Also dachte ich, sie würden zurück in ihre Unternehmen gehen und das Gelernte in der einen oder anderen Weise anwenden. Ich habe aber leider keinen Fall erlebt, in dem das wirklich passierte. Sie machten weiter wie bisher und hatten das, was sie da hörten sehr bald vergessen. Manchmal blieb ihnen noch der eine oder andere Fachbegriff in Erinnerung, aber das war es dann auch schon. Natürlich fragte ich mich, was ich falsch gemacht hatte. Und irgendwann kam ich zu dem Schluss, dass es einfach nichts bringt, Theorien vorzustellen. Ich erkannte, dass es viel wichtiger ist, die Führungskräfte zu befähigen, den für Ihr Unternehmen richtigen Führungsstil selber zu kreieren und dass es egal ist, welcher Name dazu passt. Was sind die allgemein üblichen Namen für Führungsstile? Ich zähle Ihnen einige auf, damit alles seine Ordnung hat: autokratischer, patriarchaler, charismatischer, bürokratischer, autoritärer, kooperativer bzw. demokratischer und der Laissez-faire-Stil. Es gibt noch weitere Bezeichnungen. Ich bin sehr dafür, diese Begriffe zu kennen. Aber es sind doch leider sehr wertende und weniger beschreibende Namen, mit denen man sich rein nach Gefühl identifiziert. Unabhängig davon, welche Erläuterungen ich meinen Zuhörern zu diesen Begriffen gegeben hatte, niemand wollte autoritär sein und jeder meinte, der kooperative oder demokratische Führungsstil sei der beste. Meine Zuhörer reagierten entsprechend ihres Selbst- und Weltbildes auf diese Begriffe. Das führte zu nichts. Also habe ich irgendwann meine Meinung geändert und eine andere Herangehensweise ausprobiert. Es liegt ja auch irgendwie auf der Hand, dass ein Feuerwehreinsatz schlichtweg nicht demokratisch oder mit Laissez-faire geführt werden kann. Und ob der Chef der Feuerwehr Charisma hat oder nicht, ist dem Feuer egal. Hier müssen klare Befehle ausgegeben werden nach dem Motto: Alles hört auf mein Kommando! Das hat nichts mit der Persönlichkeit des Leiters zu tun, der als Mensch sowohl sehr charismatisch sein kann, als auch sehr moderat und demokratisch gestimmt und der vielleicht sogar auch gerne manches einfach seinem natürlichen Lauf überlassen würde. Trotzdem muss er als Leiter des Einsatzes maximal autoritär sein. Das ist der Punkt. Es geht nicht darum, welchen Führungsstil wir gut finden. Es geht darum zu fragen, wie ich mich verhalten muss, damit ich in meiner Führungsarbeit der Persönlichkeit und vor allem den Bedürfnissen meines Unternehmens gut entspreche. Ich ziehe mir die Schuhe an, die gut zum Gelände passen und nicht die, die mir am besten gefallen. Das Gefallen kommt erst zum Schluss zu Wort. (Diese Metapher mag jetzt bei einigen Frauen Widerspruch provozieren, da wir Frauen durchaus in der Lage sind, bei unserer Schuhwahl praktische Erwägungen außer Acht zu lassen. Aber ich denke, Sie verstehen, was ich meine). Soviel zu der Frage, weshalb Sie in diesem Buch keine Abhandlung über die bekannten Führungsstile finden werden. Es ist an Ihnen, darüber nachzudenken, welcher Führungsstil gefragt ist, damit Sie den natürlichen Gesetzen Ihres Unternehmens gerecht werden können. Was müssen Sie dafür können? Und wie müssen Sie sich selber „disziplinieren", damit der passende Führungsstil mit Ihrer Persönlichkeit vereinbar ist?

7. Ist Ihr Unternehmen vor allem ein Frauenbetrieb oder eher ein Männerbetrieb?
Männerteams haben in der Regel eine etwas andere „Gefühlsdynamik" als Frauenteams und umgekehrt. Bei Frauen „menschelt" es angeblich

mehr. Zumindest habe ich das immer wieder von Frauenteams gesagt bekommen und auch praktisch erlebt. Es gab weniger direkte Konfrontationen, dafür leider mehr indirekte Kommunikation. Außerdem war die Qualität der zwischenmenschlichen Beziehungen für die Zufriedenheit und das Wohlbefinden von größerer Bedeutung und machte nicht selten Defizite in der Bezahlung oder in den Karrieremöglichkeiten wett. Darüber hinaus waren Fragen der Vereinbarkeit von Beruf und Familie ein wichtiges Thema. Ich möchte Klischees vermeiden, die Wirklichkeit lässt sich gewiss nicht in starre Regeln packen. Dennoch sollten Sie dieses Thema im Auge behalten. Interessieren Sie sich für „Ihre" Männer und Frauen und versuchen Sie unbedingt, deren sozialen Prioritäten auf die Spur zu kommen. Fragen Sie sich, was man diesbezüglich von Ihnen als Führungskraft erwartet. Ich habe zu diesem Thema einmal eine sehr interessante Lektion erteilt bekommen. Damals durfte ich die Teams eines großen Altenpflegeheims über einen bestimmten Zeitraum betreuen. Die Inhaberin war von Beruf Krankenschwester gewesen und hatte das von ihr gegründete Unternehmen eher intuitiv geführt, wirtschaftlich durchaus mit Erfolg. Ihr Unternehmen war in kürzester Zeit stark gewachsen. Aber den Mitarbeitern ging es ziemlich schlecht. Das Unternehmen beklagte einen hohen Krankenstand und insgesamt eine schlechte Stimmung. Wie üblich begann ich damit, die Mitarbeiter ausführlich und einzeln zu interviewen, um zu erfahren, wo man konkret helfen könnte. Außerdem weiß ich inzwischen, dass Mitarbeiter viel mehr und gründlicher über den Zustand „Ihres" Unternehmens nachdenken, als man das allgemein erwarten mag. In den Köpfen von Mitarbeitern gibt es viele interessante und kluge Gedanken, die es wert sind, gehört zu werden. Zu oft werden sie in der Regel nicht gehört. Das war auch hier der Fall. So hatte es mich auch nicht überrascht, als man mir in den Interviews von teils sehr bedrückenden Fehlleistungen der Chefin bei der Führung der Teams und des Unternehmens erzählte. Wirklich überrascht war ich allerdings von den Antworten, die ich auf meine Frage am Ende der Interviews erhielt, wo sich denn die einzelnen Mitarbeiter in 10 Jahren sähen. Alle, wirklich ausnahmslos alle, wünschten sich, auch in 10 Jahren noch in diesem Unternehmen arbeiten zu dürfen. Das schien mir nun so gar nicht zusammenzupassen. Wieso wollten die Mitarbeiter in einem Unternehmen bleiben, in dem die Inhaberin eine so schlechte Führungsarbeit machte und bei ihren Leuten einen so großen Verdruss produzierte? Auf diese Frage wollte ich gerne eine Antwort. Also habe ich mittels Fragebogen eine anonyme Befragung über die führenden Werte der Mitarbeiter durchgeführt. Mich interessierte, ob es sich um eine Wertegemeinschaft handelte oder nicht und was genau die wichtigsten Werte der Mitarbeiter seien. Das Ergebnis hat dann einiges sehr erhellt. Zu 80 Prozent waren die Mitarbeiter sehr stark oder stark vom Wert „Familie" getrieben. Und da fiel mir wieder ein, dass sie mir in den Interviews auch erzählt hatten, dass die Chefin ihnen immer und sofort sehr großzügig half, wenn sie Probleme in ihren Familien hatten. Das hieß, die Chefin hatte diesen führenden Wert mit ihrem Führungsverhalten so außergewöhnlich gut bedient, dass ihre sonstigen Mängel bei der Führung dadurch offensichtlich „überdeckt" wurden. Es handelte sich um einen Frauenbetrieb. Ich glaube, es gab nicht mehr als 5 Männer bei insgesamt 60 Mitarbeitern. Es ist fraglich, ob das in einem reinen Männerbetrieb auch so gelaufen wäre. Wie gesagt, man sollte nicht in Klischees denken und führen. Genau deswegen sollten Sie sich auch die Frage stellen, was für ein Betrieb Sie in puncto Geschlecht sind und was dies eventuell für Ihre Führungsarbeit und für die Spielregeln der Zusammenarbeit bedeuten könnte. Es geht darum, eine Personalführung zu gestalten, die sich an den entscheidenden Werten der Mitarbeiter orientiert. Allerdings können Sie auch umgekehrt fragen: Welche führenden Werte sollten meine Mitarbeiter haben, um in meinem Betrieb die gewünschte Leistung erbringen zu können? Zu einem Pflegeunternehmen passen sicherlich Menschen, die sehr sozial und gemeinverantwortlich ausgerichtet sind und ihren Patienten eine familiäre Atmosphäre bieten. Da ist es genau richtig, wenn Pfleger den Wert „Familie" für sich an erste Stelle setzen. Ein Unternehmen, das mit Nahrungsmitteln umgeht erwartet von seinen Mitarbeitern vermutlich vor allem Werte wie „Ordnung", „Sauberkeit" und „Zuverlässigkeit". Ein Unternehmen im IT-Bereich möchte vielleicht Mitarbeiter, die von den

Werten „Präzision", „Kreativität" und „Eigenverantwortung" getrieben sind. Werte sind eine zweiseitige Angelegenheit. Die führenden Werte der Mitarbeiter müssen die Natur des Unternehmens bedienen und die Unternehmensführung muss die Werte der Mitarbeiter bedienen.

Die Frage, ob es sich bei Ihrem Unternehmen vor allem um einen Frauenbetrieb oder um einen Männerbetrieb handelt, hat noch eine weitere Facette. Gerade wenn es um die Art und Weise der Zusammenarbeit im Unternehmen geht, könnte die Geschlechterfrage nicht uninteressant sein. Ich habe immer wieder erlebt, dass Frauen interne Konkurrenz und internen Wettbewerb eher als etwas seelisch Belastendes empfinden. Sie sind der Meinung, dass sie ihre Leistungsfähigkeit am besten in einem freundschaftlichen und kooperativen Miteinander entfalten können und fühlen sich schnell von betrieblichen Anreizsystemen blockiert, die den internen Wettbewerb befördern. Von Frauen habe ich oftmals zu hören bekommen, dass sie lieber miteinander „menscheln" und als eine verschworene Gemeinschaft an die Arbeitsaufgaben gehen. Wenn sie sich in einem Team wohl fühlen, können sie in und mit diesem Team über sich hinauswachsen und herausragendes leisten. Männer mögen selbstverständlich auch ein gutes Miteinander aber sie haben mit interner Konkurrenz und individualisierendem Wettbewerb erfahrungsgemäß eher weniger Probleme, sondern empfinden eine bestimmte Konkurrenz im Unternehmen als normal und belebend. Das heißt nicht, dass Frauen keinen Wettbewerbsgeist und keinen persönlichen Ehrgeiz hätten, sehr gute Leistungen zu erbringen. Ganz im Gegenteil. Frauen möchten genau wie Männer auf sich und ihre Leistung stolz sein und diese anerkannt wissen. Und natürlich beherrschen sie auch die Klaviatur der Konkurrenz. Aber sie mögen diese nicht so gerne spielen. Das zumindest ist meine Erfahrung. Ich spreche dieses Thema nicht an, weil ich dazu schon gesicherte Erkenntnisse hätte. Ich habe in „meinen" Betrieben über die Jahre eher eine Ahnung davon bekommen, wie wichtig es ist, genau hinzuschauen und sich auf Unterschiede einzustellen. Vor allem im sogenannten Wettbewerb um die besten Köpfe ist es wichtig zu wissen, mit welchen Argumenten Sie gute Fachkräfte locken können. Was in dem einen Unternehmen ein

Erfolgsrezept ist, kann in dem anderen eher das Gegenteil sein. Nicht nur wir Menschen sind verschieden, Unternehmen sind es auch.

Zum Schluss soll nicht vergessen werden, dass das Geschlechterthema auch für die Außenwirkung des Unternehmens von Bedeutung sein kann. Welche Stärken und Vorteile ergeben sich eventuell aus der Geschlechterzusammensetzung Ihres Teams, die Sie in Wettbewerbsvorteile umsetzen könnten? Welche Kundengruppen fühlen sich warum eher von einem „Frauenbetrieb" oder eher von einem „Männerbetrieb" angezogen? Und wie gehen Sie damit um?

8. Ist der Markt Ihres Unternehmens lokal, regional, national, international oder gar global?

Möchten Sie von Anfang an oder irgendwann international agieren oder bleiben Sie lieber national oder regional aufgestellt? Überlegen Sie diese Frage sehr gut und vielleicht immer wieder neu, egal wie offensichtlich die Antwort sein mag. Ein Familienbetrieb in der Baubranche wird vermutlich eher lokal oder bestenfalls regional agieren, auch wenn anderswo gerade ein Bauboom ist, von dem man gerne profitieren würde. Ein kleines Modeunternehmen, das in einem anderen Land kostengünstig produzieren lässt, wäre eher schlecht beraten, nicht auch von Anfang an international zu verkaufen. Also sollte man Fremdsprachen beherrschen und interkulturell kompetent sein. Fragen Sie sich: Welche Konsequenzen würde es nach sich ziehen, der Verlockung eines „fernen" Marktes nachzugeben und die Geschäftstätigkeit auf andere Regionen oder Länder auszuweiten? Wie sieht es im Falle von Zeitverschiebungen zum Beispiel mit der Erreichbarkeit für internationale Kunden aus? Auf welche kulturellen Eigenheiten muss ich mich einstellen? Welche kulturellen oder gar politischen Kompetenzen sind nötig? Wie sollte das Unternehmen „formatiert" werden, wenn es überregional oder gar international erfolgreich sein soll? Eine überregionale oder internationale Ausrichtung hat nicht zuletzt Einfluss auf den Führungsstil, weil möglicherweise Macht und Verantwortung auf Mitarbeiter in einer anderen Region oder einem anderen Land übertragen werden müssen. Erwarten Sie nicht, dass jemand Verantwortung gut ausfüllt, wenn man ihm nicht die dazugehörige Entscheidungsmacht einräumt. Verantwortung und Macht sind zwei Seiten ein und derselben Medaille. Fragen Sie sich, ob Sie das wirklich wollen.

9. Wie innovativ ist Ihr Unternehmen – wie viel Veränderungsbereitschaft braucht es?

Es gibt in meiner Heimatstadt eine Konditorei, in der hat schon meine Mutter vor Jahrzehnten den gleichen Kuchen gekauft, den ich heute immer noch kaufen kann. Und das finde ich herrlich. Ich käme gar nicht auf den Gedanken, irgendwo anders Kuchen zu kaufen, als dort. Es ist einfach schön, den Kuchen meiner Kindheit auch heute noch original so zu genießen, wie damals. Ich verbinde mit diesem Kuchen so viele wunderbare Erinnerungen, die mir am Herzen liegen. Ich bete, dass dieser Konditor nicht irgendwann „innovativ" wird und „meine" altbekannten Torten und Kuchen durch neue Kreationen ersetzt. Ich glaube, es geht auch anderen Kunden so wie mir, denn diese Konditorei ist mit ihren althergebrachten Kreationen die beste in der Region. Sie ist sehr erfolgreich und hat schon viele andere Konditoreien überlebt. Der Inhaber hat zwar in der Zwischenzeit gewechselt, aber das Angebot blieb davon unberührt. Zum Glück, denn als der neue Inhaber sein Interieur modernisierte, haben die Kunden schon darauf sehr zwiespältig reagiert. Es war eben nicht mehr ganz genauso, wie früher. Diese Konditorei ist ein Beispiel für ein Unternehmen, das nicht nur wenig innovativ sein muss, sondern auch nicht allzu innovativ sein darf. Beim Kauf meines Handys allerdings wäre ich wenig begeistert, wenn man mir die Mobilfunk-Technologie von vor 25 Jahren anbieten würde. Hier müssen die Produzenten außergewöhnlich innovativ sein, um auch morgen noch am Markt zu bestehen. In dieser Branche kann selbst ein erfolgreicher Weltkonzern über Nacht unbedeutend werden, wenn er einen Trend verschläft.

Wie ist das nun mit Ihrem Unternehmen? Wie innovativ oder besser wie veränderlich muss oder darf es sein? Was ist wichtiger, konservatives Bewahren von Bewährtem oder flexible Veränderung und Modernität? Bei welchem Thema gilt was? Was heißt das für Ihre Mitarbeiter? Wie sehr müssen sie Experten für Veränderung oder eben für Tradition sein, je nachdem? Welche Persönlichkeit müssen sie in Bezug auf Lern- und Veränderungsbereitschaft haben? Oder wie konservativ und traditionell müssen sie eingestellt sein? Was ist dementsprechend die angemessene Veränderungs- und Lernkultur in Ihrem Unternehmen? Wie viel Stabilität können Sie Ihren Mitarbeitern bieten? Wie viel Instabilität und Unberechenbarkeit müssen Sie und Ihre Mitarbeiter aushalten? Welche Persönlichkeitseigenschaften sind gefragt? Welche Struktur und Organisation ist für Ihr Unternehmen erforderlich?

Das wären meine neun Fragen, die Ihnen helfen, Ihr Unternehmen und seine „natürliche Persönlichkeit" gedanklich zu erfassen, zu ordnen und „zu **form**atieren", damit Sie anschließend Ihre Mitarbeiter umfassend darüber in**form**ieren können, welche Haltungen und welches Verhalten Sie erwarten müssen, damit Ihr Unternehmen „in **Form**" kommt und bleibt. Sollten Ihnen weitere Fragen einfallen, die Ihr Unternehmen charakterisieren, dann fühlen Sie sich eingeladen, diese Liste nach Herzenslust zu ergänzen. Es ist schließlich Ihr Unternehmen, da werden Sie es besser wissen. Ich versuche nur, eine Orientierung zu geben, die Ihnen hilft, Ihr Unternehmen zu charakterisieren, zu ordnen und zu gestalten. Es ist sehr ratsam, die Ergebnisse Ihrer Überlegungen in eine Schriftform zu bringen. Sie werden merken, dass es einen großen Unterschied macht, etwas zu denken und zu fühlen oder es aufzuschreiben und auf dem Papier zu systematisieren. Ich habe dieses Buch jahrelang in meinen Gedanken „geschrieben". Eines Tages dann war ich mir ganz sicher, dass ich nun alles „im Kasten" hatte und es nur noch zügig „herunterschreiben" müsse, ein gewaltiger Irrtum! Als ich es auf Papier brachte, merkte ich, wo meine Lücken und Mängel waren. Und als ich am Ende mein Inhaltsverzeichnis aufgeschrieben hatte, wurde mir klar, dass mein Buch nicht immer einem logischen Ablauf folgte und die Textbausteine anders geordnet werden müssten. Also habe ich das Inhaltsverzeichnis logisch geordnet und danach meinen Text entsprechend neu strukturiert. Gedanken zu visualisieren, indem man sie auf Papier bringt, eröffnet einem in der Regel neue Einsichten und

Ideen. Und auch, wenn das, was Sie geschrieben haben, Sie nicht sofort zufriedenstellt, ist das kein Grund, aufzugeben. Das ist der Anfang, bleiben Sie dran. Glauben Sie dem guten alten Goethe, der im zweiten Teil seines Faust den Chor der Engel sagen ließ, dass diejenigen erlöst werden können, die sich stets strebend bemühen. Bleiben Sie also am Ball, das ist genug. Apropos genug, es gibt noch eine Frage, die Ihnen vermutlich merkwürdig erscheinen mag, die sich mir bei meiner Arbeit in den Unternehmen jedoch immer wieder stellte: **Wie außergewöhnlich soll Ihr Unternehmen sein?** Überlegen Sie gut. Wenn Sie außergewöhnlich sein wollen, brauchen Sie in der Regel auch außergewöhnliche Mitarbeiter und eine außergewöhnliche Führungskompetenz. Außergewöhnliche Mitarbeiter kann man zudem nicht gewöhnlich bezahlen. Vielleicht orientieren Sie sich also lieber auf ein solides Mittelmaß? Ich weiß, das sind merkwürdig erscheinende Überlegungen. Wer will schon ganz offiziell Mittelmaß sein? Nichtsdestotrotz sind sie wichtig. Wie oft habe ich erlebt, dass Unternehmen vor außergewöhnlichen Herausforderungen standen und dafür durchschnittlich qualifizierte Mitarbeiter einstellten, die mittelmäßig bezahlt wurden. Man war dann ernstlich überrascht, dass diese mittelmäßig bezahlten durchschnittlichen Mitarbeiter nicht in der Lage waren, die außergewöhnlichen Herausforderungen auf außergewöhnliche Weise zu meistern. Für eine mittelmäßige Bezahlung gibt es mittelmäßige Leistungen, die ein mittelmäßiges Unternehmen schaffen. Dessen sollte man sich bewusst sein. Ich sage nicht, dass das schlimm wäre. Ich sage nur, dass Sie sich dessen bewusst sein sollten. Darum die Frage: Wie außergewöhnlich oder durchschnittlich soll Ihr Unternehmen sein? Seien Sie ganz ehrlich und konsequent.

Fassen wir die einzelnen Themen zur Charakterisierung Ihres Unternehmens noch einmal zusammen:

1. *Was für eine Art Geschäft ist Ihr Unternehmen? Wie wird der Wert produziert?* Daraus ergibt sich das Verhältnis von Macht und Kontrolle versus Freiheit und Vertrauen.

2. *Welche Bedeutung hat der „Faktor Mensch"?*

Daraus ergeben sich Prioritäten und Schwerpunkte für Ihre Führungs- und Investitionspolitik.

3. *Was ist die angestrebte Größe Ihres Unternehmens?* Daraus ergibt sich, ob Ihr Unternehmen vor allem dank seiner Struktur oder Dank der Unternehmerpersönlichkeit funktioniert und welche Informations- und Kommunikationskultur angemessen ist.

4. *Wird die Leistung vornehmlich im Team erbracht oder handelt es sich vor allem um Einzelleistungen?* Daraus ergeben sich Anforderungen an die Sozialkompetenz Ihrer Mitarbeiter sowie Regeln für den internen Wettbewerb und die Art der Leistungserfassung und -kontrolle.

5. *Wie müssen Arbeitszeiten und Arbeitsort gestaltet sein?* Die Antwort auf diese Frage definiert die Anforderungen an Eigenverantwortung und Disziplin Ihrer Mitarbeiter.

6. *Welcher Führungsstil passt zu Ihrem Unternehmen?* Der richtige Führungsstil ergibt sich letztendlich aus der Natur Ihres Unternehmens, nicht aus Ihren persönlichen Präferenzen oder den Wünschen Ihrer Mitarbeiter.

7. *Welche Werte und (geschlechtsspezifischen) Prioritäten sind zu bedienen?* Die Natur Ihres Unternehmens verlangt nach bestimmten Werten und Prioritäten, die ihrerseits mit den Werten und Prioritäten Ihrer Mitarbeiter abgestimmt werden müssen.

8. *Ist der Markt Ihres Unternehmens lokal, regional, national, international oder gar global?* Daraus ergeben sich Anforderungen an die (inter-)kulturelle Kompetenz. Außerdem hat diese Frage Einfluss auf die Zentralisierung oder eventuelle Delegierung von Macht und Verantwortung infolge einer (über-)regionalen oder internationalen Organisation und Struktur Ihres Unternehmens.

9. *Wie innovativ ist Ihr Unternehmen – wie viel Veränderungsbereitschaft braucht es?* Daraus ergeben sich Anforderungen an die Veränderungs- und Lernkultur Ihres Unternehmens beziehungsweise an die Veränderungs- und Lernbereitschaft Ihrer Mitarbeiter.

Haben Sie Ihre Antworten auf die Fragen mitgeschrieben? Wissen Sie jetzt schon etwas genauer, welche „Persönlichkeit" Ihr Unternehmen hat? Und wissen Sie jetzt auch, welche Bedürfnisse Ihres Unternehmens Sie und Ihr Team bedienen müssen, damit alles gut läuft? Wie gesagt, sollten Ihnen weitere Kriterien einfallen, verlängern und verändern Sie die Liste der Fragen nach Belieben. Die hier vorgestellten Fragen sind Anregungen. Werden Sie kreativ und erfassen Sie möglichst vieles, was Ihrer Meinung nach das Wesen Ihres Unternehmens ausmacht. Je mehr Sie sich über Ihr Unternehmen bewusst machen, je leichter wird es Ihnen fallen, Ihr Unternehmen im Alltag zu managen. Sie sind im Grunde der Diener Ihres Unternehmens und sorgen dafür, dass es alles hat, was es braucht. Je klarer Sie sich darüber sind, „wer" Ihr Unternehmen ist, je einfacher wird es für Sie, seine Bedürfnisse in Regeln zu fassen, die für alle gelten. Weichen Sie diesen Fragen nicht aus, auch wenn Sie vielleicht gar nicht so richtig einsehen, warum Sie dafür Zeit aufbringen sollten. Wenn Sie der Meinung sind, dass alles auch ohne diese Fragen völlig klar ist, machen Sie die Probe aufs Exempel. Selbst, wenn Sie nur in einigen wenigen Punkten eine Überraschung erleben und etwas klarer sehen als vorher, hat sich die Mühe schon gelohnt.

Nun ist es so, dass Ordnungsprinzipien, Regeln und Anweisungen umso überzeugender wirken und umso besser einzuhalten sind, je einfacher sie daherkommen und vor allem, je weniger es sind. Das Zauberwort lautet: Vereinfachung. Das Prinzip der Vereinfachung ist überhaupt ein Schlüssel zum Erfolg. Die Antworten auf die vorangegangenen 9 Fragen mögen sehr umfangreich und komplex sein. Das ist in Ordnung. Aber Sie sollten unter dem Aspekt der Vereinfachung noch einmal darüberschauen. Nachfolgend stelle ich Ihnen einige Erkenntnisse zum Thema Vereinfachung vor, mit denen Sie die Wirkung und Handhabung Ihrer obigen Antworten verbessern können. Je höher der Grad der Einfachheit Ihres Regelwerkes beziehungsweise Ihrer Ordnung ist, je leichter wird es Ihnen und Ihren Mitarbeitern fallen, sich daran im Alltag zu halten. Und je leichter uns etwas fällt, je mehr Freude haben wir auch dabei und je bessere Ergebnisse erzielen wir. Einfachheit ist eben gerade deswegen so wunderbar und erstrebenswert, weil sie wenig Kraft und Energie braucht. Das ist ökonomisch. Ordnung und Einfachheit sind ganz allgemein Königswege zur Bewältigung Ihrer multifunktionalen Überlastung.

Die Prinzipien der Vereinfachung als Antwort auf die Bewältigung der multifunktionalen Überlastung

Wenn der Alltag sehr komplex ist und die Aufgaben sehr vielfältig sind, ist es wichtig, alles etwas zu vereinfachen, um es besser und sicherer handhaben zu können. Die Techniker und Designer machen uns das seit vielen Jahren vor. Ein iPhone beispielsweise hat gefühlte hundert Funktionen mehr, als ein Mobilfunktelefon vor 25 Jahren. Ich erinnere mich noch, wie mein damaliger Chef Anfang der 90er Jahre seinen schweren Mobilfunkkoffer mit Telefon ins Auto trug und eine lange Antenne am Dach befestigte. Außer telefonieren konnte er damit nichts weiter machen. Heute liefert uns ein kleines handliches Gerät über das reine Telefonieren hinaus mehr Funktionen, als viele Menschen überhaupt benutzen. Würde man bei dieser Entwicklung nicht radikal auf Prinzipien der Vereinfachung gesetzt haben, bräuchten wir heute womöglich ein eigenes Fahrzeug für diese gefühlten zusätzlichen 100 Funktionen. Die Prinzipien der Vereinfachung sind von Technikern und Designern intensiv analysiert und erprobt worden. Sie haben Erkenntnisse gewonnen, die auch in der Ökonomie beziehungsweise für die Unternehmensführung sehr nützlich sind. John Maeda beispielsweise, Grafik-Designer, Computer-Wissenschaftler und Professor am Massachusetts Institute of Technology (MIT) in den USA, hat Interessantes zu den Gesetzen der Vereinfachung beigetragen.[14] Ich habe seine Erkenntnisse in „meinen" Unternehmen je nach Bedarf angewendet und sie leisteten gute Dienste, wenn es um die Vereinfachung von Prozessen zur Bewältigung der multifunktionalen Überlastung ging.

Nachfolgend stelle ich einige wichtige Aussagen von John Maeda zu diesem Thema vor. Ich konzentriere mich dabei auf die Punkte, die sich in meiner Arbeit mit den Unternehmen besonders bewährt haben. Im Wesentlichen umfasst der Prozess der Vereinfachung frei nach John Maeda folgende Bestandteile:

Reduzieren: Der einfachste Weg zu Einfachheit ist die gut überlegte Reduktion.
Organisieren: Organisation bewirkt, dass viel weniger erscheint.
Zeit: Jede Zeitersparnis wirkt wie eine Vereinfachung.
Kraft: Investiere weniger, erreiche mehr – Lob der Faulheit.
Offenheit: Offenheit vereinfacht Komplexität.
Lernen: Wissen macht alles einfacher.
Vertrauen: Vertrauen vereinfacht und man kann Einfachheit vertrauen.
Distanz: Viel erscheint weniger, wenn man es aus der „Ferne" betrachtet.
Scheitern: Wenn ich scheitern darf, fällt mir die Entscheidung leichter.

Vielleicht sprechen diese Punkte ja schon für sich und Sie brauchen keine weiteren Erläuterungen. Für den Fall, dass es nicht so ist, möchte ich kurz auf die einzelnen Punkte eingehen.

Reduzieren: Der einfachste Weg, Einfachheit zu erreichen, ist die gut überlegte Reduktion.
Um gut zu reduzieren, ist es wichtig, Prioritäten zu setzen. Was ist wichtig? Was ist weniger wichtig? Der amerikanische Großinvestor Warren Buffett soll einmal gesagt haben: *Wenn Sie jemanden einstellen möchten, dann achten Sie auf drei Qualitäten: Integrität, Intelligenz und Energie. Aber die wichtigste Qualität ist Integrität. Denn wenn jemand die nicht aufweist, wird er seine Intelligenz und Energie einsetzen, um Sie fertig zu machen.* Ob er es wirklich so gesagt hat, weiß ich nicht. Dieser Spruch geistert durchs Internet. Er wäre aber auf jeden Fall ein gutes Beispiel für eine Vereinfachung durch Reduzierung und Prioritätensetzung. Erwartungen an einen Mitarbeiter werden auf das Wesentlichste reduziert. Ihre Antworten auf die Fragen zur Charakterisierung Ihres Unternehmens können Sie ebenfalls dadurch vereinfachen, dass Sie sie auf das wirklich Wichtige reduzieren. Lesen Sie diese noch einmal durch. Was sind die wesentlichen, weil lebenswichtigen Eigenschaften Ihres Unternehmens? Im Umgang mit Menschen sind wir mit dem Vereinfachen (leider) sehr schnell. Da können wir eine komplexe Persönlichkeit mit wenigen Worten charakterisieren. Tun Sie doch ein-

mal das Gleiche mit Ihrem Unternehmen. Charakterisieren Sie die Persönlichkeit Ihres Unternehmens mit drei Worten.

Das Problem beim Auswählen und Prioritätensetzen ist im Allgemeinen, dass jede Entscheidung ihren Preis hat. Denn jede Entscheidung **für etwas** ist immer auch eine Entscheidung **gegen etwas**. Wenn ich durch einen Supermarkt gehe und mir all die leckeren Sachen anschaue, muss ich mich entscheiden, für etwas und gegen etwas. Manchmal vereinfacht es Ihr Leben als Unternehmer schon ganz erheblich, wenn Sie auf all die Haltungen oder Eigenschaften verzichten, die Ihnen das Leben unnötig schwer machen. Die folgenden Eigenschaften und Haltungen machen Ihr Leben definitiv unnötig kompliziert, sie wirken wie eine Eisenkugel am Bein, es sind Störfaktoren:

- Perfektionismus
- Ängste und unbestätigte Befürchtungen
- Widerstände und innere Empörung
- Lernverweigerung
- Ego und Eitelkeit

Wenn einige Ihrer Antworten auf die vorigen 9 Fragen etwas mit diesen fünf „Eisenkugeln am Bein" zu tun haben, dürfen Sie davon ausgehen, dass Sie diese lieber streichen sollten.
Woran merken Sie, ob die Vereinfachung gelungen ist oder nicht? Wenn Sie es geschafft haben, Prozesse oder Aufgaben ohne nennenswerte Einbußen für das Funktionieren Ihres Unternehmens zu reduzieren, dann ist die Vereinfachung gelungen. An dieser Stelle würde ich gerne etwas über den sogenannten Perfektionismus zu bedenken geben. Man spricht darüber in der Regel auf eine Weise, als würde es sich dabei um ein Verhalten handeln, das etwas mit zwanghafter Übertreibung zu tun hat, weswegen es die „davon befallenen" Menschen immer wieder in stressige Situationen bringt. Tatsächlich ist das eine Seite des Perfektionismus. Und genau dieses Verständnis davon ist gemeint, wenn ich Perfektionismus als einen Faktor bezeichne, der das Leben und die Prozesse in Ihrem Unternehmen unnötig kompliziert macht,

weil der perfektionistische Mensch auf diese Weise ständig mehr Kraft verbraucht, als nötig. Unter anderem deswegen sind perfektionistische Menschen häufig sehr burnoutgefährdet. Allerdings haben mich meine Beobachtungen über die Jahre gezwungen, etwas gründlicher über dieses Thema nachzudenken. Ich bin schließlich zu der Erkenntnis gelangt, dass der Drang nach Perfektion nicht automatisch etwas mit erschöpfendem Perfektionismus zu tun haben muss. Mir sind einfach zu viele Menschen begegnet, die aus großer Begeisterung für eine Sache ständig bestrebt waren, eben diese Sache so perfekt wie nur möglich zu machen, und die dabei nicht nur nicht gestresst wirkten, sondern auch meilenweit von einem Burnout entfernt waren. Mir scheint, hier sollte man das gute alte Sprichwort heranziehen, das da lautet: Wenn zwei das Gleiche tun, ist das noch lange nicht dasselbe. Der entscheidende Unterschied besteht offenbar in dem dahinterliegenden Motiv. Ist das Motiv Begeisterung für ein Thema oder eine Sache, so treibt eben diese Begeisterung einen Menschen an, das Beste aus sich herauszuholen. Es macht ihm ja großen Spaß und verschafft ihm eine beglückende Befriedigung, sich mit diesem Thema zu beschäftigen. Schauen wir uns große Künstler an. Hatten Mozart, Vivaldi oder Tschaikowski etwa ein Burnout als sie ihre wunderbare Musik komponierten, die uns noch heute einfach perfekt anmutet? Oder nehmen wir große Maler wie Picasso, Rembrandt oder andere. Ihre Werke sind nur als perfekt zu bezeichnen. Diese Künstler hatten auch einen immensen Antrieb, vollkommene Kunstwerke zu schaffen. Sie waren begeistert und konnten nicht anders. Die gleiche Dynamik habe ich immer wieder bei Menschen in der Wirtschaft beobachtet. Natürlich waren sie mitunter erschöpft, aber das ist nicht gleichbedeutend mit einem Burnout. Wenn man sich voller Begeisterung für eine Sache engagiert, hat man fast automatisch die Phantasie, sich vorzustellen, was alles möglich ist. Und man findet nicht eher seine Ruhe, bis das Mögliche Realität geworden ist. Das ist eine Art von „Perfektionismus", die gut tut. Doch dann gibt es noch die andere Art. Sie ist von einem anderen Motiv getrieben. Das Motiv dahinter ist Unsicherheit und mangelndes Selbstbewusstsein. Man möchte perfekt sein und keine Fehler machen, weil man fürchtet, andernfalls abgelehnt oder mit unerträglichen Konsequenzen „bestraft" zu werden. Man hat im Grunde eine so unsichere Meinung über sich und eine so fragile Selbstachtung, dass man sich nicht vorstellen kann, ein wertvoller Mensch zu sein, wenn man schwach und „fehlerhaft" ist. Vielleicht befürchtet man auch, die Kontrolle zu verlieren, wenn man nicht perfekt ist, und dass sich das Leben dann gegen einen wendet. Man könnte auch sagen, dieser Perfektionismus ist einfach eine sehr große Unsicherheit, die zu dem Bestreben führt, über Makellosigkeit Sicherheit zu gewinnen.

Der Drang nach Perfektion, hinter dem Begeisterung und eine große Phantasie für das Vollkommene stehen, führt nach meinen Beobachtungen nicht zum Burnout, sondern zu großartigen Leistungen und einer großen Lebenszufriedenheit. Die eigene Batterie wird von der Begeisterung immer wieder aufgeladen. Der Drang nach Perfektion, hinter der Angst vor Ablehnung und Kontrollverlust stehen, produziert hingegen einen großen Stress, der mit der Zeit die Batterie leerzieht. Natürlich können sich diese beiden Dynamiken auch vermischen. Dann ist es an der Zeit, in seinem Inneren diesbezüglich Ordnung zu schaffen und säuberlich zu unterscheiden. Wenn Sie sich also dabei ertappen, dass Sie das, was Sie tun, unbedingt perfekt machen wollen, dann fragen Sie sich kurz, welches Motiv Sie antreibt. Ist es Begeisterung für das, was Sie da gerade tun? Oder ist es die Angst vor Kontroll- und Gesichtsverlust? Das macht einen großen Unterschied. Der Drang nach Perfektionismus, hinter dem Angst vor Kontrolle und Gesichtsverlust stehen, führt übrigens auch sehr oft zu einer gewissen Lernverweigerung. Jedes Angebot, etwas Neues zu lernen, wird von dieser Art Perfektionisten als Kritik und Verunsicherung missverstanden. Man lehnt diese vermeintliche Kritik und Verunsicherung ab, indem man das Lernangebot ablehnt. Außerdem birgt alles Neue von Natur aus das Risiko in sich, dass man erst einmal Fehler macht. Aus diesen Gründen das Neue abzulehnen, macht das Leben sehr kompliziert. Leben ist Veränderung. Entweder wir verändern uns mit oder das Leben drängt uns an den Rand. Machen Sie sich das Leben einfach: Investieren Sie keine Kraft in den Widerstand gegen das Neue oder in die Angst vor Gesichtsverlust.

✂ **Organisieren:** Organisation bewirkt, dass viel weniger erscheint.
Eine gute Organisation bedeutet, dass Prozesse sowie insgesamt die Arbeit wohldurchdacht sind. Man läuft nicht einfach los und schaut, was passiert, sondern man durchdenkt Abläufe, bevor man losläuft. Das geistige Vorwegnehmen von Prozessen reduziert das Risiko von unangenehmen Überraschungen. Gute Organisation heißt auch, dass man ordnet beziehungsweise eine Ordnung schafft. Eine Ordnung reduziert den Orientierungsaufwand und verhilft uns schnell zur nötigen Klarheit. Nachfolgend finden Sie zwei Darstellungen der gleichen Begriffe. Bei welcher Darstellung fällt es Ihnen leichter, die Begriffe und ihren Zusammenhang zu erfassen?

1

Fuchs See Lilie Bär Baum Nil Rose
Sambesi Ente Kaktus Primel Bach Strauch Schaf
Wolf Ulme Orinoko Fisch
Gras Donau Ochse Geranie Fluss
Giraffe Aralsee Liane Schwein Orchidee
Hund Wolga Krokodil
Meer Kastanie Eisbär Huhn

2

Tiere,	Pflanzen	Gewässer
Fuchs, Bär, Ente, Fisch, Wolf, Schaf, Huhn, Ochse, Giraffe, Schwein, Hund, Krokodil, Eisbär	Lilie, Baum, Rose, Kaktus, Strauch, Ulme, Primel, Gras, Geranie, Liane, Kastanie, Orchidee,	See, Nil, Bach, Orinoko, Donau, Fluss, Aralsee, Wolga, Sambesi, Meer

Nach allen Regeln der Wahrnehmung dürfte es Ihnen bei der zweiten Darstellung leichter fallen zu erfassen, worum es geht. Hier wurde ein Ordnungsprinzip eingeführt, das die Begriffe nach drei Kategorien unterscheidet und zusammenfasst. Das Beispiel zeigt, Ordnung vereinfacht den Umgang mit Vielfalt. Ordnung zu schaffen, heißt, Prinzipien zu definieren, nach denen Sie ordnen wollen. Im Beispiel wurde nach Tieren, Pflanzen und Gewässern geordnet. Sie könnten im Unternehmensalltag Ihre Aufgaben beispielsweise nach folgenden Themen ordnen:

- Wichtigkeit
- Arbeitsaufwand / Effizienz
- Aufteilung in Komponenten / Klassifizierung
- Profitabilität
- Ursache und Wirkung

Es steht Ihnen völlig frei, sich für ein bestimmtes Ordnungsprinzip zu entscheiden. Wenn es beispielsweise darum geht, mit welcher der vielen Aufgaben Sie früh Ihren Tag beginnen, dann könnte es hilfreich sein, Ihre Seele ein bisschen zu „streicheln", indem Sie mit dem beginnen, was Ihnen am schnellsten ein Erfolgserlebnis verschafft. Das motiviert für die nächste Aufgabe. Oder erledigen Sie das zuerst, was am schnellsten erledigt werden kann. Dadurch reduziert sich zügig die Zahl der noch zu erledigenden Aufgaben. Auch das wirkt wie eine Vereinfachung, weil Sie bald das Gefühl bekommen, Ihre Arbeit gut schaffen zu können. Reduzieren und Ordnen arbeiten übrigens Hand in Hand: Je erfolgreicher Sie reduziert haben, desto effizienter ordnen und organisieren Sie. Bezogen auf die vorgestellten 9 Fragen heißt das, sich zu fragen, was entsprechend des Charakters Ihres Unternehmens das zentrale Ordnungsprinzip sein könnte und sollte, an das sich alle zu halten haben und das eine Art Richtschnur für Ihre Entscheidungen sein kann. Der entscheidende Weg, eine Ordnung zu gewährleisten, ist übrigens die gute alte Disziplin. Sie ist ein bisschen in Verruf geraten und wird nicht selten vom Gefühl her mit etwas assoziiert, das irgendwie an Diktatur erinnert. Das ist aber ungerecht. Es gibt keine Ordnung ohne Disziplin. Disziplin heißt ja gerade, sich an eine Ordnung zu halten. Es mag sein, dass die Logik und Angemessenheit einer vorgegebenen Ordnung nicht überzeugt und man deswegen wenig Lust auf Disziplin hat. Aber das ist dann nicht die Schuld der Disziplin, sondern der Ordnung um die es geht. Verlangen Sie von sich und Ihren Mitarbeitern unbedingt Disziplin, ansonsten ist Ordnung nicht einzuhalten. Aber wenn Sie merken, dass Disziplin in einem bestimmten Punkt allgemein sehr schwer fällt, ist es eventuell an der Zeit, die Logik und Plausibilität der Ordnung, die Sie einfordern, noch einmal zu überdenken. Diskutieren Sie gerne auch mit Ihren Mitarbeitern über eine angemessene Ordnung, die für alle gelten kann.

✂ **Zeit:** Jede Zeitersparnis wirkt wie eine Vereinfachung.
Ein Zeichen dafür, dass Sie gut vereinfacht haben, ist, dass Sie Zeit einsparen. Allerdings sollte Ihre persönliche Zeitersparnis nicht einen höheren Zeitaufwand für Ihre Mitarbeiter oder Kunden bewirken. Dann war es kein Erfolg. Wenn Sie für Ihre Mitarbeiter oder Kunden Zeit einsparen, Ihr eigener Zeitaufwand jedoch konstant bleibt, war die Vereinfachung dennoch ein Erfolg. Wenn die Zeiteinsparung nur für Sie spürbar ist und gleichzeitig anderen keinen höheren Zeitaufwand bringt, ist sie in Ordnung. Wenn Sie aber Zeiteinsparung nicht nur für sich, sondern auch für andere bewirken, ist das perfekt. Der Kern der Vereinfachung ist Wohlgefühl. Wenn sich Menschen durch eine Maßnahme der Vereinfachung wohler fühlen, ist das Dienstleistung auf höchster Stufe. Jede Zeiteinsparung wirkt wie eine Vereinfachung und jede Vereinfachung muss zu einer Zeiteinsparung und damit zu Wohlgefühl führen. Übrigens: Nichts lässt uns Dinge schneller kompliziert erscheinen, als wenn wir warten müssen. Wenn Sie gezwungen sind, zu warten, fühlen sich die Dinge komplex und kompliziert an. Daher sind im Geschäftsleben folgende Fragen immer wichtig:

- Wie kann ich die Wartezeit (für mich und andere) verkürzen?
- Wie kann ich das Warten akzeptabler/erträglicher machen?

Computer-Experten haben in den letzten Jahren kontinuierlich versucht, Prozesse zu beschleunigen, damit wir nicht am Computer sitzen und warten müssen. Wir sind sonst ungeduldig und schalten schnell weg. Wir sind aber nicht erst mit den Computern ungeduldig geworden. Warten mochten wir auch schon früher nicht. Auch, wenn man es bei roter Ampel kaum schafft, einen Satz in der Zeitung auf dem Beifahrersitz zu lesen, erscheint uns die Rotphase immer zu lang. Wenn wir gezwungen sind, zu warten, haben wir das Gefühl, die Dinge sind umständlicher als nötig. Die Computerdesigner haben übrigens aus genau diesem Grund Wartezeitangaben „eingebaut". Uns wird damit ständig gesagt, wie lange es noch dauert, bis zum Beispiel eine Software heruntergeladen ist. Das gibt uns das Gefühl, die Dinge unter Kontrolle zu haben. So wird das Warten erträglicher. Außerdem haben wir die Gewissheit, dass etwas passiert und vor allem, dass etwas in unserem Sinne passiert. Auf die Unternehmensführung übertragen heißt dies: Wenn Ihre Mitarbeiter oder Kunden warten müssen, geben Sie ihnen zumindest Zwischeninformationen darüber, wie der Stand der Dinge ist. Wie lange dauert es noch und warum? Was tun Sie gerade und wie viel Zeit brauchen Sie noch? Menschen möchten wissen, wo sie stehen und was wann auf sie zukommt. Wenn Sie ihnen diese Informationen nicht geben, laufen Sie Gefahr, ihre Bereitschaft zu verlieren, bei der Stange zu bleiben. Wenn Sie also Regeln für Ihre Informationspolitik aufstellen, vergessen Sie bitte nicht, zu bestimmen, wie lange man in Ihrem Unternehmen maximal warten muss, um die gewünschte Antwort zu erhalten. Und wenn Sie dazu länger brauchen, als vereinbart, dann geben Sie eine Zwischeninformation, mit der Sie kurz erläutern, weshalb es zu einer Verzögerung kommt. Halten Sie Menschen nicht hin und lassen Sie andere nicht einfach warten. Seien Sie zuverlässig und berechenbar und tun Sie, was Sie ankündigen. Gestalten Sie Wartezeiten angenehm. Wenn Sie eine Veränderung im Unternehmen ankündigen, dann stellen Sie auch den dazu passenden Zeitplan vor, damit jeder weiß, was wann passiert und was dabei von ihm verlangt wird. Wenn es Verzögerungen gibt, machen Sie diese zum Thema und definieren Sie Schritte, wie die Verzögerungen so gering wie möglich gehalten werden können. Denken Sie auch daran, dass die Zeit Ihrer Mitarbeiter in aller Regel bezahlte Zeit ist, gehen Sie schon aus diesem Grund sparsam damit um. Vereinfachen Sie sich die Arbeit wo Sie können. Aber tun Sie das bitte nicht auf Kosten der Zeit Ihrer Mitarbeiter oder Kunden.

Was die Komplikationen durch Zeitdruck und Stress infolge von „zu wenig Zeit" anbetrifft, würde ein Einstellungswandel vielleicht die Dinge erleichtern. Man nennt dies auch „Reframing", nach dem englischen Wort „frame", was so viel wie „Rahmen" heißt. Man weiß, dass ein Bild in einem anderen Rahmen (reframe) auch anders wirken kann. Entsprechend dieser Analogie hat man entdeckt, dass uns ungeliebte Dinge angenehmer erscheinen, wenn sie in einem schönen oder besseren Rahmen daherkommen. Dies heißt im Grunde nichts anderes, als dass man unangenehme Dinge in ein besseres Licht rückt und sie so für sich erträglicher macht. Was den Zeitdruck angeht, so könnte man ihn auch als etwas Positives ansehen, da er durchaus geeignet ist, Kreativität und Innovation zu befördern. Angeblich sind wir selten so effektiv, wie am letzten Arbeitstag vor dem Urlaub. Ganz einfach, weil wir den Zeitdruck nutzen, uns auf die wirklich wichtigen Dinge zu konzentrieren und diese so geradlinig und damit effizient wie möglich zu klären. Auf diese Weise schaffen wir mehr. Die Dinge in einem anderen Licht zu betrachten, kann auch für den nächsten Punkt hilfreich sein. Nehmen wir das Warten. Wenn Sie beispielsweise Ihren Mitarbeitern Wartezeiten durch Verzögerungen zumuten müssen, dann liefern Sie bitte Erklärungen, warum das auch Vorteile hat und welche. Es ist durchaus überzeugend, zu sagen: *Ich musste den Zeitplan etwas ändern, weil ich bemerkt habe, dass eine bestimmte Überlegung, von der ich mich anfangs habe leiten lassen, uns doch nicht auf dem besten Weg zum Ziel führt. Weil ich weder Ihre noch meine Energie für etwas verschleudern möchte, das nicht das gewünschte Ergebnis bringt, habe ich eine kurze Unterbrechung beschlossen, die es uns ermöglicht, noch einmal andere Varianten zu bedenken. Ich halte Sie über den Prozess auf dem Laufenden. Seien Sie versichert, dass ich versuchen werde, zügig zu einem Ergebnis zu kommen. Für Ihr bisheriges Engagement in dieser Sache bedanke ich mich. Sollten auch Sie zum jetzigen Zeitpunkt noch Ide-*

en einbringen wollen, so ist diese Unterbrechung eine gute Gelegenheit dafür. Ich nehme Ihre Vorschläge sehr gerne entgegen, vereinbaren Sie bitte mit mir einen Termin, wenn Sie mich in dieser Sache sprechen wollen. E-Mails beantworte ich innerhalb von 24 Stunden.

Ich kenne keinen Mitarbeiter, der auf so eine Erklärung nicht verständnisvoll reagieren würde. Das Gleiche gilt für den Umgang mit Ihren Kunden. Lassen Sie sie nicht einfach warten. Sie enttäuschen sie ja nicht aus Boshaftigkeit, sondern weil eben etwas nicht so läuft, wie Sie das erwartet und geplant hatten. Das kann ja passieren. Es ist Ihnen vielleicht peinlich, jemanden zu enttäuschen. Oder Sie scheuen eine empörte Reaktion des Kunden, wenn Sie ihm mitteilen, dass es zu Verzögerungen kommt. Es kann tatsächlich sein, dass der Kunde ungehalten reagiert. Aber zumindest erfährt er, dass Sie sich dennoch ehrlich und verantwortungsbewusst verhalten und sich um ihn und sein Wohl Gedanken machen. Das ist für die Vertrauensbasis auf jeden Fall besser, als den Kunden schweigend hinzuhalten. Begründen und gestalten Sie also Wartezeiten für Ihre Mitarbeiter und Kunden. Der sparsame und verantwortungsvolle Umgang mit der eigenen Zeit und vor allem der Zeit der Anderen, ist eines der zentralen Prinzipien für vereinfachendes und damit gutes Management.

- **Kraft:** Investiere weniger, erreiche mehr – Lob der Faulheit.

Das zentrale Prinzip der Ökonomie lautet: Tue weniger und erreiche mehr. Ein anderes Prinzip der Ökonomie ist: Nie so gut wie möglich, immer nur so gut wie nötig. Diese beiden ökonomischen Prinzipien arbeiten Hand in Hand, um Ihr Unternehmerdasein zu vereinfachen. Jedes „Mehr" kostet Kraft, Zeit und Geld. Doch, wenn es nicht gefragt war, wird es auch nicht bezahlt. Dann ist das „Mehr" betriebswirtschaftlich gesehen nicht nötig, sondern ein Verlust. Die Frage ist natürlich, was nötig ist und was nicht? Das festzulegen, darin besteht die unternehmerische Kunst. Man könnte einwenden, dass man für seine Kunden immer nur das Beste anbieten sollte. Darauf kann ich nur antworten: Wenn die Kunden bereit sind, für das Beste auch beste Preise zu zahlen, dann sehr gern. Andernfalls treiben Ihre Kunden Sie in den Ruin. Das ist definitiv nicht nötig. Daher lieber dem Nötigen folgen, nicht dem Perfekten. Das Nötige wirklich sehr gut zu bedienen, ist im ökonomischen Sinne ein angemessenes Verständnis von Perfektion.

Ich habe oft Beschwerden darüber gehört, dass Mitarbeiter einfach nur ihre Arbeit und nicht einen Handschlag mehr machen würden. Das verstand man in der Regel als Beweis dafür, dass die Betreffenden nicht wirklich an der Arbeit interessiert seien. Möglicherweise trifft diese Interpretation zu, möglicherweise aber auch nicht. An dieser Stelle könnte es weiterhelfen, die Dinge aus einer anderen Perspektive zu betrachten. Faulheit ist nicht durchweg eine negative menschliche Eigenschaft. Mitunter wird gesagt, dass die besten Mathematiker einfach nur zu faul zum Rechnen waren. Sie haben ihre genialen Formeln entwickelt, um sich das Rechnen zu sparen oder zumindest, um es drastisch zu vereinfachen. Und schließlich: Wenn wir Menschen nicht (auch) zu faul zum Laufen wären, hätten wir nie das Fahrrad, das Auto, den Bus oder die Straßenbahn erfunden. Faulheit und Bequemlichkeit waren stets einer der entscheidenden Motoren für Erfindungen, die zu einer großen Vereinfachung unseres Lebens geführt haben. Faulheit ist auch ein üblicher und oft gut funktionierender Weg, sich generell das Leben einfach zu machen. Das Problem ist nur, dass man damit manchmal einem anderen Menschen das Leben schwerer macht. Wenn Sie also der Meinung sind, dass die tatsächliche oder vermeintliche Faulheit eines Mitarbeiters jemand anderem das Leben schwerer macht, dann kritisieren Sie nicht die Faulheit, sondern laden Sie alle Seiten ein, gemeinsam darüber nachzudenken, wie wir alle unser Leben vereinfachen können und dennoch die gesteckten Ziele erreichen. Das nennt man dann Effizienzsteigerung. Übrigens, das, was für Außenstehende als faul erscheint, könnte auch ein hilfloser Versuch sein, einer Überlastung etwas entgegenzusetzen. Faulheit ist durchaus eine funktionierende Methode, sich vor einem drohenden Burnout zu schützen. Wenn Sie also Mitarbeiter haben, die Ihnen auf einmal faul erscheinen, obwohl sie das früher gar nicht waren, kann es durchaus Sinn machen, zu fragen, ob diese Mitarbeiter damit etwas für ihre angeschlagene Gesundheit tun möchten. Wenn dem so wäre, wissen Sie auf jeden Fall, was das eigentliche Thema ist über das man reden sollte. Das Problem ist dann nicht die Faulheit, sondern der dahinterliegende Sinn. Erinnern Sie sich? Verhalten macht Sinn. Hier haben Sie ein Thema, bei dem diese Haltung selbst Sinn macht. Vielleicht können Ihnen die vermeintlich oder tatsächlich Faulen interessante Ideen zur Gesundheitsprävention und Stressprophylaxe liefern, von denen das gesamte Unternehmen profitieren könnte? Nach meiner Erfahrung in den Unternehmen sind es übrigens gar nicht immer und nicht vorrangig die Arbeitsprozesse und realen Probleme, die den größten Stress auslösen. Wie wir über die Probleme denken, was wir generell für richtig oder falsch halten, entscheidet viel öfter als allgemein angenommen darüber, wie viel Kraft wir in Widerstände und Empörung investieren und wie viel Kraft in die Bewältigung der realen Anforderungen. Tatsächlich hatte ich oft den Eindruck, dass die Art und Weise, wie man gedanklich und emotional mit bestimmten Herausforderungen umgegangen ist, den größten Teil der Kraft verbrauchte und den größten Stress auslöste. Die Empfehlung lautet daher: Investieren Sie Ihre Kraft in Effizienz, nicht in die Empörung über vermeintliche oder tatsächliche Faulheit. Es geht nicht darum, dass niemand faul ist, sondern dass alle ihre Arbeit erledigen und sich dabei wohl fühlen. Wenn dies dank der „Faulheit" mit minimalem Aufwand erreicht werden kann, so sei der (vermeintlichen) Faulheit Dank gesagt. Als ich Studentin in Berlin war, habe ich in den Sommerferien in einem Gartenbaubetrieb gearbeitet, der die Aufgabe hatte, Neubauviertel zu begrünen. Man ärgerte sich darüber, dass die Bewohner der neuen Viertel immer wieder über die gerade angelegten Rabatten und Rasen „latschten" und alles kaputt machten, sodass man es immer und immer wieder neu bepflanzen musste. Eines Tages kam die Chefin des Gartenbaubetriebes auf die geniale Idee, die grundsätzliche Aufteilung der Flächen den Anwohnern zu überlassen. Es wurde lediglich die neue Muttererde angefahren und glattgeharkt. Dann ließ man diese freien Flächen unbepflanzt liegen und schaute erst nach Wochen, wo die Anwohner ihre Wege „getrampelt" hatten. Man bepflanzte dann die Flächen entsprechend der von den Anwohnern geschaffenen Trampelpfade und, welch ein Wunder, es wurden keine Rasen und keine Pflanzen mehr zerstört. Dieses Beispiel lehrt uns: Kämpfen Sie nicht gegen die Bequemlichkeit von Menschen an, nutzen Sie diese lieber, um Ihre Effizienz zu steigern und einfacher ans Ziel zu kommen.

✄ **Offenheit:** Offenheit vereinfacht Komplexität.
Als Jeffrey „Jeff" Preston Bezos, der Mitbegründer von Amazon, seinerzeit beschloss, dass die Kunden von Amazon die Bücher auf der Website des Online-Händlers offen und für alle lesbar auch kritisch bewerten durften, war das eine Offenheit, die auf den ersten Blick gegen die Regeln erfolgreichen Marketings verstieß. Wer möchte schon, dass seine Angebote offen kritisiert werden? Tatsächlich lag und liegt gerade in der konsequenten Offenheit ein Schlüssel zu dem großen Erfolg von Amazon, ohne dass sie zusätzlich sehr viel für sich werben müssten. Nichts vereinfacht (Geschäfts-)Beziehungen so sehr, wie Vertrauen als Ergebnis von Offenheit. Es mag Risiken auf kurze Sicht geben, auf lange Sicht aber erreichen wir stabile und berechenbare Personensysteme, die gut miteinander arbeiten. Offenheit schafft Vertrauen. Und Vertrauen schafft Effizienz. Deshalb sind Anstand und Fairness in der Wirtschaft, man könnte auch sagen ethisches Verhalten, kein „Nice-to-have-Thema" für eine Sonntagmorgen-Predigt in der Kirche, sondern elementarer Garant einer hohen Effizienz unserer Wirtschaft. Fehlt diese Ethik, macht das eine Wirtschaft unnötig kompliziert und damit ineffizient, weil es den wichtigsten Schmierstoff außer Kraft setzt: Das Vertrauen. Darauf kommen wir noch einmal zurück. Es gibt noch weitere Vorteile durch Offenheit. Eine kleine Auswahl möchte ich an dieser Stelle hervorheben:

- Durch Offenheit erreiche ich, dass viele Ideen und Sichtweisen diskutiert werden und die einfachsten und besten Lösungen sich herauskristallisieren können.
- Wenn ich für die Ideen und den Beitrag der anderen offen bin, muss ich selber weniger Ressourcen aktivieren. Ich spare an Kraft und das vereinfacht die Situation für mich und auch für die anderen.

- Wenn ich für andere Sichtweisen offen bin, ermuntert dies die anderen, ohne Umwege zu sagen, was sie bewegt. Man bringt die Dinge schneller auf den Punkt. Dies führt zu Zeit- und Kraftersparnis, beides vereinfacht die Dinge.

Sie als Unternehmer können sich das Leben auch dadurch leichter machen, dass Sie bestimmte Aufgaben und Verantwortlichkeiten delegieren. Delegieren braucht neben klaren und verständlichen Ansagen Offenheit und Vertrauen. Delegieren bewirkt, dass ich die Komplexität meiner Aufgaben reduziere und mich auf das konzentriere, was wirklich nur ich tun kann und sollte. Aber ich muss mich für die Ideen und Lösungen anderer offen halten. Wenn ich glaube, nur ich könnte alles richtig machen, erhöhe ich dadurch die Komplexität meiner Arbeit und erschwere mir das Leben. Die Fähigkeit zu bestimmen, wann man sich selber kümmern sollte und wann man vertrauensvoll delegiert, ist das Herzstück eines effizienten und damit vereinfachten Führungsstils. Schauen Sie sich Ihre Antworten auf die 9 Fragen an. Welche Antwort braucht welche Offenheit? Je klarer Sie Ihr Ziel, Ihren Weg und Ihre Spielregeln definiert haben, je eher führt Sie eine offene Kommunikation zum Erfolg. Natürlich meint Offenheit auch, für die Gedanken und Vorschläge anderer offen zu sein. Nichts macht das Leben einfacher, als von anderen zu lernen.

Ein ganz wichtiger Punkt ist auch Ihre Offenheit in der Selbstdarstellung. Eine Geschäftsführerin sagte mir einmal, sie möchte nicht, dass ihre Leute wüssten, wer sie sei. Das ist natürlich ihr gutes Recht. Aber mit dieser Haltung wird es ihr nur äußerst schwer gelingen, eine Vertrauensbasis im Unternehmen zu schaffen. Tatsächlich hatte sie mit einer sehr hohen Fluktuation zu kämpfen. Wenn ich nicht weiß, wen ich wirklich als Vorgesetzten habe, weiß ich nicht, was mir in diesem Unternehmen alles passieren wird. Also bin ich selbst nicht offen und kooperativ, sondern ständig auf der Hut. Das kostet nicht nur Kraft, es belastet mein Wohlbefinden und ist nicht wirklich hilfreich bei der Bewältigung der Herausforderungen. In der Regel haben es Menschen eben gern, wenn sie in einer so existenziellen Frage wie der Arbeit wissen, woran sie sind. Ein geheimnisvoller Mister X als Chef kann dieses Bedürfnis weniger gut befriedigen. Seien Sie selbst also auch offen und vor allem berechenbar für Ihre Teams. Ordnung und Offenheit machen Ihnen und Ihren Mitarbietern das Leben leichter. Durch Ordnung und Offenheit werden Sie aber auch berechenbar. Und das erleichtert nicht nur Ihren Mitarbeitern den Umgang mit Ihnen. Es erleichtert auch Ihren Kunden, die Brücke zu Ihnen zu überqueren. Denn die „Dreifaltigkeit" aus Ordnung, Offenheit und Berechenbarkeit schafft Vertrauen wie kaum etwas anderes. Und letztendlich gewinnt und bindet man Kunden über Vertrauen. Ein gutes Produkt oder eine gute Dienstleistung sind wichtig für Ihre Kunden. Doch ohne Vertrauen in Sie als Anbieter, wird es sich ein Kunde zweimal überlegen, ob er sich für Sie entscheidet. Ürigens, die besagte Chefin aus dem genannten Beispiel hatte eigentlich nur etwas missverstanden. Sie musste sich weniger als privater Menschen zeigen, sondern vielmehr als klar definierter und berechenbarer Chef. Und damit wären wir wieder bei der obigen „Dreifaltigkeit".

✕ Lernen: Wissen macht alles einfacher.

Dass ich ein Problem einfacher lösen kann, wenn ich weiß wie es geht, liegt auf der Hand. Tatsächlich ist Nichtwissen ein Faktor, der das Leben erschwert. Diese Tatsache ist so einleuchtend, dass sie eigentlich keine weiteren Argumente bräuchte, eigentlich. Dennoch erlebe ich immer wieder Unternehmer, die völlig überarbeitet sind und unter der Last Ihrer Aufgaben stöhnen. Wenn ich Ihnen aber rate, Ihr Wissen und Können in puncto Unternehmensführung zu verbessern, winken sie ab. Sie sind sich absolut sicher, dass es für sie nichts zu lernen gibt und dass sie ohnehin keine Zeit dafür hätten. Diese Einstellung sorgt dafür, dass ihr Leben auch weiterhin kompliziert statt einfach ist. Ganz allgemein wird in vielen kleinen und mittleren Unternehmen an Lernprozessen gespart. Man meint nicht selten, das Geld für teure Weiterbildung nicht zu haben. Das mag sogar stimmen. Doch auch ohne extra Geld kann und sollte man ständig darauf achten, wie man sein Wissen weiterentwickelt. Das muss nicht immer Geld kosten. Dazu folgende Anregungen:

- Lassen Sie nicht zu, dass Mitarbeiter ihr Wissen anderen Kollegen vorenthalten. Sorgen Sie für eine kollegiale Lernkultur, in der alle ihr Wissen freimütig an Kollegen weitergeben.
- Organisieren Sie regelmäßigen Erfahrungsaustausch, bei dem jeder erzählt, was er in letzter Zeit ausprobiert hat und mit welchem Ergebnis.
- Wenn Sie in die Weiterbildung von Mitarbeitern investieren, sorgen Sie dafür, dass diese ihren Kollegen darüber berichten, was sie gelernt haben, damit möglichst alle partizipieren können und sich dadurch die Investition maximal rentiert.
- Man darf sich irren. Diese Position erleichtert das Lernen ungemein. Denn Fehler zu machen und sie auszuwerten, ist eine durchaus respektable Art zu lernen. Ermuntern Sie Ihre Mitarbeiter, auch über ihre Fehler und Irrtümer zu berichten. Davon können alle lernen. Machen Sie klar, dass Sie es schätzen, wenn jemand über seine Fehler offen berichtet. Gehen Sie gern mit gutem Beispiel voran.
- Vielleicht haben Sie nicht das Geld, Ihre Mitarbeiter zu Weiterbildungskursen zu schicken. Wer sagt Ihnen aber, dass Ihre Mitarbeiter nicht bereit wären, selbst dafür aufzukommen und sich schon freuen würden, wenn Sie von Ihnen dafür bezahlt freigestellt würden oder eine andere Art von Unterstützung angeboten bekämen? Kommen Sie ins Gespräch und loten Sie Kompromisse aus.
- Behandeln Sie Investitionen in Bildung ähnlich wie die Anschaffung einer neuen Maschine. Bildung richtig ausgewählt, kann Ihnen enorme unternehmerische Vorteile bringen und sich dadurch auch finanziell sehr lohnen.
- Vielleicht können Sie aus bestimmten Interessensgebieten und fachlichen Neigungen Ihrer Mitarbeiter ein neues Geschäftsfeld entwickeln? Kommen Sie mit Ihren Mitarbeitern ins Gespräch und lassen Sie sich auch einmal überraschen.

Es ist in Ordnung, dass Ihre Mitarbeiter Bildung auch als ein sehr individuelles Bedürfnis betrachten, das ihrer Selbstverwirklichung dient. Die Frage ist, ob es sich Ihr Unternehmen leisten kann, in Weiterbildung zu investieren, die für die Arbeit selbst (tatsächlich oder nur dem ersten Anschein nach) nicht gebraucht wird. Hier gilt es, zwischen dem Druck zu Wirtschaftlichkeit und dem Verständnis für die Interessen Ihrer Mitarbeiter abzuwägen. Die eventuelle Absage eines Qualifizierungswunsches sollten Sie aber auf jeden Fall sachlich, das heißt betriebswirtschaftlich begründen. Was auch immer Ihre Möglichkeiten sind, bemühen Sie sich, die vorhandenen Möglichkeiten auszuschöpfen.

Eines sollten alle Mitarbeiter Ihres Unternehmens lernen und beherrschen: wie man eine unbekannte Situation lernend angeht und dabei auf bestimmte Methoden zurückgreift. Das gibt Ihnen und Ihrem Team den Mut, sich neuen Situationen zu stellen. Denn dadurch haben Sie das Vertrauen, dass am Ende des Prozesses eine akzeptable Idee stehen wird. Die Aufmerksamkeit und Kraft fließt in Konzentration und Disziplin statt in Angst und Kopflosigkeit. Die Kombination aus konzentriertem und diszipliniertem Einsatz von Wissen und Können plus der Fähigkeit, bei allem zu lernen, führt mit hoher Wahrscheinlichkeit zu einem guten Ergebnis. Nerven und Kräfte werden dabei eher geschont. Können, Wissen, Konzentration und Disziplin werden sich immer leichter anfühlen als Unwissen und Angst vor Neuem, die uns innerlich verkrampfen lassen und gelegentlich zu einem kopflosen Aktionismus verleiten. Wissen macht alles leichter. Darum ist systematisches Lernen ein wichtiger Weg zur Vereinfachung von Prozessen. Und ganz oben steht die Fähigkeit, zu lernen. Es ist darum ganz gewiss ein großer Schritt in die richtige Richtung, wenn Sie dafür sorgen, dass Sie und Ihre Mitarbeiter lernen, wie man lernt und mit welchen Methoden man sich einer neuen Fragestellung nähert.

Ich würde gern noch einmal zusammenfassen, warum Wissen alles vereinfacht und dadurch einen ganz entscheidenden Einfluss auf unser Wohlbefinden und unsere Effizienz hat:

- Man fühlt sich zuversichtlich, weil man sein Fachgebiet beherrscht.
- Man verbessert seine Intuition, weil man sich durch Erfahrung und Wiederholung konditioniert hat.
- Man fühlt sich sicher und hat weniger Angst, weil Wissen hilft, Verzweiflung zu vermeiden.

✂ Vertrauen: Vertrauen vereinfacht, vertrauen Sie der Einfachheit.
Es wurde bereits darauf hingewiesen, dass ein Mangel an Vertrauen Prozesse im Unternehmen und allgemein in der Wirtschaft unnötig kompliziert macht. Deshalb sollten Sie alles vermeiden, was Vertrauen erschüttert und all Ihre Kompetenzen und Fähigkeiten professionalisieren, die geeignet sind, Vertrauen zu schaffen. In welchem Ausmaß Vertrauen Ihr Leben und das Ihrer Mitarbeiter vereinfacht, wird deutlich, wenn man sich an Situationen erinnert, die von Misstrauen geprägt waren. Eine solche Atmosphäre ist nicht nur gefühlsmäßig für alle Seiten belastend. Misstrauen bewirkt, dass sich Mitarbeiter mit ihren Ideen, Meinungen und ihrem Engagement zurückhalten. Informationen fließen zäh. Das ist noch die nette Variante. Es kann noch schlimmer kommen, dann nämlich, wenn Probleme beziehungsweise Sachthemen von Mitarbeitern missbraucht werden, um Frust über einen Vertrauensverlust auszudrücken. Das ist alles, nur nicht sachdienlich. Manchmal gehen Menschen sogar so weit, Sachthemen zu benutzen, um sich für Enttäuschungen und Verletzungen „zu rächen", die einst zum Verlust des Vertrauens führten. Aber auch, wenn es nicht so schlimm kommt, ist Misstrauen ein Klotz am Bein, der jede Bewegung unnötig verlangsamt. Ganz einfach deshalb, weil Menschen ganz allgemein die Kommunikation mit jemandem vermeiden oder auf das nötigste reduzieren, dem sie nicht vertrauen. Das alles bewirkt, dass Probleme und Herausforderungen, die bei gutem Willen aller Beteiligten zügig bewältigt werden könnten, auf einmal als unüberwindliche Hürden erscheinen. Kommunikation ist das Hauptinstrument erfolgreicher Kooperation und damit erfolgreicher Führungsarbeit. Vertrauen ist die Grundlage für gelingende Kommunikation und Kooperation. Das heißt, einer der wichtigsten Erfolgsfaktoren in der Führungsar-

beit ist die Pflege der Vertrauensbasis. Wann immer Sie es sich als Führungskraft einfach machen wollen, müssen Sie sich davor hüten, zu Mitteln und Maßnahmen zu greifen, die Ihre Vertrauensbasis unterwandern und schwächen. Auch, wenn Sie im konkreten Fall „die Sache schnell vom Tisch" haben wollen, hüten Sie sich davor, verletzend zu werden oder zu unfairen Tricks zu greifen. Ein Vertrauensverlust wird in jedem Fall auf lange Sicht die Zusammenarbeit mit Ihren Teams massiv erschweren und die Bearbeitung zukünftiger Herausforderungen unnötig verkomplizieren. Mitarbeiter haben ein langes Gedächtnis und man wird Sie bei passender Gelegenheit spüren lassen, „was da mal war". Die im ersten Kapitel dieses Buches erläuterten Haltungen sind alle geeignet, Vertrauen zu schaffen. Die in diesem Abschnitt diskutierten Faktoren der Vereinfachung von Prozessen sind ebenfalls geeignet, Vertrauen zu fördern. Nicht zuletzt dadurch, dass hier Vereinfachung als eine Wertschätzung verstanden wird. Immerhin fördert Vereinfachung unser Wohlbefinden. Darüber hinaus erhöht Vereinfachung die Handhabbarkeit der Prozesse. Dies wiederum stärkt das Gefühl, dass man die Dinge überschauen und kontrollieren kann. Das gibt Sicherheit und Vertrauen in die eigene Wirksamkeit. Und genau das ist es, was Ihre Mitarbeiter wünschen: Berechenbarkeit, Sicherheit und das Gefühl, den Anforderungen entsprechen zu können. Die Vereinfachung ist ein wichtiger Meilenstein auf dem Weg dahin.

✘ **Distanz:** Viel erscheint weniger, wenn man es aus der „Ferne" betrachtet. Im Grunde ist dieses Prinzip der Vereinfachung jedem bekannt. Das berühmte „Erst-einmal-darüber-schlafen" kennen wir alle. Tatsächlich bekommen wir neue Ideen und sehen das Wesentliche klarer und in einfacheren Zusammenhängen, wenn wir die Dinge aus einer gewissen Distanz betrachten. Gönnen Sie es sich daher, sich auch einmal aus dem System und dem jeweiligen Problem „herauszunehmen". Sie dürfen auch in einem heißen Disput zu Ihrem Gesprächspartner sagen: *Ich werde darüber nachdenken und komme in dieser Sache wieder auf Sie zu.* Erlauben Sie das gleiche Verhalten auch Ihren Mitarbeitern. Wichtig ist, dass Sie nicht im Vagen lassen, wann es weitergehen wird. Erinnern

Sie sich? Warten lässt alles komplizierter erscheinen. Wann immer Ihnen die Dinge zu viel werden, ist es ratsam, sich aus dem betreffenden Thema oder sogar für eine kurze Zeit ganz aus dem Unternehmen herauszunehmen. Wichtig ist, dass Sie wirklich für den Moment alles auch innerlich beiseitelegen. Vielleicht hilft Ihnen Sport dabei oder Meditation, ein Hobby oder anderes. Es spricht auch nichts dagegen, sich einen Coach zu gönnen, der Ihnen professionell hilft, neu auf die Situation zu schauen und die Dinge dadurch zu vereinfachen. Genau das ist übrigens die Wirkung eines guten Coaches. Wichtig ist, dass Ihre Art des Distanzierens für Sie stimmig und angenehm ist. Wenn der Gedanke an Distanzierung bei Ihnen innere Widerstände hervorruft, dann sollten Sie das unbedingt professionell betrachten. Sich gedanklich und emotional aus dem Unternehmen komplett herausnehmen zu können, ist eine der wichtigsten Fähigkeiten erfolgreicher Unternehmer. Gelegentliche Distanz zu Ihrem Unternehmen bewirkt nicht, dass Sie etwas verpassen und Nachteile erleiden, sondern dass Sie wichtige Erkenntnisse gewinnen, die Ihnen einen Vorteil verschaffen.

Scheitern: Wenn ich scheitern darf, fällt mir die Entscheidung leichter. Fast jede Entscheidungsmöglichkeit hat ihr Pro und Contra, ihre Chancen und Risiken. Und natürlich sind Sie nicht unfehlbar. Sie können und dürfen sich irren. Fast immer können Irrtümer korrigiert werden, zumindest, wenn es um Unternehmensführung geht. In der Regel gehen Unternehmen nicht deshalb zugrunde, weil die Führung eine falsche Entscheidung getroffen hat. Unternehmen leiden eher daran, dass Fehlentscheidungen nicht oder viel zu spät korrigiert werden. Das liegt manchmal auch daran, dass man meint, eine gute Führung irre sich nie. Das wäre ein Beispiel dafür, an welcher Stelle das eigene Ego Schaden anrichtet. Nämlich, wenn es uns daran hindert, einen Fehler zuzugeben und ihn dadurch als Quelle der Erkenntnis zu nutzen. Es ist gut und wichtig, vor einer Entscheidung möglichst viele Varianten und ihre Konsequenzen zu bedenken. Aber ein Restrisiko wird in jedem Fall bleiben. Wegen dieses Restrisikos mit der Entscheidung länger als nötig zu warten, macht Führung kompliziert. Außerdem sind derartige

Situationen erhebliche Zeitfresser, die bewirken, dass andere Arbeiten liegen bleiben und damit der Berg von unerledigten Aufgaben und Entscheidungen wächst. „Versuch und Irrtum" ist ein bewährtes pädagogisches Prinzip. Der Irrtum ist Teil des Lernens. Sich in Führungsfragen zu irren, gehört gewiss zu den eher unangenehmen Dingen. Aber es vereinfacht Führung ungemein, wenn man die Möglichkeit des Irrtums als berechtigten Bestandteil des Führungsalltags zu betrachten lernt. Wichtig ist, einen Irrtum zeitnah einzugestehen und durch ein „Stattdessen" zu ersetzen. Und das gleiche gilt auch für Ihre Mitarbeiter, Zulieferer und Kunden. Alle können sich irren und wenn sie das bei Ihnen auch dürfen, werden sie gern mit Ihnen kooperieren.

Damit hätten wir wesentliche Faktoren zur Vereinfachung Ihres Unternehmerlebens besprochen. Ich würde an dieser Stelle gern das bis hierher Besprochene des zweiten Kapitels so zusammenfassen, dass ich es am Beispiel eines ausgedachten Unternehmens kurz „durchspiele". Das heißt, ich würde dieses erfundene Unternehmen nach den 9 Kriterien in seiner „Persönlichkeit" definieren und dabei die eben erläuterten Prinzipien der Vereinfachung berücksichtigen. Lassen Sie mich ein Beispiel wählen, bei dem wir uns alle zu Hause fühlen können, weil es uns allen vertraut ist: eine Bäckerei. Unsere Bäckerei ist also ein Familienbetrieb mit 10 Mitarbeitern. Er produziert Brötchen und Brot. Der Verkauf erfolgt sowohl in einem eigenen Laden, als auch in ausgewählten Supermärkten in einem Radius von 20 Kilometern. Die Bäckerei ist bereits seit 60 Jahren im Familienbesitz. Gehen wir nun systematisch die 9 Fragen durch.

1. Wie wird der Wert produziert? Es ist ein Produktionsunternehmen mit klar vorgeschriebenen Abläufen, die jeden Tag gleich sind beziehungsweise wiederholt werden. Es gibt klare und eindeutige Anweisungen, nach welchem Rezept der Teig angerührt wird und bei welchen Temperaturen Brot und Brötchen gebacken werden. Jeder Mitarbeiter kann sowohl Brot als auch Brötchen backen. Die Verteilung der Arbeit erfolgt jeden Morgen zu Schichtbeginn durch den Inhaber. Wünsche dürfen am Tag vorher für den nächsten Tag geäußert werden. Wenn möglich, werden diese Wünsche berücksichtigt. Der Inhaber prüft jeden Tag per Stichprobe die Einhaltung der vorgegebenen Rezepturen und der Qualität der Backwaren.

2. Welche Bedeutung hat der Faktor Mensch? Die Bäckerei ist mit modernen Maschinen und Technologien ausgerüstet. Die Mitarbeiter müssen nicht unbedingt gelernte Bäcker sein. Tatsächlich sind von den 10 Mitarbeitern nur zwei gelernte Bäcker. Aufgrund der standardisierten Rezepturen können auch angelernte Mitarbeiter die nötigen Arbeitsprozesse bewältigen. Es ist nicht vorgesehen, daran in Zukunft etwas zu ändern. Tatsächlich beabsichtigt der Inhaber, die Produktion zwar zu erhöhen, aber mit dem gleichen Sortiment. Dadurch liegt der Schwerpunkt der geplanten Investition bei der Anschaffung neuer Ausrüstungen beziehungsweise Öfen und einer damit verbundenen baulichen Erweiterung der Bäckerei. Es ist beabsichtigt, neue Kunden, sprich neue Supermärkte, zu gewinnen und den regionalen Wirkungsradius zu vergrößern. Weitere eigene Läden sind nicht geplant. Der Inhaber will sich noch mehr aus der Produktion zurückziehen, um sich auf Marketing und die Gewinnung neuer Kunden zu konzentrieren. Deshalb sollen die zwei gelernten Bäcker mehr Verantwortung in der Produktion und Qualitätskontrolle übernehmen. In der Folge werden sie eine Gehaltserhöhung sowie zukünftig Tantiemen erhalten.

3. Was ist die angestrebte Größe des Unternehmens? Der Inhaber strebt eine Verdopplung der Produktion an. Diese Verdopplung soll sowohl durch neue leistungsstarke Öfen als auch durch eine Verstärkung des Teams auf 13 Mitarbeiter erreicht werden. Die zwei ausgebildeten Bäcker erhalten demnächst ein Führungskräftetraining, damit sie einige der Aufgaben bei der Teamführung übernehmen können. Generell wird es ein „Team Brot" und ein „Team Brötchen" geben. Die beiden Bäcker mit Führungsaufgaben werden abwechselnd für diese Teams verantwortlich sein. Dieser ständige Wechsel ist wichtig, damit im Krankheitsfall sowie während des Urlaubs eine gut informierte Vertretung möglich ist. Es wird festgelegt, dass sie Urlaub so nehmen, dass immer einer der beiden anwesend ist. Im Krankheitsfall des einen gilt für den anderen Urlaubssperre. Sollte die Krankheit länger als 3 Monate dauern, wird der Inhaber selber die Vertretung übernehmen. Weiterhin wird festgelegt, dass die beiden Bäcker nunmehr im Alltag alleinige Ansprechpartner für die Mitarbeiter sind. Der Inhaber konzentriert sich auf administrative Aufgaben und auf die Erweiterung des Absatzes. Es wird jeden Montag 12.00 Uhr eine Besprechung geben, in der sich der Inhaber und die zwei Führungskräfte austauschen und abstimmen können. Um dennoch eine direkte Kommunikation zwischen Inhaber und Mitarbeitern zu gewährleisten, gibt es einen Briefkasten sowie eine E-Mail-Adresse, über die Mitarbeiter einen Gesprächsbedarf mit dem Inhaber signalisieren können. Auf eventuelle Wortmeldungen wird der Inhaber innerhalb einer Woche direkt reagieren. Die jährlichen Personalgespräche wird der Inhaber selbst durchführen. Es werden 4-Augen-Gespräche sein. Allgemein ist es das Ziel, einen großen Teil des Produktionsgeschehens unabhängiger von der Präsenz des Inhabers ablaufen zu lassen.

4. Wird die Leistung vornehmlich im Team erbracht oder handelt es sich vor allem um Einzelleistung? Die Mitarbeiter sind alle als Team in der Bäckerei tätig. Sie haben mit Ausnahme der einen Verkäuferin im Betriebsladen, keinen Kundenkontakt. Der Kontakt zu den Supermärkten läuft über den Inhaber. Da eine Ausweitung des Absatzes geplant ist, sollen die zwei ausgebildeten Bäcker mit Führungsverantwortung in nächster Zeit ein Training in Kundenkommunikation erhalten, damit sie im Urlaubs- und Krankheitsfall den Inhaber auch bei den Kunden vertreten können. Da es sich beim Backen um Teamleistungen handelt, werden keine Einzelleistungen erfasst. Es soll im Gegenteil ein Geist der gegenseitigen Hilfe gefördert werden. Es wird auch bei den Jahresendprämien sowie dem Weihnachtsgeld kein Unterschied zwischen den Mitarbeitern gemacht.

5. Wie müssen Arbeitszeiten und Arbeitsort gestaltet sein? Diesbezüglich gibt es in der Bäckerei keine Gestaltungsspielräume. Die Natur des Unternehmens verlangt Arbeitszeiten von 3.30 Uhr bis 11.00 Uhr sowie eine 6-Tage-Woche mit Freizeitausgleich. Außerdem kann der Ort der Leistungserbringung nur in der Bäckerei sein. Die einzigen

Spielräume liegen in der Frage, wann der Freizeitausgleich zu nehmen ist. Der Inhaber hat entschieden, dass sich die Mitarbeiter diesbezüglich untereinander abstimmen können. Die Produktion muss zu 100 Prozent gewährleistet sein. Darüber hinaus können Wünsche erfüllt werden.

6. Welcher Führungsstil passt zum Unternehmen? Die Natur dieser Bäckerei erfordert es, dass detaillierte Anweisungen umgesetzt werden. Rezepturen können nicht diskutiert, sondern müssen strikt befolgt werden. Das ganze Unternehmen lebt von einer strengen Disziplin bei der Befolgung von Anweisungen und Regeln. Die Qualität der Produkte muss für die Kunden berechenbar sein. Kreativen Eigenentscheidungen seitens der Mitarbeiter sind somit sehr enge Grenzen gesetzt. Führungsentscheidungen werden in ihrer Sinnhaftigkeit zwar erläutert aber nicht diskutiert.

7. Welche Werte und (geschlechtsspezifischen) Prioritäten sind zu bedienen? Derzeit arbeiten 6 Frauen und 4 Männer im Unternehmen. Die Natur des Unternehmens steht für die Werte: Sauberkeit und Hygiene, Zuverlässigkeit und Disziplin sowie Kooperation. Diese Werte müssen von allen Mitarbeitern gelebt werden. Da diese Werte bereits bei den Einstellungsgesprächen thematisiert wurden, werden sie auch von allen geteilt. Die Arbeit beginnt in einer Bäckerei naturgemäß sehr früh und zwar 3.30 Uhr und endet 11.00 Uhr. Die Vereinbarkeit von Beruf und Familie reduziert sich auf die Möglichkeit, am Nachmittag für Kinder und Familien zur Verfügung zu stehen.

8. Ist der Markt des Unternehmens lokal, regional, national, international oder global? Der Markt ist und bleibt lokal sowie regional.

9. Wie innovativ ist das Unternehmen – wie viel Veränderungsbereitschaft braucht es? Die Bäckerei ist bezüglich ihrer Produkte konservativ, bezüglich der Anpassung an neue Produktionstechnologien aber innovativ. Das heißt, die Mitarbeiter müssen es aushalten können, jeden Tag die gleichen Rezepturen anzumischen. Gleichzeitig müssen sie offen und in der Lage sein, sich mit neuen Technologien vertraut zu machen.

Soweit die kurze Charakterisierung des Beispielbetriebes. Welche Vereinfachungen sind hier nun möglich? Die erste Vereinfachung habe ich selbst vorgenommen, indem ich die Bäckerei sehr reduziert beschrieben habe, dessen bin ich mir bewusst. Es ging mir aber auch nicht um eine möglichst detailgetreue, komplexe Darstellung, sondern darum, ein Prinzip zu verdeutlichen. Darüber hinaus hat unser gedachter Inhaber schon sehr viele Prinzipien der Vereinfachung befolgt. Er hat sich klar reduziert, indem er sein Angebot konstant hält. Er will zwar wachsen aber mit den gleichen Produkten. Statt neue Produkte einzuführen, fokussiert er sich lieber auf die Gewährleistung einer hohen und verlässlich konstanten Qualität seiner zwei Produkte. Er könnte vielleicht neue Produkte einführen. Aber er entscheidet sich dagegen. Er konzentriert sich bei seinem Wachstum lieber auf die Professionalisierung der Bearbeitung eines klar definierten lokalen und regionalen Marktes. Dafür verschafft er sich mehr zeitlichen Spielraum indem er gewisse Führungsaufgaben delegiert. Mit dieser Reduktion macht er sich das Leben leichter, ohne es irgend jemand anderem schwerer zu machen. Er organisiert Wachstum, indem er eine neue Hierarchieebene einführt, die ihm Führungsaufgaben abnimmt. Dafür entwickelt er seine zwei ausgebildeten Bäcker zu Führungskräften. Ohne dass es explizit erwähnt wird, vereinfacht er damit auch die Kommunikation zwischen Mitarbeitern und Führungskräften. Denn im Gegensatz zu ihm arbeiten die neuen Führungskräfte ja immer noch in der Bäckerei und zwar über die gesamte Schicht. Das konnte er als Inhaber nicht leisten, da er immer auch administrative Aufgaben wahrzunehmen hatte. Er vertraut diesen zwei Bäckern und gibt ihnen mehr Verantwortung und Macht. Gleichzeitig stellt er ihnen durch Trainings das nötige Wissen zur Verfügung. Obzwar er nun für seine Mitarbeiter nicht mehr jeden Tag „greifbar" ist und eine gewisse Distanz zu ihnen aufbaut, die durchaus von Vorteil sein kann, baut er eine neue Brücke. Er ordnet seine Kommunikation mit den Miterbeitern neu. Er lässt sich wöchentlich einen Stimmungsbericht von seinen zwei neuen Führungskräften geben, der natürlich komprimiert zusammenfasst, was er als Inhaber wissen muss. Diese Besprechungen ermöglichen es ihm auch, dass er seine Vorstellung von Personalführung mit diesen zwei neuen Führungskräften kontinuierlich abstimmen kann. Und er führt über den Briefkasten und die E-Mail-Adresse einen neuen Kommunikationskanal ein, den seine Mitarbeiter zwar nach Belieben nutzen dürfen, der ihm aber die Möglichkeit bietet, nicht sofort reagieren zu müssen. Er kann sich aussuchen, wann er Zeit für eine Reaktion aufbringen möchte und kann. Es darf darüber hinaus angenommen werden, dass die Mitarbeiter von jetzt an ihre Wortmeldungen besser durchdenken (müssen). Wenn man mit dem Chef jeden Tag zusammentrifft, äußert man einfach mal so nebenbei, was einem gerade einfällt. Wenn man aber mit ihm schriftlich kommuniziert, überlegt man sich, was wirklich wichtig ist. Das heißt, er zwingt seine Mitarbeiter zur Reduktion auf das Wesentliche. Davon dürften auch sie profitieren. Alles in allem hat sich der Inhaber mit seinen Festlegungen bezüglich der Organisation seines Unternehmens den nötigen Spielraum verschafft, sich um neue Kunden zu kümmern. Er kann sich auf das gewünschte Wachstum konzentrieren. Und weil er für gewisse Führungsausgaben auch Stellvertreter bestimmt und qualifiziert hat, dürfen wir davon ausgehen, dass er seinen Urlaub nunmehr ruhiger genießen kann als bisher. Wenn wir bedenken, dass Neueinstellungen geplant sind, so wäre es von Vorteil, die Erwartungen an diese Mitarbeiter zu definieren. Was sind die wichtigsten (nicht-fachlichen) Erwartungen an Mitarbeiter, die sich aus der Natur oder Persönlichkeit der Bäckerei ergeben? Im Sinne der vereinfachenden Reduktion, würde ich gern die drei wichtigsten Erwartungen herausfiltern. Aus meiner Sicht sind die folgenden drei Punkte entscheidend:

Führungsstil: Der Mitarbeiter muss mit einem dirigierenden, recht autoritären Führungsstil einverstanden sein.

Gestaltungsspielraum: Der Mitarbeiter muss akzeptieren, dass er nur einen verschwindend geringen Gestaltungsspielraum hat, da die Prozesse und Regeln sowie die generelle Ordnung durch das Unternehmen stringent vordefiniert sind.

Werte: Die zentralen Werte sind Sauberkeit und Hygiene, Zuverlässigkeit und Disziplin sowie Kooperation. Andere Werte müssen entweder damit kompatibel sein, oder sie können nicht berücksichtigt werden.

Ich werde im dritten Kapitel diese drei Punkte noch einmal aufgreifen, wenn es um den expliziten psychologischen Arbeitsvertrag geht. Jetzt würde ich gerne mit Ihnen das Thema Veränderung diskutieren, das berühmte Changemanagement. Unser Bäcker möchte ja auch wachsen und sein Unternehmen in bestimmten Punkten auf Veränderungen einstellen. Damit diese gelingen, müssen alle im Unternehmen davon überzeugt sein und einbezogen werden. Was hier an einem kleinen Beispiel vereinfacht beschrieben wurde, läuft im „richtigen Leben" wesentlich umfassender ab. Veränderung anzustoßen und zu managen, ist nicht immer leicht. Man sollte auch hier einiges wissen, können und beachten. Darum soll es nachfolgend gehen.

Das Managen von Leistung im Spannungsfeld von Stabilität und Veränderung
Menschen erbringen Leistungen, weil sie eine Vision vom Ergebnis haben und der Gedanke an dieses Ergebnis sie so begeistert und ihnen so lohnenswert erscheint, dass sie bereit sind, dafür ihre Kraft, Intelligenz und ihre Lebenszeit einzusetzen. Ohne ein lohnenswertes Ziel beziehungsweise ohne eine begeisternde Vision und eine Vorstellung davon, wie die Vision Wirklichkeit werden kann, sind Menschen wenig motiviert, (Höchst)Leistungen zu erbringen. Es braucht also eine begeisternde Vision und ein lohnenswertes Ziel. Das gilt ganz allgemein. Für das Thema Veränderung gilt es in ganz besonderer Weise. Der erste Schritt in Richtung Veränderung ist daher die Antwort auf folgende zwei Fragen:

1. Was ist die Vision, die mich und meine Mitarbeiter begeistert?
2. Was ist das Ziel, das mir und meinen Mitarbeitern so lohnenswert erscheint, dass wir bereit sind, uns auf den Weg zu machen?

Ich habe als Coach viele Veränderungsprozesse begleitet. Früher oder später war es nötig, mit den betreffenden Menschen sehr individuell zu arbeiten. Ich weiß nicht, wie oft ich in persönlichen Gesprächen Sätze wie diesen zu hören bekam: *Ich möchte mich ja ändern aber ich schaffe es eben nicht, ich weiß auch nicht, warum das so ist.* Ich habe mir mit der Zeit angewöhnt, auf diese Klage mit folgender Frage zu reagieren: *Auf einer Skala von 1 bis 10, wie begeistert sind Sie von der gewünschten Veränderung?* Interessanterweise antworteten meine Gesprächspartner auf diese Skalierungsfrage sehr ehrlich und selbstreflektiert. Ich bekam in solchen Fällen fast nie eine Antwort über 5. Und meistens dämmerte an dieser Stelle den Betroffenen bereits selber, wo das eigentliche Problem lag. Die Veränderung war nicht zu schwer, man war schlichtweg nicht von ihr begeistert.

Wie heißt es so schön: Wer will, findet Wege, wer nicht will, findet Gründe. Wer von einer Idee begeistert ist wird Wege finden, sie zu verwirklichen. Und er wird die Disziplin aufbringen, die es braucht, um gegen Widerstände anzugehen und die Mühen der Ebene durchzustehen. Wer von einer Idee nicht begeistert ist wird Gründe finden, warum diese Idee nicht realisiert werden kann. Ohne Begeisterung gibt es keine nachhaltige Veränderung. Natürlich reicht Begeisterung allein nicht aus, da braucht es noch etwas mehr zum Erfolg. Aber ohne Begeisterung ist alles andere wirkungslos. Wenn Sie sich und Ihre Mitarbeiter also durch die gewünschte Veränderung führen wollen, dann müssen Sie begeistern können, zumindest sollten Sie sehr gut überzeugen können. Das können Sie nur, wenn Sie selber begeistert und überzeugt sind. Dazu sollte die Veränderung etwas mit Ihrer Vision von Ihrem Leben zu tun haben. Es ist daher an dieser Stelle hilfreich, sich die nachfolgenden zwei Fragen zu stellen:

1. Welche Vision von meinem Leben begeistert mich?
2. Wie soll und kann mein Unternehmen mir helfen, diese Vision zu verwirklichen?

Auch wenn ich immer wieder betont habe, dass Sie der Diener Ihres Unternehmens sind, so ist es doch wichtig, die Rolle, die Ihr Unternehmen in Ihrem Leben spielen soll, stets im Auge zu behalten. Denn im Grunde sind Sie ja nicht Diener Ihres Unternehmens geworden, weil Sie gerne Diener sind, sondern weil Sie eine Vorstellung von Ihrem Leben haben, für deren Realisierung Sie ein Unternehmen brauchen. Diese Vision von Ihrem eigenen Leben ist sozusagen der Grundstein Ihres Unternehmens, darum ist sie so wichtig. Vielleicht fühlen Sie sich jetzt gerade etwas ratlos, wenn Sie das lesen, weil Sie gar nicht so recht wüssten, welche Vision Sie von Ihrem Leben haben. Das macht nichts. Bleiben Sie locker und entspannt und lassen Sie Ihr Gehirn in Ruhe an dieser Frage arbeiten. Nur, weil man nicht sofort eine Antwort hat, sollte man einer Frage nicht aus dem Weg gehen. Die Antwort kommt mit der Zeit. Sie muss auch nicht der Weisheit letzter Schluss sein.

Was Ihre Mitarbeiter anbetrifft, sie werden bereit sein, über sich hinauszuwachsen, wenn Sie ihnen Ihre Vision von Ihrem Unternehmen so vermitteln, dass die Begeisterung überspringt. Eine Vision von Ihrem Unternehmen sollte bereits bei den Einstellungsgesprächen ein Thema sein. Und wählen Sie bitte Mitarbeiter, die wissen, was Begeisterung ist, egal wofür. Aber lassen Sie sich beim Einstellungsgespräch nicht von irgendeiner künstlichen Begeisterung beeindrucken, die mehr aus dem intellektualisierenden Kopf kommt, statt aus tiefstem Herzen. Vergessen auch Sie nicht, dass Ihre eigene Begeisterung für eine Zusammenarbeit mit neuen Kollegen ebenfalls echt sein sollte. Das ist offenbar gar nicht so selbstverständlich. Man braucht nur Stellenanzeigen zu lesen, um zu wissen, wie blutleer manche Visionen von Unternehmen sind und wie wenig Lust man anscheinend hat, neue Mitarbeiter zu gewinnen. Da werden im nüchternen Ton höchste Erwartungen an Menschen aufgelistet, die beim Leser nicht selten ein Gefühl der Unzulänglichkeit auslösen statt eine echte Lust auf die neue Stelle. Da werden oft nicht einmal Ansprechpartner für eventuelle Rückfragen benannt. Viele Stellenanzeigen begeistern nicht, sie halten auf Distanz. Wirklich überzeugende Begeisterung, die auf den Leser als Mensch überspringt, findet man sehr selten. Das geht so nach dem Motto: Wir wissen, man sollte begeistern, aber dafür ist uns das Menschliche zu fremd. Wenn man dann noch berücksichtigt, dass manche Bewerbungen in den zuständigen Personalabteilungen Monate liegen bleiben, bevor sie bearbeitet werden, zeigt das, wie wenig begeistert diejenigen von ihrer Arbeit sind, die Menschen mit Begeisterung für das Unternehmen finden sollen. Da wundert es nicht, dass so viel über Fachkräftemangel und spärliche Motivation geklagt wird. Wir haben leider nur eine recht spärlich entwickelte Begeisterungskultur. Ohne Begeisterung gelingt uns nichts sonderlich gut. Das gilt ganz besonders für das Thema Veränderung.

Bei der Frage nach der Vision von Ihrem Leben und der Rolle, die dabei Ihr Unternehmen spielt, geht es nicht nur um die tragende und treibende Kraft, die Ihnen echte Begeisterung verleiht. Es geht auch darum, einen Kompass zu haben, der Ihnen in jeder Situation hilft, die richtigen Entscheidungen zu treffen. Richtig heißt hier, dass die Entscheidung für Sie stimmig ist. In dem Moment, in dem Sie mit einem eigenen Unternehmen Teil der Volkswirtschaft eines Landes werden oder vielleicht sogar international mitspielen, begeben Sie sich in eine Welt von unglaublicher Dynamik, vielfältigen Risiken und unerwarteten Möglichkeiten. Natürlich dürfen und sollen Sie sich davon auch mitreißen lassen und vor allem selber „Dampf geben". Aber Sie sollen nicht mehr Kontrolle abgeben, als unbedingt nötig. Stellen Sie sich immer wieder die vorgenannten zwei Fragen, um selbst zu entscheiden, wobei Sie wie intensiv „mitmachen" möchten. Wenn es Sie begeistert, alle Wachstumsmöglichkeiten auszuschöpfen und die Weichen auf Veränderung zu schalten, weil das eben Ihrer ganz persönlichen Vision von Ihrem Leben und Ihrem Unternehmen entspricht, kann ich nur sagen: Volle Kraft voraus! Aber wenn Sie das alles nur irgendwie mitmachen und irgendwann erkennen, dass Ihr Leben nicht mehr Ihnen gehört und Sie sich Ihrem Unternehmen und der Dynamik der Wirtschaft ausgeliefert fühlen, kann ich nur empfehlen: Stopp, wir denken das alles noch einmal vom Anfang her durch! Diese besagten zwei Fragen sind der Anfang und sie werden Ihnen helfen, zu entscheiden, wohin Sie Ihr Unternehmen treiben oder auch manchmal treiben lassen. Sie dürfen sich ruhig auch einmal dem Strom anvertrauen, vorausgesetzt er fließt in eine Richtung, die Ihrem Plan entspricht. Bewerten Sie Ihren Erfolg immer an Ihren eigenen Zielen und nicht an dem, was die Gesellschaft oder die Ökonomie vorgibt oder anbietet. Bleiben Sie Herr Ihres Unternehmer-Lebens! Das ist wichtig. Ihr profitables Unternehmen ist **Ihr** Produkt und es dient **Ihren** Zwecken. Sie tun, was nötig ist, damit es profitabel wird und bleibt. Natürlich müssen Sie dafür das tun, was Ihr Unternehmen braucht, aber es geht dennoch um Ihr Leben und Ihre Pläne. Wenn ein Hobby-Gärtner einen schönen Ziergarten anlegen möchte, dann macht er das, weil er es will. Aber er muss die Bodenbeschaffenheit und das Klima berücksichtigen. Und er muss wissen, wie viel Zeit er zur regelmäßigen Pflege aufbringen kann und will. Auf der Grundlage dieser drei Kriterien (Bodenbeschaffenheit, Klima und Zeit) gestaltet er sein Konzept und wählt die passenden Pflanzen aus. Vielleicht hat er sich in bestimmte Blumen verliebt und hätte sie gerne in seinem Garten. Dennoch muss er auf bestimmte Gegebenheiten Rücksicht nehmen. Er kann nicht Pflanzen wählen, die nur im Schatten und bei großer Feuchtigkeit gedeihen, wenn sein Boden trocken ist, sein Garten in der vollen Sonne liegt und er im Übrigen wenig Zeit zum Gießen hat. Also muss er sich in seinen Wünschen und in seiner Auswahl der Pflanzen anpassen. Aber er ist und bleibt der Gärtner und „Manager" seines Garten-Projektes. Es geht um sein Vorhaben und um seinen Wunsch.

Und genau so ist es mit Ihrem Unternehmen. Sie wollen ein eigenes Unternehmen haben, es ist Ihre Entscheidung. Sie hatten Gründe und Ziele, die Sie mit dieser Entscheidung verfolgen. Sie stellen sich ein bestimmtes Leben vor. Damit Ihnen beim „Gärtnern" Ihres Unternehmens die Dinge nicht entgleiten, ist es wichtig, dass Sie dieses bestimmte Leben immer im Auge behalten. Darum nehmen Sie bitte diese zwei Fragen ernst. Sie dürfen Sie sich auch gerne immer wieder neu stellen. Es macht auch nichts, wenn Sie irgendwann feststellen, dass sich Ihre Antworten mit der Zeit ändern. Das ist völlig in Ordnung. (Fast) Alles unterliegt einer Veränderung. Warum sollte das mit Ihnen und diesen zwei Fragen anders sein?

Die Veränderungen um Sie herum zwingen Sie selten in eine bestimmte Richtung. Sie sind mehr eine Aufforderung, damit auf Ihre Weise umzugehen. Mistrauen Sie scheinbar alternativlosen Antworten. Alternativlos ist ein anderes Wort für Tunnelblick und Einseitigkeit im Denken. Nehmen Sie sich ruhig etwas Zeit, auch scheinbar abwegige Varianten vorurteilsfrei zu überdenken. Für welche Variante Sie sich letztendlich entscheiden, wird auch davon abhängen, wohin Sie mit Ihrem Unternehmen wollen. Deshalb sind die zwei Fragen so wichtig. Sie helfen Ihnen, Ihre Entscheidungen ganz bewusst zu treffen. Zwar sagte Goethe: *„Ein guter Mensch in seinem dunklen Drange ist sich des rechten Weges wohl bewusst."* [15] Das ist dann die Sache mit dem berühmten Bauchgefühl und der Intuition, die durchaus gute Ratgeber sein können. Ein Unternehmer sollte sich aber nicht nur dem dunklen Drange seines Unbewussten anvertrauen, sondern auch den gut durchdachten Entscheidungen seines bewussten Verstandes. Bilden Sie Varianten und prüfen Sie diese daraufhin, welche Ihnen am besten hilft, Ihrem ganz persönlichen Plan vom Leben näherzukommen. Verlieren Sie in der turbulenten Welt der Wirtschaft Ihre ganz persönlichen Ziele nicht aus den Augen!

Dies alles vorausgeschickt, geht es im Folgenden um einige generelle Gedanken zum Thema Leistung im Spannungsfeld von Stabilität und Veränderung.

Veränderung wird zu einem Erfolg, wenn sie nur vorübergehend ist

Die größte wertschöpfende Leistung können Menschen in einem stabilen Umfeld erbringen, in dem jeder weiß, was wie funktioniert und gemacht wird, welche Regeln gelten, worauf und auf wen man sich verlassen kann und was genau passieren wird, wenn man etwas bestimmtes tut. Geld verdienen Sie in der Stabilität. In stabilen Zuständen wird effizient und profitabel gearbeitet. Henry Ford soll einmal gesagt haben: *„Nicht mit Erfindungen, sondern mit Verbesserungen macht man Vermögen."* [16] In der Phase der Erfindungen und Veränderungen wird Geld riskiert, um später (mehr) Geld zu verdienen. Jede Veränderung schafft erst einmal Instabilität. Zu viel beziehungsweise zu lang andauernde Veränderung und damit Instabilität, birgt ein großes Risiko, sodass ein Unternehmen in die Insolvenz rutschen kann, weil zu viel Zeit, Energie und Geld für Maßnahmen aufgebracht wurden, die sich (noch) nicht in Gewinne umwandeln lassen. Die Mitarbeiter treibt dauerhafte und vor allem zu massive Veränderung und Instabilität leicht in die Kündigung, weil Sie das Unternehmen in seiner andauernden Instabilität als etwas Unberechenbares erleben. Gerade wenn Unternehmensführungen ratlos sind, wie auf bestimmte Marktentwicklungen reagiert werden soll und dann in Aktionismus verfallen, schaffen Sie für die Mitarbeiter eine schwer erträgliche Situation, weil Instabilität zur Normalität wird. Das verunsichert. Die Mitarbeiter möchten sich vor dieser Unsicherheit schützen und versuchen, in ein anderes, stabileres Unternehmen zu fliehen. Oder sie stellen für sich wenigstens eine gewisse Stabilität dadurch her, dass sie auf mehr oder weniger subtile Weise die Experimente ihrer Führung sabotieren. Zu viel Veränderung und Instabilität ist also schnell kontraproduktiv. Das gilt allerdings auch für das Gegenteil. Zu viel Stabilität im Sinne einer ängstlichen oder trägen Beharrung auf dem Ist-Zustand, treibt ein Unternehmen früher oder später auch leicht ins Abseits. Die Unwilligkeit oder Unfähigkeit zur Veränderung oder gar die Angst vor Veränderung gibt einem Unternehmen zunehmend eine Art neurotischen Charakter. Auch das provoziert vor allem bei den kreativsten Mitarbeitern eine innere oder reale Kündigung, weil sie sich in einem angemessen innovativen Unternehmen besser fühlen. Sie gehen einfach davon aus, dass ein sich professionell veränderndes Unternehmen am stabilsten und zukunftsfähigsten ist. Zudem sind kreative Menschen mit sich und ihrer Arbeit erst dann wirklich zufrieden, wenn sie sich in ihrer Leistungsfähigkeit weiterentwickeln und ausleben können. Was also ist die richtige Balance zwischen Stabilität und Veränderung? Was ist der richtige Weg? Zuallererst ist es wichtig, zu begreifen, dass die beiden Pole Stabilität und Veränderung Sie als Inhaber und Geschäftsführer in zwei unterschiedliche Rollen treiben: Die Stabilität macht aus

Ihnen einen Manager und die Veränderung macht aus Ihnen einen Unternehmer. Ein Manager verbessert die vorhandene Stabilität und produziert Gewinne. Ein Unternehmer erfindet eine neue Zukunft für sein Unternehmen und verbraucht dafür erst einmal Gewinne. Manager und Unternehmer ... das war bisher für Sie ein und dasselbe? Lassen Sie uns an dieser Stelle einfach behaupten, dass es das nicht ist. Ich werde es Ihnen nachfolgend erläutern. **Ein Manager** optimiert Prozesse und sorgt dafür, dass eine vorhandene Organisation Profit erzeugt. Er hat den Auftrag zur Effizienzerhöhung sowie zur Optimierung vorhandener Strukturen und sorgt dafür, dass das vorhandene System stabil arbeitet. Ein Manager hat die gute Fähigkeit, zu organisieren, zu steuern und zu regeln. Er macht dies über Zielvereinbarung und Kontrolle. Er interessiert sich sozusagen für das berühmte Best Practice. Was ist die effizienteste und profitabelste Art, das vorhandene Unternehmen bei vorhandenen Prozessabläufen und mit den vorhandenen Mitarbeitern sowie einem gegebenen Produkt in einem bekannten Markt arbeiten zu lassen? Das ist die Frage, die ein Manager sich jeden Tag neu stellt und beantwortet. Er interessiert sich dabei für vorhandenes Wissen und die Erfahrung anderer. Man könnte es auch Nachahmung nennen aber auf eine sehr intelligente und zielführende Weise. Er lebt von dem, was er selbst weiß, erfahren und erkannt hat genauso wie von dem, was andere wissen und erkannt haben. Er übernimmt das, was sich in der Praxis bereits bewährt hat und passt es der jeweiligen Situation an. Ein Manager pflegt seinen vorhandenen Garten, um im Bild zu bleiben. Die Bäume sind schon da, die Blumen, die Beete, die Wege. All das pflegt er, damit der Garten wächst und gedeiht. Und er sorgt für die Ernte. Ein Manager gestaltet die Gegenwart. Er verändert nicht grundsätzlich, sondern er pflegt und optimiert Vorhandenes.

Ein Unternehmer hingegen schaut in die Zukunft. Er managt und optimiert nicht Vorhandenes, sondern er nimmt etwas Neues in Angriff. Er unternimmt etwas Neues und er lernt etwas Neues. Er begibt sich nicht selten in die Rolle eines Pioniers. Ein Unternehmer interessiert sich dafür, wie in der Zukunft Wert durch Innovation und neue Ideen geschöpft werden kann. Er kreiert in Gedanken neue Handlungsmuster und Prozessabläufe, definiert neue Ziele und überdenkt neue Märkte oder Marktentwicklungen. Er (über-)führt das vorhandene System in ein neues System, von einer alten Ordnung in eine neue Ordnung, von einer alten Stabilität in eine neue Stabilität. Er pflegt den Garten nicht mehr nur einfach, er gestaltet ihn um. Er entwickelt ein anderes Gartenkonzept, rodet Bäume, reißt Pflanzen aus, legt Wege neu an, setzt auf neue Verfahren und Züchtungen und eignet sich neues Wissen an. Das alles tut er nicht der Veränderung willen, sondern weil er (zu Recht oder Unrecht) davon ausgeht, dass dieser neu gestaltete Garten für die Zukunft einen entscheidenden Vorteil bringen wird. Natürlich achtet er bei aller Veränderung darauf, was vom alten Garten im neuen Garten erhalten bleiben kann. Die Kunst im Umgang mit Veränderung liegt darin, zu entscheiden, wie viel Veränderung nötig und finanzierbar ist und wie viel Stabilität weiterhin gebraucht wird, um den Wandel von einer alten Stabilität in eine neue Stabilität effizient gestalten zu können. Es können bestimmte Bäume stehen bleiben und bestimmte Wege erhalten werden. Lassen Sie sich als Unternehmer bitte niemals von Beratern und Trends beeindrucken, die ein Hohelied auf die Veränderung als den einzigen Weg des Erfolgs singen. Hier wird das Kind mit dem Bade ausgeschüttet. Und das ist falsch. Veränderung muss sein, wenn sie sein muss, aber nur dann. Veränderung ist kein Wert an sich, sondern ein Mittel zum Zweck. Privat können Sie das gerne anders handhaben. Es mag ein inspirierender und sehr bereichernder Lebensstil sein, Freunde, Wohnungen und Hobbys immer wieder zu wechseln. Im Privatleben darf vieles anders laufen als im Unternehmen. Im Unternehmen ist jede Veränderung eine existenzielle Störung des vorhandenen Systems und der gut eingespielten Prozesse. Das verbraucht Energie, ohne sofort eine positive Gewinnwirkung zu haben. So etwas muss man sich immer wieder leisten, aber nur, wenn man ohne diese Veränderung für die Zukunft eine schlechte Gewinnaussicht riskieren würde. Wichtig ist, darauf zu achten, dass die Veränderung zügig durchgeführt wird. Das heißt, der Prozess der Veränderung sollte ein vorübergehender Zustand sein. Warum? Schauen wir uns dazu ein weiteres Grundprinzip für gelingende Veränderung an.

Die größte wertschöpfende Leistung wird in einem stabilen Umfeld erbracht
Wenn Veränderung zu einem unternehmerischen Erfolg werden soll, ist es wichtig, den Übergang und damit den Zustand der Instabilität so effizient und kurz wie möglich zu gestalten. Das heißt, es geht bei der Veränderung darum, einen neuen stabilen Zustand, eine neue Stabilität zu gestalten. Ziel ist nie der Prozess der Veränderung. Ziel ist immer die neue Stabilität. Der erste Schritt in diese Richtung ist, diese zukünftige neue Stabilität geistig vorwegzunehmen und zwar so detailliert und präzise wie möglich. Es geht bei der Veränderung, und das kann ich nur mit allem Nachdruck wiederholen, um eine zukünftige Stabilität. Veränderungsmanagement, um das berühmte Modewort zu benutzen, ist eigentlich das Managen des Übergangs von einer alten Stabilität in eine neue Stabilität. Im Grunde ist es sogar ein „Stabilität-in-der-Veränderung-Management". Ziel muss es sein, den Zustand von zwischenzeitlicher Instabilität zeitlich so kurz und organisatorisch so einfach wie nur möglich zu halten. Wie kann das gelingen? Was beinhaltet dieser Übergang von einer Stabilität in eine neue Stabilität an Aufgaben für Sie als Unternehmensführer?

- Sie entwickeln und kommunizieren Ihre Vision von einer zukünftigen Stabilität so detailliert und so sinnfällig wie möglich.
- Sie definieren und kommunizieren den zu erwartenden Nutzen der neuen Stabilität klar und für alle Beteiligten verständlich.
- Sie entscheiden, welche Veränderung an welchen Stellen und mit welchen Themen erfolgen soll und wo alles warum beim Alten bleibt. Veränderung sollte niemals total sein, einfach weil das nicht nötig ist. Es gibt immer etwas, was so bleiben kann, wie es ist, weil es gut ist, wie es ist. Selbst bei einem kranken Menschen laufen mindestens 90 Prozent aller Lebensfunktionen noch immer sehr gut und gesund ab. Wenn nicht einmal Krankheit ein hundertprozentiger Zustand ist, so ist es in Ihrem Unternehmen auch nicht so, dass alles falsch oder nicht zukunftsfähig läuft. Die Frage ist also wichtig: Was kann auch in Zukunft bleiben, wie es ist?

- Sie teilen den Weg zu der neuen Stabilität, also die Veränderung, in handhabbare Schritte auf und stimmen sie mit den betroffenen und zuständigen Menschen ab. Das heißt, Sie organisieren die Veränderung, indem Sie Helfer suchen und finden.
- Sie begeistern Menschen, also Ihre Mitarbeiter und eventuell auch Ihre Kunden, von der zukünftigen neuen Stabilität, indem Sie deren Sinn, Vorteile und Nutzen überzeugend darlegen. Das heißt, Sie stiften einen unternehmerischen Sinn.
- Sie ermöglichen den Mitarbeitern, Vertrauen darauf zu entwickeln, dass die Veränderung wirklich gelingt und die geforderten Anstrengungen nicht umsonst sein werden oder das ganze Projekt auf halbem Wege wieder abgebrochen wird. Dafür stehen Sie als Chef „mit Ihrem Namen". Veränderung braucht Geduld und Geduld ist die Gewissheit des guten Ausgangs. Als Chef sind Sie für diese Gewissheit zuständig.
- Sie coachen Ihre Mitarbeiter oder lassen sie professionell coachen, damit sie die nötigen Potenziale entwickeln und einsetzen, die sie für die Veränderung beziehungsweise für die neue Stabilität brauchen. Das hilft, Widerstände zu überwinden und schafft das nötige Vertrauen in sich selbst, sodass sich Ihre Mitarbeiter überhaupt auf den Prozess einlassen. Diese zielgerichtete Potenzialentwicklung bei Ihren Mitarbeitern ist aber auch der Garant dafür, dass diese die geplante Veränderung später auch wirklich leben können, dass sie dazu in der Lage sind.
- Sie beziehen die Intelligenz und die Ideen der Anderen mit ein und moderieren den Diskussionsprozess, damit die Veränderung wirklich so effizient und erfolgreich abläuft, wie sie das bei dem vorhandenen Wissen und den Kompetenzen im Unternehmen maximal kann. Es ist eine Art „Intelligenz der Gruppe", die Sie aktivieren und moderieren.
- Sie finden und definieren Anreize, die Sie Ihren Mitarbeitern zur Verfügung stellen, damit diese bereit sind, bei der Veränderung mitzuarbeiten. Welche Vorteile haben Ihre Mitarbeiter von den geplanten Veränderungen? Wie wird sich deren Leben dadurch positiv verändern? Welche Hilfestellungen brauchen sie? Und das vielleicht Wichtigste:
- Sie betreuen den Veränderungsprozess so lange, bis er eine neue Routine darstellt.

Ich habe immer wieder von Inhabern und Geschäftsführungen gehört, dass ihre Mitarbeiter angeblich zu alt für Veränderungen seien und sich diesen widersetzten. Wenn ich mit diesen Mitarbeitern dann persönlich und im Vertrauen sprach, zeigte sich mir meistens ein ganz anderes Bild. Die Mitarbeiter waren nicht nur zu Veränderungen bereit, sie hatten auch ein großes Bedürfnis, mir Ihre Ideen für Veränderungen mitzuteilen. Allerdings sagten sie mir auch, dass sie sich deshalb zurückhalten würden, weil sie schon zu oft erlebt hätten, dass die Unternehmensführung erst „groß tönte" und dann alles irgendwann sang- und klanglos im Sande verlief. Ich kann Sie nach meiner Erfahrung nur davor warnen, eine Veränderung zu beginnen, ohne sie im Detail gründlich vorgedacht zu haben und dann irgendwann festzustellen, dass sich niemand so richtig verantwortlich fühlt und das Ganze auch irgendwie zu kompliziert ist, also lässt man lieber alles beim Alten. Eine solche Erfahrung verleitet Mitarbeiter zu der nahe liegenden Schlussfolgerung, beim nächsten Mal lieber nichts zu machen und abzuwarten, bis der Chef wieder einmal irgendwann aufgibt. Dann kann man einfach so weitermachen wie bisher. Kritisieren Sie dann nicht Ihre Mitarbeiter, wenn diese bei der nächsten Veränderung auf passiven oder aktiven Widerstand schalten. Ihre Mitarbeiter sind eben auch Ökonomen und wollen sich nicht umsonst anstrengen. Das kann man doch verstehen. Nehmen Sie eine Veränderungsverweigerung Ihrer Mitarbeiter als dringendes Signal, darüber nachzudenken, was bisher bei Veränderungen falsch gelaufen ist oder wie man in Zukunft die Mitarbeiter so ins Boot nehmen kann, dass weniger Ängste und Resignation, sondern mehr Freude und Hoffnung überwiegen. Hier helfen die im ersten Kapitel diskutierten Haltungen: Verhalten macht Sinn und an Kommunikation sparen kommt teuer zu stehen. Kommunizieren Sie viel und hören Sie gut zu. Die Einwände Ihrer Mitarbeiter können wertvolle Hinweise sein, was Ihr Veränderungskonzept noch braucht, um zu gelingen. Aber auch die bereits vorgestellten Prinzipien der Vereinfachung sind eine große Hilfe, den Veränderungsprozess zügig bis zum beabsichtigten Ergebnis zu bringen und die nötige Hilfe der Mitarbeiter zu erhalten. Je einfacher die Veränderung daherkommt, je eher sind sie bereit, sich dafür zu engagieren, eben weil die Veränderung nicht verdrießlich kompliziert ist. Ihre Mitarbeiter haben das Prinzip der Ökonomie auch verinnerlicht und wollen mit weniger Aufwand mehr erreichen. Deshalb bitte die Veränderung so einfach wie möglich gestalten und organisieren. Sie dürfen gerne Ihren Mitarbeitern vertrauen und ihnen innerhalb eines vorgegebenen Rahmens die Freiheit lassen, die sie betreffenden Maßnahmen nach eigenem Ermessen mitzugestalten. Ziehen Sie sich aber nicht vollständig aus der Kontrolle zurück. Sie wissen ja, man kann sich auch missverstehen. Davor schützt nur, im Gespräch zu bleiben. Ich möchte noch einmal die Gefahren zusammenfassen, die Sie bitte vermeiden:

- Es besteht die Gefahr, dass Ihre Mitarbeiter von zu wenig durchdachten Veränderungen überfordert werden und resignieren.
- Es besteht die Gefahr, dass Sie durch zu viel Kontrolle Ihre Mitarbeiter daran hindern, sich kreativ einzubringen und dadurch der ganze Prozess in der Unwirksamkeit (ver-)endet, weil zu viele Potenziale und Ideen unberücksichtigt blieben.
- Es besteht die Gefahr, dass Dinge verändert werden, die eigentlich so hätten bleiben können und sollten, weshalb der Veränderungsprozess teurer und kraftraubender wird als nötig und darüber hinaus als wenig sinnvoll erscheint.
- Es besteht die Gefahr, dass die Veränderung abgebrochen wird und damit für zukünftige Veränderungen die Motivation fehlt, weil Ihren Mitarbeitern die positive Veränderungserfahrung fehlt.

Was aber nach meiner Erfahrung der schlimmste Fehler ist, den man als Unternehmer machen kann, ist, zu vergessen, dass ein Unternehmen ein „interdependentes Sytem" ist. Das Wort „dependent" kommt aus dem Englischen und heißt „abhängig". Interdependent meint dementsprechend, dass Ihr Unternehmen in seinem Inneren ein fein verwobenes Netz aus vielfältigen Abhängigkeiten ist, die bei einer Veränderung berücksichtigt werden müssen. Das ist wie bei einem Mobile. Wenn ich ein Teil des Mobiles berühre, bewegen sich alle anderen Teile auch, obwohl ich diese gar nicht angestoßen habe. Übertragen auf das Unternehmen heißt dies, wenn ich an einer Stelle etwas verändere, wirkt das möglicherweise auch auf Prozesse und Ebenen, die ich gar nicht im Blick hatte. Erinnern Sie sich an die Haltung im ersten Kapitel: Ich bin Teil des Systems und Verhalten macht Sinn? Wenn Sie sich entschließen, in einem vorhandenen System etwas zu ändern, dann bedenken Sie bitte folgende zwei Fragen:

- Wer oder was in meinem Unternehmen ist von der geplanten Änderung noch und in welcher Weise betroffen und was muss ich darum noch bedenken?
- Wer oder was in meinem Unternehmen muss sich wie verändern, damit die geplante Änderung erfolgen kann?

Gerade diese beiden Fragen werden von Unternehmern und Geschäftsführungen gern vergessen. Man wundert sich dann, dass an einem bestimmten Punkt des Veränderungsprozesses unangenehme Überraschungen auftauchen, die einem das Leben schwer machen. Man hat schlicht vergessen, dass eine Veränderung in einem System vieles betrifft, was man auf den ersten Blick übersehen kann. Gerade darum ist es wichtig, Raum für Rückmeldungen aus dem Team zu schaffen, damit Sie rechtzeitig die Information bekommen, was und wer in der Praxis von den Veränderungen in einer Weise betroffen ist, die Sie weder ahnten noch wollten. Veränderungsprozesse zu leiten, heißt somit auch, im ständigen Austausch mit den Menschen im Unternehmen zu bleiben. Es handelt sich für alle um einen Lernprozess. Selbst, wenn Sie wirklich sehr gut und detailliert vordenken, kann Ihre Phantasie nicht alles geistig vorwegnehmen, was die Fülle des Lebens in Ihrem Unternehmen ausmacht. Insofern seien Sie auf Überraschungen eingestellt und reagieren Sie auf diese zügig und vor allem pragmatisch. Lassen Sie sich nicht entmutigen und nehmen Sie es bitte nicht persönlich, wenn die Dinge nicht so laufen, wie Sie das anfangs dachten und beabsichtigten. Das Leben ist bunter und vielschichtiger, als sich das ein einzelner Mensch vorstellen kann. Insofern ist es normal, dass Sie nicht alles berücksichtigt haben. Solange Sie dem Leben und Ihren Mitarbeitern die Freiheit lassen, Sie zu korrigieren, ist alles in Ordnung.

Ich sagte an früherer Stelle, dass man gut unterscheiden muss, was im Unternehmen verändert werden soll und was so bleiben darf, wie es ist. Das bringt uns zu der Frage, um was für Bereiche es sich denn handeln könnte, die einzeln oder im Zusammenhang entweder so bleiben können oder verändert werden müssen. Nachfolgend zähle ich die wesentlichsten Bereiche Ihres unternehmerischen Wirkens auf. Sie dürfen beim Lesen ruhig etwas in sich hineinhören und sich fragen, welche Gefühle Sie bei den einzelnen Aufgabenbereichen haben, das heißt, wie gern oder ungern Sie sich mit diesen Aufgaben beschäftigen:

- Produktion von Waren und Dienstleistungen
- Produktentwicklung und Innovation
- Finanzen und Controlling
- Unternehmensstruktur und Hierarchien
- Interne Organisation und Prozessgestaltung
- Kundenkommunikation und Öffentlichkeitsarbeit
- Marketing und Verkauf
- Interne Kommunikation und Gestaltung von Informationsflüssen
- Personalführung und Personalentwicklung
- Zulieferbeziehungen, Externe Kooperation und Netzwerke

Im Wesentlichen umfasst die obige Liste die Aufgaben, die Sie als Unternehmer beziehungsweise Inhaber eines mittelständischen Unternehmens mehr oder weniger allein bewältigen müssen. Jede einzelne Aufgabe kann Gegenstand einer Veränderung sein. Und wenn Sie sich entschlossen haben, bei einer dieser Aufgaben eine Veränderung durchzuführen, dann fragen Sie sich bitte unbedingt, welche „Nebenwirkungen" diese Veränderung möglicherweise auf eine der anderen Aufgaben haben könnte oder haben müsste. Auch hier gilt, wenn die positive Wirkung der geplanten Veränderung durch negative Wirkungen an anderer Stelle „kompensiert" wird oder mit einem höheren Arbeitsaufwand „erkauft" wird, macht es Sinn, nach dem Sinn der Veränderung zu fragen. Auf jeden Fall aber dürfen Sie mit berechtigtem Widerstand der Menschen rechnen, die von den negativen „Nebenwirkungen" betroffen sind. Stellen Sie sich so früh wie möglich darauf ein und nehmen Sie diese Menschen mit ins Boot.

Möglicherweise schwirrt Ihnen nach all diesen Überlegungen, Gefahren und Empfehlungen nun etwas der Kopf. Es ist alles nicht so schlimm, wie es aussieht. Wenn ich als Ökonom etwas in meinen rund 30 Berufsjahren in der Wirtschaft gelernt habe, dann dass das Leben allgemein und das Wirtschaftsleben im Besonderen von uns keine Perfektion verlangt. Bleiben Sie am Ball und begreifen Sie sich als ewig Lernenden. Das ist genug. Es reicht, sich stets strebend zu bemühen. Das ist schon sehr viel und macht einen großen Unterschied. Picken Sie sich aus dem Dargelegten etwas heraus, was Ihnen leichtfällt und fangen Sie damit an. Später können Sie noch etwas dazunehmen und ausprobieren. So tasten Sie sich langsam voran und werden immer besser. Das ist perfekt! Erinnern Sie sich noch, wie Sie und wir alle Laufen gelernt haben? Leider erinnern wir uns nicht. Zuerst haben wir uns auf allen vieren fortbewegt. Dann sind wir gefühlte tausend Mal hingefallen, bis wir das Gleichgewicht halten konnten. Und bis wir unseren ersten Sprint hingelegt haben, vergingen Monate und Jahre. Glücklicherweise haben wir nicht allzu viel dabei nachgedacht. Wir sind einfach voller Zuversicht am Ball geblieben und irgendwann war es wunderbar, zu rennen. Es wäre zu wünschen, wir würden begreifen, dass die Art, wie wir Laufen gelernt haben, für alles funktioniert, was wir lernen wollen und müssen: Hinfallen ist keine Schande, solange wir nicht liegen bleiben. Nehmen Sie sich immer wieder die Prinzipien der Vereinfachung zur Hand. Sie werden erfahren, dass das Leben einfach ist, wenn man erst einmal begriffen hat, wie man es vereinfachen kann. Das Ignorieren von Aufgaben und Herausforderungen ist allerdings kein erfolgreicher Weg zur Vereinfachung. Gehen Sie Problemen und Schwierigkeiten nicht aus dem Weg. Leider sind Probleme keine sehr höflichen Gesellen. Sie verschwinden nicht, wenn man sie ignoriert. Im Gegenteil, sie wachsen und gedeihen. Mit Verdrängung und Ignoranz machen Sie alles noch komplizierter. Es sei an dieser Stelle noch einmal Henry Ford zitiert, der gesagt haben soll: *„Ganz oben auf der Liste meiner Erfahrungen steht die Erkenntnis, dass man unangenehmen Dingen nicht einfach aus dem Weg gehen kann."* [17] So ist das auch mit den Führungsaufgaben. Es ist zwar nicht unerheblich, wie gern oder ungern Sie etwas tun, aber machen Sie sich erst einmal keine Vorwürfe, wenn Ihnen einige Aufgaben gänzlich unsympathisch sind. Es ist, wie es ist. Vielleicht stellen Sie fest, dass die Aufgaben, die Sie ungern machen, Ihnen auch nicht so gut gelingen. Das wäre eine plausible Erklärung. Versuchen Sie doch vielleicht, gerade bei den Aufgaben, die Sie mit wenig Herz und Begeisterung erledigen, die Prinzipien der Vereinfachung umzusetzen. Möglicherweise lockt die Hoffnung auf eine Zeit- und Krafteinsparung gerade für Aufgaben, die man nicht so sehr liebt. Sie werden nicht umhinkommen, auch diese Aufgaben so gut wie möglich zu handhaben und sei es „nur" durch Vereinfachung. Vielleicht organisieren Sie irgendwann gerade diese Aufgaben so effizient und erfolgreich, dass Sie sie eines Tages sogar mögen. Möglicherweise fragen Sie sich auch, was Sie noch lernen müssen, um gerade diese Aufgabe nicht mehr mit Unmut anzugehen oder vor sich herzuschieben. Erinnern Sie sich? Wissen macht alles einfacher! Manche Dinge kann man vielleicht auch nicht vereinfachen, sie sind wie sie sind. Dann kann eventuell nur eine gewisse Schicksalsergebenheit helfen und die Erkenntnis, dass man besser nicht auch noch Energie in die innere Abwehr investiert, wo es doch eh keinen Weg daran vorbei gibt. Wie immer Sie mit den ungeliebten Aufgaben umgehen, achten Sie darauf, dass sie in der geforderten Qualität erledigt werden. Denn nötig sind sie allemal für Ihr Unternehmen und gerade, wenn diese Aufgaben Sie nicht mehr ärgern sollen als nötig, müssen sie ordentlich erledigt werden. Erinnern Sie sich an dieser Stelle bitte auch an die Methode des Reframing, bei dem es darum geht, die Dinge in einem anderen Licht darzustellen. Ich habe einmal eine Verkäuferin gecoacht, die massive Probleme damit hatte, die moderne Computertechnik zu nutzen, um bestimmte Waren, die gerade nicht vor Ort im Geschäft verfügbar waren, online aus dem Zentrallager für die Kunden zu bestellen. Die Verkäuferin hatte eine Abneigung gegen diese moderne Computer-Technik. Sie kam beim besagten Coaching sogar selbst auf dieses Problem zu sprechen. Ich entschloss mich, nach dem guten alten Prinzip zu verfahren, nach dem Verhalten Sinn macht. Darum fragte ich sie: *„Angenommen, Ihre Verweigerung wäre intelligent und würde Sinn machen, was könnte der Sinn Ihrer Verweigerung wohl sein?"* Zuerst reagierte sie überrascht. Sie hatte mit Kritik meinerseits gerechnet und mit Ermahnungen. Meine Frage war für sie unerwartet und eine neue Denkweise. Ich merkte, wie sie sich entspannte. Schließlich erzählte sie mir, dass sie und ihr Mann insgesamt der neuen Technik gegenüber sehr skeptisch seien. Sie fanden ihr Leben, so wie es immer schon war und immer noch ist, einfach schön und fühlten sich wohl. Die neue Technik empfanden sie eher als eine Störung ihres Wohlbefindens. Und das mochten sie und ihr Mann eben nicht zulassen. Sie erzählte mir, sie würden ganz generell alles aus ihrem Leben heraushalten, was ihnen nicht gut täte, auch diese modernen Computer. Außerdem sei sie eine ehrliche Verkäuferin und wenn etwas nicht da sei, sage sie das eben auch ehrlich den Kunden. Nicht selten empfahl sie den Kunden, in ein paar Wochen noch einmal vorbeizuschauen, vielleicht hätte man das Gewünschte dann im Angebot. Für diese Verkäuferin hatte die Anwendung der modernen Computer-Technik also weniger Sinn, als die Verweigerung dieser Technik. Das musste man erst einmal akzeptieren. Ich fasste das, was ich verstanden hatte, wie folgt zusammen: *„Auf mich wirken Sie wie eine Expertin für Wohlbefinden und Geradlinigkeit. Sehen Sie das auch so?"* Sie war von meiner Bewertung überrascht und schien sich zu freuen, dass ich ihr bisher so kritisiertes Verhalten in ein so positives Licht stellte. Ich bat sie dann, mir zu erzählen, was sie alles so täte, um bei ihren Kunden Wohlbefinden auszulösen. Sie erzählte es mir ausführlich, ich hörte sehr gern zu und für mich wurde klar, dass sie eine wirklich engagierte Fachverkäuferin war, die es gut mit ihren Kunden meinte. Das sagte ich ihr auch. Dann kam ich auf die leidige Sache mit den Computer-Bestellungen zurück, indem ich sie fragte: *„Hand aufs Herz, was glauben Sie, wobei fühlen sich Ihre Kunden wohler? Wenn Sie ihnen sagen, dass Sie eine gewünschte Ware nicht haben und man eventuell oder vielleicht* *in ein paar Wochen nochmal fragen könne. Oder, wenn Sie ihren Kunden sagen, dass Sie das Gewünschte online sowohl zu Ihnen nach Hause schicken lassen können als auch hierher ins Geschäft und, dass das Ganze nicht länger als 48 Stunden dauert?"* Die Antwort ergab sich fast wie von selbst. Natürlich ist es für einen Kunden angenehmer, berechenbar und in kurzer Zeit das zu bekommen, was er sich wünscht, als auf eine undefinierte Zukunft mit unsicherem Ausgang zu warten. Wer wartet schon gerne und weiß dann noch nicht einmal wie lange und mit welchem Ergebnis? Das leuchtete ihr ein. Und als ich sie dann noch fragte, wie ehrlich und geradlinig es denn sei, einem Kunden einen Service vorzuenthalten, den er nutzen könnte, wenn er denn davon wüsste, war auch das Thema Ehrlichkeit bedient. Wohlbefinden und Ehrlichkeit waren bis zu diesem Gespräch ihre Argumente, die Computer-Bestellung zu meiden. Nach unserem Gespräch waren Wohlbefinden und Ehrlichkeit die Gründe, sich nunmehr dafür zu interessieren. Es war dann sehr einfach, gemeinsam zu überlegen, welche Hilfe und welche Informationen sie noch brauchte. Schließlich hatte sie sehr bald ihre ersten Erfolgserlebnisse mit den Computer-Bestellungen. Ich brauchte ihr nur zu helfen, die Dinge in einem anderen Licht zu sehen. Den Rest konnte sie selber. Und wie ist das bei Ihnen mit ungeliebten Führungsaufgaben? Welche Werte, Glaubenssätze oder Haltungen halten Sie davon ab, sich diesen Aufgaben mit der nötigen Hinwendung und Professionalität zu widmen? Vielleicht gehen Sie probeweise einmal genau so vor wie in dem Beispiel mit der Verkäuferin und der Online-Bestellung? Fragen Sie sich: Angenommen, meine Abneigung hätte einen Sinn, worin könnte dieser liegen? Und wie könnte ich diesen Sinn nutzen, um mir eine neue, produktivere Einstellung zu dieser Führungsaufgabe zu erarbeiten, eine Einstellung, die mir das Leben von nun an leichter macht? Werden Sie Experte für Selbstveränderung, dann können Sie Ihren Mitarbeitern Veränderung auch gut verkaufen. Ich habe jahrelang meine Steuererklärung vor mir hergeschoben. Was mir regelmäßig über Wochen ein Leben mit einem schlechten Gewissen bescherte. Irgendwann kurz vor der Angst, setzte ich mich endlich hin und füllte meine Steuererklärung aus. Schließlich hatte ich einfach die Nase voll davon, dass ich mich jedes Jahr aufs Neue wochenlang schlecht fühlte. Ich dachte an das Reframing und beschloss, das Ganze in ein positives Licht zu rücken. Ich kam auf die Idee, meine übliche Steuerrückzahlung in Relation zu dem Stundenaufwand für die Fertigstellung der Steuererklärung zu setzen. Und siehe da, ich durfte erkennen, dass ich bei nichts einen höheren „Stundenlohn" hatte, als bei der Anfertigung meiner Steuererklärung. Das war für mich eine überzeugende Motivation, das Ganze nicht mehr wochenlang vor mir herzuschieben. Auf einmal war irgendwie eine „gute Energie" in dieser Sache. Inzwischen kriege ich kein Geld mehr zurück, sondern habe Nachzahlungen zu leisten. Aber ich habe dank der früheren Selbstmotivation inzwischen eine Routine beim Ausfüllen meiner Steuererklärung und da macht es keinen Unterschied. „Spielen" Sie mit sich selbst und Ihren Gedanken in ähnlicher Weise, wenn Ihnen nötige Führungsaufgaben so gar keinen Spaß machen. Schauen Sie, ob Ihnen nicht etwas einfällt, das die Sache in einem angenehmeren Licht erscheinen lässt und eines Tages zur Routine wird. Apropos Routine, sie ist der krönende Abschluss eines jeden Veränderungsprozesses.

Veränderung ist erst gelungen, wenn sie die neue Routine ist
Die gewünschte Veränderung ist erst gelungen, wenn sie zur neuen Routine geworden ist. Auch, wenn Sie die geplanten Veränderungen gut und überzeugend definiert und in ihrer Sinnfälligkeit und ihrem Nutzen für alle erklärt haben und am Ziel angelangt sind, ist damit der Prozess noch keineswegs beendet. Wie gesagt, Veränderung heißt, eine alte Stabilität durch eine neue zu ersetzen. Man könnte das Wort Stabilität auch durch das Wort Routine ersetzen. Das heißt, eine alte Routine muss durch eine neue Routine ersetzt werden. Erst, wenn die Veränderung gelebte Routine geworden ist, haben Sie Ihr Ziel erreicht, nicht vorher. Routine ist das, was wir machen, wenn wir schon jahrelang Auto fahren. Kennen Sie das? Sie fahren Auto auf der Landstraße oder Autobahn und Ihre Gedanken beginnen umherzuschweifen. Sie denken über dies und jenes nach und auf einmal schrecken Sie auf und fragen sich, wie Sie in den letzten 20 Minuten Auto gefahren sind. Als

hätte sich in Ihnen ein Autopilot eingeschaltet, sind Sie gefahren, ohne dass Sie daran gedacht haben. Erinnern Sie sich dagegen noch an Ihre ersten Fahrstunden? Oh Gott, man musste die Kupplung treten, den Gang einlegen, den Blinker betätigen, in den Rückspiegel schauen, alles auf einmal und ja nichts davon vergessen. Das war eine anstrengende Sache für die Nerven. Man hatte Angst, dass man es falsch macht, statt der Kupplung die Bremse tritt und vor lauter Aufregung den falschen Gang einlegt. Das kann einem heute nach vielen Jahren Praxis nicht mehr passieren. Alles läuft automatisch und wie am Schnürchen. Das ist Routine. Routine ist wie ein Wellness-Programm für unser Gehirn. Alles, was wir mit Routine machen, braucht wenig geistige Anstrengung und damit wenig Energie. Routine ist für unser Gehirn die effizienteste und ökonomischste Art, zu arbeiten. Und genau aus diesem Grund ist es so wichtig, dass die Veränderungen in Ihrem Unternehmen zu einer neuen Routine werden. Aber das werden sie nicht von selbst. Unser Gehirn stellt uns dabei gerne ein Bein, schließlich hatte es ja schon eine gute alte Routine und zu dieser kehrt es gern zurück. Aus Sicht des Gehirns hatte sich das Alte ja bewährt. Die alte Routine ist Ihr entscheidender Feind bei der Gestaltung einer neuen Stabilität beziehungsweise bei der erfolgreichen Installation einer Veränderung. Das heißt, Sie als Unternehmer haben die Aufgabe, das Neue weiterhin zu betreuen, bis es bei Ihnen und Ihren Mitarbeitern zur Routine geworden ist. Ich habe immer wieder Geschäftsführer oder allgemein Führungskräfte erlebt, die meinten, wenn man den Mitarbeitern etwas einmal umfassend erklärt habe, müsste es doch laufen. Und die Mitarbeiter hatten ja auch genickt als man fragte, ob alles verstanden wurde. Also, damit war es doch genug. Nein, das ist es leider nicht. Der anstrengendste Teil kommt erst noch, das ist der Kampf gegen die alte, nicht mehr erwünschte Routine. Und dieser Kampf wird gewonnen, wenn Sie als Führungskraft immer wieder hinschauen, ob das Neue gelebt wird und immer wieder klar machen, dass das Neue wirklich gilt. Ihre Mitarbeiter wollen Sie nicht sabotieren. Sie sind eben geborene Ökonomen. Veränderung kostet Kraft. Warum sich das antun, wenn man vielleicht wieder zum Alten zurückkehren kann, weil der Chef es sich inzwischen doch wieder anders überlegt hat. Das ist so, wie es ist und über die Ökonomie der menschlichen Natur braucht man sich nicht aufzuregen, mit dieser ökonomischen oder trägen Natur muss man rechnen und umgehen. Also, in den ersten Wochen nach der Einführung einer Veränderung haben Sie als Chef die Aufgabe, immer wieder auf der Bildfläche zu erscheinen und zu kontrollieren, dass alles nach neuem Muster läuft. Helfen Sie Ihren Mitarbeitern, eine neue Routine zu entwickeln. Machen Sie Mut und akzeptieren Sie die Klagen und Beschwerden. Diese Klagen und Beschwerden gelten vielleicht gar nicht der Neuerung als solcher, sondern vielmehr der Kraftanstrengung des Gehirns, um sich neu zu verschalten. Bleiben Sie geduldig und fragen Sie einfach zurück, was Ihre Mitarbeiter brauchen, um mit dem Neuen vertraut zu werden. Sobald das Neue zur Routine geworden ist, können Sie die Kontrolle reduzieren und sich darauf verlassen, dass nun alles wie gewünscht und fast von selbst läuft. Die Klagen dürften dann auch weniger werden. Sie können sich darauf verlassen, dass die neue Routine genau so stark und lebensfähig ist, wie die alte es war. Dann haben Sie es wirklich geschafft. Widerstände seitens Ihrer Mitarbeiter bei Veränderungen sind im Grunde genommen oftmals nichts anderes, als die Verteidigung einer vorhandenen Routine. Es ist die reine Ökonomie, dass man sich nicht verändern möchte. Nehmen Sie das also bitte nicht persönlich. Erklären Sie auch gerne Ihren Mitarbeitern, dass und warum Sie sie einige Wochen lang immer wieder kontrollieren werden. Sagen Sie ihnen, dass das eine Hilfestellung bei der Erarbeitung einer neuen Routine ist und kein Misstrauensbeweis oder der Versuch, irgendwelche Fehler zu finden und jemanden fertigzumachen. Sie dürfen mit ihnen auch gerne über das menschliche Gehirn und sein Bestreben nach minimalem Kraftaufwand philosophieren. Wie auch immer, das Neue braucht seine Zeit, bis es eine Routine geworden ist. Und für eine bestimmte Zeit sollte sie es dann auch erst einmal bleiben dürfen. Nur in äußerster Not sollten Sie jetzt gleich wieder eine neue Veränderung einführen. Sie laufen sonst Gefahr, dass Ihre Mitarbeiter für sich Stabilität durch eine raffinierte Veränderungssabotage herstellen und diese dann zur neuen Routine bei Ihren Mitarbeitern wird. Sie machen sich keinen Begriff davon, wie einfallsreich und raffiniert Mitarbeiter diesbezüglich sein können. Man beachte also: Gegen die (menschliche) Natur anzukämpfen, bekommt einem auf lange Sicht nicht gut, mit ihr zu kooperieren, ist hingegen der Weg zum Erfolg. Und für einen Unternehmer ist das auch der beste Weg, die eigenen Nerven zu schonen. Berücksichtigen Sie diese drei Grundprinzipien, die ich Ihnen soeben vorgestellt und erläutert habe. Sie sind ein nützlicher Leitfaden:

- **Wenn Veränderungen zu einem unternehmerischen Erfolg werden sollen, ist es wichtig, den Übergang von einer alten in eine neue Stabilität und damit den Zustand der partiellen Instabilität so effizient und so kurz wie möglich zu gestalten.**
- **Die größte wertschöpfende Leistung können Menschen in einem stabilen Umfeld erbringen.**
- **Die gewünschte Veränderung ist erst dann gelungen, wenn sie für alle Mitarbeiter zu einer neuen Routine geworden ist.**

Ihre Mitarbeiter dürfen nun erst einmal in der neuen Stabilität Bestleistungen erbringen und die Stabilität und Berechenbarkeit genießen. Und Sie betätigen sich als guter Manager, der diese neue Stabilität optimiert. In Ihrem Kopf dürfen Sie gerne schon einen neuen Plan für die nächste Veränderung entwickeln. Das ist Ihre Aufgabe als Unternehmer. Aber davon müssen Ihre Mitarbeiter nicht unbedingt etwas wissen. Das ist jetzt erst einmal nur Ihre Aufgabe. Damit sie gelingt, würde ich Ihnen gerne noch eine Methode vorstellen, die Ihnen vielleicht gefällt und die Ihnen in Zukunft dabei helfen kann, aus sich wirklich die Ideen herauszuholen, die in Ihnen stecken. Es handelt sich um die so genannte **Walt-Disney-Methode**. Sicher kennen Sie die Trickfilme von Walt Disney. Sein Unternehmen ist eines der erfolgreichsten weltweit. Vor Jahren suchten Psychologen, die sich mit dem Thema Veränderung beschäftigten, innovative und kreative Unternehmen auf, um herauszufinden, was deren Erfolgskonzepte sind. In dem Walt-Disney-Unternehmen sollen sie dabei etwas höchst Interessantes vorgefunden haben. Dort gab es wohl drei nebeneinanderliegende Zimmer mit jeweils einer Aufschrift an der Tür. An der ersten Tür stand *„der Träumer"*, an der zweiten Tür stand *„der Realisierer"* und an der dritten Tür stand *„der Kritiker"*. Was hatte es damit auf sich? Sie erhielten folgende Erklärung: In der Regel gibt es diese drei „Personen" in jedem von uns. Der Träumer liefert eine Idee im Sinne: Das ist mein Traum. Der Realisierer prüft die Idee darauf hin, wie sie realisiert werden kann beziehungsweise wie realistisch sie ist und der Kritiker sagt uns, warum diese Idee scheitern kann oder wird. So weit, so gut. Das Problem ist, dass in uns leider alle drei auf einmal das Wort ergreifen und am Ende der Kritiker alles wegbügelt, was der Träumer vorgelegt hat. Schade, meinte man bei Walt Disney. Also dachte man sich, man müsse dafür sorgen, dass alle drei fein getrennt und nacheinander zu Wort kommen. Von nun an gingen die Menschen, die neue Ideen entwickeln wollten, zuerst in den Raum mit der Aufschrift *„der Träumer"* und träumten, das heißt sie entwickelten frei und ohne Begrenzungen, vor allem, ohne innere Zensur, ihre Ideen. Die Stimme, die sich normalerweise als die Stimme der Vernunft dazwischen hängt und sofort die Probleme der Umsetzung zum Thema macht, blieb erst einmal stumm und störte nicht. Auf diese Weise konzentrierte sich jeder auf die Findung und Entwicklung von Ideen, ohne an deren Realisierung zu denken. Dadurch wurde das Potenzial der Ideenfindung bei jedem Beteiligten optimal ausgeschöpft. Es wurden mehr und auch außergewöhnlichere Ideen entwickelt als sonst. Wenn man sich dann „ausgeträumt" hatte, ging man mit den bereits entwickelten Ideen in den Raum mit der Aufschrift *„der Realisierer"* und beschäftigte sich mit der Frage, wie die vorgelegten Ideen umzusetzen wären. Dabei ließ man Gefahren, Hindernisse und Risiken völlig außer Acht, die würde man im Zimmer des Kritikers zum Thema machen. Jetzt sollte es ausschließlich darum gehen, wie etwas realisiert werden könnte und nicht warum man auf die Umsetzung lieber verzichten sollte. Wie heißt es so schön? Wer will, findet Wege, wer nicht will, findet Gründe. Beim *„Realisierer"* geht es um Wege, etwas umzusetzen, nicht um Gründe, es bleiben zu lassen. Nachdem man die Umsetzung gründlich und erschöpfend diskutiert hatte, ging man mit der Idee und dem Umsetzungskonzept in das Zimmer des Kritikers und ließ nun dem Kritiker alle Freiheit, sich zu äußern. Nun kamen Risiken und Probleme zur Sprache. Am Ende hatte man einen umfassenden Eindruck davon, welche Ideen wie umgesetzt werden sollten und worauf man zu achten habe, um Risiken zu minimieren. Der große Vorteil dieser Methode ist der, dass die drei „Personen" sich nicht gegenseitig behindern können. Denn Hand aufs Herz, kennen Sie das nicht auch, dass Sie sich bestimmte Ideen gar nicht erst erlauben, weil sie Ihnen unrealistisch vorkommen und Ihr innerer Kritiker Ihnen sofort mitteilt, was da alles schief gehen könnte und warum man es lieber bleiben lassen sollte? Ich denke, das kennt jeder von uns. Diese drei Stimmen sind alle drei wichtig. Sie sollen zu Wort kommen aber sie sollen sich nicht gegenseitig behindern. Das ist die Essenz dieser Walt-Disney-Methode. Nun brauchen Sie in Ihrem Unternehmen nicht gleich drei Räume für diese Helfer einzurichten. Nehmen Sie doch einfach drei Blatt Papier, schreiben Sie auf dem einen Blatt *„der Träumer"*, auf dem zweiten *„der Realiserer"* und auf dem dritten *„der Kritiker"*. Und dann beginnen Sie damit, auf dem Blatt des Träumers Ihre Ideen zu formulieren. Wichtig ist, dass der Realisierer und der Kritiker in dem Moment schweigen. Sie kommen später zu Wort. Probieren Sie es aus, vielleicht werden Sie sehr überrascht sein, wie zügig Sie auf diese Weise zu Problemlösungen und neuen Ideen kommen werden, die Ihr Unternehmen weiterbringen. Außerdem helfen Ihnen genau diese drei, eine Veränderung von Anfang an umfassend und detailliert vorzudenken. Das wäre ein guter Start.

Es gibt zu dem Thema Veränderung so viel Literatur, dass man damit eine Bibliothek füllen könnte. Ich habe Ihnen Wesentliches vorgestellt und zu bedenken gegeben, mit dem Sie nach meiner Erfahrung hoffentlich erst einmal gut weiterkommen. Die Unternehmen, mit denen ich an Veränderungen gearbeitet habe, konnten von diesen Erkenntnissen und Hinweisen gut profitieren. Es spricht nichts dagegen, sich mit der Zeit auch andere Ideen, Erkenntnisse und Überlegungen zu gönnen. Das Angebot ist riesig. Wichtig ist dabei, dass Sie sich vor Beratern hüten, die Ihnen das Gefühl geben, alles in Ihrem Unternehmen laufe falsch und müsse geändert werden. Das ist, wie bereits gesagt, niemals richtig und bringt Ihnen und Ihrem Unternehmen insofern Schaden, als dass diese Haltung die Weichen zu massiver Instabilität stellt. Davor kann ich nur warnen. Ich hoffe, ich konnte Ihnen überzeugend erklären, warum. Veränderung ist die Umwandlung von einer alten in eine neue Stabilität. Veränderung sollte immer im Sinne der Herstellung von Stabilität verstanden und gedacht werden. Zu wissen, was alles so bleiben darf und muss, wie es ist, auf der einen Seite und treffsicher herauszufinden, was sich unbedingt ändern muss und warum, auf der anderen Seite, macht die Professionalität in der Unternehmensführung aus. Berater sollten diese Art von Professionalität aufweisen oder sie sind keine guten Berater. Anzukommen, alles aufzuwirbeln und dann wieder zu verschwinden, ist nicht das, was Ihr Unternehmen und Ihre Mitarbeiter brauchen, das macht in der Konsequenz mehr Probleme, als es hilft, welche zu lösen. Gönnen Sie sich gerne externe Hilfe aber lassen Sie sich nicht dazu überreden, Unruhe zu stiften, damit Ihre Berater nachweisen können, dass sie ja etwas getan haben und ihr Geld zu Recht verdienen. Ein guter Dienstleister ist ein guter Zuhörer. Ein Berater, der Ihnen seine Leistung verkaufen möchte, sollte sich die Zeit nehmen, ausführlich zuzuhören und Ihnen dann Veränderungen an ausgewählten Punkten empfehlen, die bei minimalstem Kraftaufwand die größte gewünschte Veränderungswirkung haben. Das ist ein bisschen wie ein chirurgischer Eingriff. Da achtet ein guter Arzt auch darauf, dass er den Patienten nicht mehr aufschneidet, als unbedingt nötig und dass der Eingriff so begrenzt und so zügig wie möglich erfolgt. Übrigens gilt das auch für Sie persönlich. Auch hier gilt, dass Sie als Unternehmer schon unglaublich vieles richtig machen. Das heißt, hüten Sie sich vor Beratern, die Sie und Ihren Führungsstil als ein einziges Problem darstellen wollen, das umfassend verändert werden müsse. Nach allem, was ich erlebt habe, machen selbst ganz junge Unternehmer schon vieles richtig und angemessen. Es hakt manchmal nur an kleinen Dingen, aber die können leider richtig Ärger bereiten. Das ist wie mit Zahnschmerzen. Es ist nur ein kleines Löchelchen an einem einzigen Zahn, aber der kann den ganzen Menschen schachmatt setzen. Um das Problem zu beheben, setzt der Zahnarzt präzise an und bohrt. Dann geht es Ihnen wieder gut. Ein guter Berater sollte eben diese eine faule Stelle in Ihrem Unternehmen herausfinden und bohren. Er hat immer im Blick, dass mit minimalstem Aufwand das wirkliche Problem gelöst wird. Und so ist es auch mit Veränderungen in Ihrem Unternehmen. Es geht darum einzuschätzen, was genau in überschaubarem Maße wie weiterentwickelt werden sollte und was davon Sie alleine gut können und an welcher Stelle Sie die Hilfe von externen Experten brauchen. Ein guter Berater lässt komplizierte Aufgaben leicht handhabbar erscheinen. Er zeigt nicht nur Wege auf, er macht auch Mut und Hoffnung, dass es gelingt. Sie brauchen keinen Berater, der aus Ihrem Unternehmen und Ihrer Person ein Problem macht. Sie brauchen übrigens auch eine Gesundheit, die Ihnen kein Problem macht. Deshalb würde ich Ihnen gerne noch einiges zum Thema Bournout mitgeben. Dieses Thema erfordert einen ganz besonders starken Veränderungswillen.

Brennen – ohne auszubrennen – wo ist Ihr Limit?
Es liegt auf der Hand, dass Sie Ihr Unternehmen nur gut managen und führen können, wenn Sie mental stabil sind und es Ihnen gesundheitlich gut geht. Ist das nicht der Fall, wird auch die einfachste Aufgabe zur nervigen Belastung und Überforderung. Aus diesem Grund gehört die Frage nach der Erhaltung und Pflege Ihrer Gesundheit und Leistungskraft zwingend in dieses Kapitel. Natürlich kann auch eine mangelhafte Beherrschung der Grundlagen der Unternehmensführung Ihre Kräfte auf Dauer auszehren. Tatsächlich ist das oft der Fall. Wissen macht alles leichter, haben wir gelernt. Das heißt auch, dass Unwissen alles schwerer und komplizierter macht. Wenn Sie jung sind oder erst seit kurzem ein eigenes Unternehmen leiten, ist Ihre ganz persönliche Batterie vermutlich noch schön voll und die Begeisterung, aus der Sie Ihre Kraft schöpfen, ungebrochen. Sie „brennen" für Ihr Unternehmen aber Sie brennen nicht aus. Sie können es sich noch leisten, mehr Kraft und Energie in Ihre Unternehmensführung zu stecken, als bei professionellem Management und professioneller Führung nötig wäre. Ich habe viele junge Unternehmer kennengelernt, die mit ihrer

Kraft und jugendlichen Energie ihre mangelhaften Führungskompetenzen einigermaßen gut ausgleichen konnten. Leider haben viele daraus die Schussfolgerung gezogen, dass es nicht nötig sei, Unternehmensführung zu lernen. Man hatte ja die Erfahrung gemacht, dass es „irgendwie" auch ohne ging. Mit den Jahren jedoch lässt beides etwas nach, die Kraft und die Begeisterung. Manchmal lassen sie beide so sehr nach, dass man sich ausgebrannt und zunehmend lustlos fühlt. Das ist dann der Moment, wo es sowohl für den Unternehmer als auch für das Unternehmen gefährlich wird, nicht zuletzt deshalb, weil das Unternehmen in seiner Lebensfähigkeit zumeist stark von der Präsenz und Leistungsfähigkeit seines Inhabers abhängt. Und der Inhaber, der sich dessen voll bewusst ist, traut sich aus eben diesem Grund nicht, länger abwesend zu sein, um seine Batterien wieder voll aufzutanken. Das ist ein Teufelskreis, der sich nicht nur sehr unangenehm anfühlt, ihm standzuhalten, verbraucht auch sehr viel Kraft. Die vielen Anforderungen, denen man als Unternehmer gerecht werden muss, machen es auch nicht leichter, aus diesem Teufelskreis herauszufinden. Schauen wir uns noch einmal an, aus welchen generellen Anforderungen Ihr Leben als Unternehmer besteht. Da wären:

1. Die multifunktionale Beanspruchung beziehungsweise Überlastung als Unternehmer und Manager
2. Die Weiterentwicklung Ihrer fachlichen Expertise sowie die Mitarbeit in Ihrem Team
3. Die Erwartungen Ihrer Familie und Freunde
4. Die Anforderungen Ihres eigenen Lebens, das heißt, Ihre ganz persönlichen Reifeprozesse und Ihre Zufriedenheit mit dem Verlauf und dem Sinn Ihres Lebens

Das ist nicht wenig. Was ist davon der Punkt, der am ehesten in der Lage ist, Sie ins Burnout zu treiben? Nach allem, was ich in den letzten 30 Jahren sowohl bei anderen, als auch bei mir selbst beobachtet und erlebt habe, würde ich sagen: Ausgebrannt und am Limit ist man wegen Punkt vier. Das heißt, weder die Anforderungen Ihres Unternehmens, noch die Erwartungen Ihres privaten sozialen Umfeldes bringen Sie zwingend an Ihr Limit. Es sind die (ignorierten) Bedürfnisse Ihres eigenen „Ichs", die Ihnen die Batterie leer ziehen. Oder präziser formuliert: Wenn Sie von der multifunktionalen Beanspruchung durch Ihr Unternehmen dauerhaft überfordert sind, neigen Sie dazu, sich Erleichterung zu verschaffen, indem Sie die Anforderungen aus Punkt vier hintenanstellen und stiefmütterlich behandeln. Wenn Sie aber die Bedürfnisse Ihres eigenen menschlichen Reifeprozesses aus welchen Gründen auch immer, anhaltend über einen langen Zeitraum ignorieren oder ungenügend befriedigen, entsteht eine gewaltige seelische Frustration, eine Art innerseelischer Aufstand. Die tägliche Verdrängung dieser Frustration kostet Sie enorme Kraft und kann Ihre Energie schließlich aufzehren. Das ist ein schleichender und meistens völlig unterschätzter Prozess, der sich lange ignorieren lässt, bis er sich irgendwann über einen wie auch immer gearteten Kollaps entlädt.

Wie immer auch dieser Kollaps konkret aussieht, er ist meist Folge dieser Dynamik. Lassen Sie uns diese Behauptung etwas näher beleuchten und lassen Sie uns zu diesem Zweck einen Begriff verwenden, der derzeit in aller Munde ist: Burnout. Das ist ein englischer Begriff und heißt: ausbrennen. Offiziell wird in der Fachwelt Burnout nicht als eine Krankheit verstanden sondern als *„Probleme mit Bezug auf Schwierigkeiten bei der Lebensbewältigung."* [18] Das bedeutet nicht, dass ein Burnout nicht mit handfesten gesundheitlichen Beschwerden und Symptomen verbunden sein kann. Tatsächlich ist das sogar die Regel. Dann ist der sofortige Besuch bei einem Facharzt unumgänglich und absolut zu empfehlen. Burnout erfolgreich zu behandeln, hat vor allem eine Grundvoraussetzung, nämlich, dass man bereit ist, anzuerkennen: Ich habe ein Problem, es gibt eine Lösung und es ist in Ordnung, nach Hilfe zu schauen und diese anzunehmen.

Nachfolgend liste ich einige Symptome auf, die ich in meiner Arbeit mit Führungskräften und Mitarbeitern am meisten beobachten, beziehungsweise in ihren Auswirkungen auf die Arbeit erleben konnte. Wenn Sie einige davon bei sich feststellen oder als problematisch vermuten, sollten Sie sich umgehend die Hilfe eines Facharztes organisieren.

- Erhöhte Stimmungslabilität
- Verminderte Belastbarkeit
- Verstärkte Infekt Anfälligkeit
- Gewichtsschwankungen
  (starke Gewichtszunahme/starke Gewichtsabnahme)
- Ständige Nervosität
- Schlafstörungen, nicht Einschlafen können, nachts aufwachen und Probleme wälzen
- Innere Unruhe, Reizbarkeit, Aggressivität
- Unfähigkeit sich zu erholen, Urlaub wird oft als Stress erlebt oder „Leisure Disease"
- Kopf- und Rückenschmerzen
- Magen- und Darmbeschwerden
- Libido-Verlust ...

Als Leisure Disease bezeichnet man ein Phänomen, bei dem man immer dann krank wird, wenn man sich eigentlich endlich einmal richtig erholen könnte. Das Wort stammt aus dem Englischen und setzt sich aus den zwei Worten „leisure" (Erholung) und „disease" (Krankheit) zusammen. Gar nicht zu empfehlen sind folgende Versuche der Selbstbehandlung:

- Kaffee, Nikotin, Alkohol
- Nicht verschreibungspflichtige Arzneimittel
- Überehrgeiziger Sport
- Sich noch mehr anstrengen
- Sich „zusammenreißen"

Ich lasse nachfolgend die medizinisch relevanten Symptome außer Acht, weil ich kein Arzt bin und bereits darauf hingewiesen habe, dass Sie bitte zu einem solchen gehen, wenn Sie medizinisch relevate Symptome haben oder auch nur glauben, diese zu haben. Kommen wir nun zu den medizinisch weniger relevanten Symptomen. Diese wären ganz generell die Folgenden:

1. Mentale Erschöpfung
2. Depersonalisierung
3. Untypische Zunahme von Misserfolgen

Die entsprechende Fachliteratur weist noch weitere Symptome auf. Während meiner Arbeit in den Unternehmen haben sich aber vor allem diese obigen drei als besonders auffallend und bedeutsam erwiesen.
Bei der **mentalen Erschöpfung** fühlt sich der Betroffene schwach, kraftlos, müde und matt. Er leidet unter Antriebsschwäche und ist leicht reizbar. Das Gefühl, nicht mehr über genug Kraft und Energie zu verfügen, lässt jede Anforderung als eine Überforderung erscheinen. Man ist unkonzentriert und hat immer weniger Zugang zu seinen Leistungspotenzialen. Darüber hinaus fällt es schwer, sich zu freuen oder den Sinn in dem zu sehen, was man tut. Das ganze Leben scheint fragwürdig zu sein. Vor allem auf dem zwischenmenschlichen Gebiet ist man unzufrieden und fühlt sich überfordert. Man ist oft unentschlossen und ratlos. Es fühlt sich an, als würde einem das Leben entgleiten.

Der Begriff **Depersonalisierung** beschreibt den Versuch des Betroffenen, zwischen sich selbst und seinen Mitmenschen (Kunden, Kollegen, Freunden, Familienmitgliedern) eine Distanz herzustellen. Er wirkt zunehmend gleichgültig gegenüber anderen Menschen und legt teilweise sogar eine regelrecht zynische Einstellung an den Tag, obwohl das bisher nicht typisch für ihn war. Er lässt die Interessen, Probleme und Wünsche der Kunden, Kollegen, Freunde und Familienmitglieder nicht mehr an sich heran und rettet sich in eine Art Formalismus. Die Arbeit wird zu einer rein unpersönlichen Routine. Ich habe jahrelang als Personalentwickler in Pflegeunternehmen gearbeitet und konnte das Phänomen der Depersonalisierung bei vielen erschöpften Pflegern beobachten. Pfleger, die bisher als sehr warmherzig, engagiert und fürsorglich erlebt wurden, waren auf einmal gleichgültig bis zynisch. Ihre Kollegen und Führungskräfte waren ratlos. Es wurde in der Regel versucht, diese unglückliche Wandlung disziplinarisch zu ahnden. Das brachte natürlich nicht den erwünschten Erfolg. Im Gespräch mit den betreffenden Mitarbeitern wurde deutlich, dass diese im Grunde am meisten unter ihrer Veränderung litten. Sie hatten bisher ein anderes Bild von sich. Da flossen nicht selten Tränen. Erst, als wir ein mögliches Burnout als Ursache diskutierten, kamen wir dem eigentlichen Problem und einer möglichen Lösung näher.

Es ist keine Überraschung, dass ein Mensch auf diese Weise eine **Zunahme an Misserfolgen** erlebt. Er hat das Gefühl, dass er trotz Überlastung nicht viel erreichen oder bewirken kann. Es mangelt an Erfolgserlebnissen. Weil sich Anforderungen in der Regel verändern, er aber kaum noch Kraft für Veränderung hat, erscheint nun die eigene Leistung im Vergleich zu den wachsenden Anforderungen immer geringer. Die Diskrepanz zwischen Anforderung und Leistung nimmt der Betroffene als persönliches Versagen wahr. Dies ist auch eine Folge der Depersonalisierung, weil die Betroffenen sich von ihren Mitmenschen entfernt haben und darum Erwartungen nicht mehr ausreichend wahrnehmen, geschweige denn wirksam darauf eingehen können. Darunter leidet der Glaube an den Sinn der eigenen Tätigkeit und des eigenen Lebens. Einem Menschen mit Burnout erscheint sein Leben wenig sinnvoll.
Die Frage ist nun, was ist die Ursache von Burnout? Sind es die hohen Anforderungen der Arbeit? Sind es Erwartungen der Familie? Friedrich Wilhelm Nietzsche soll gesagt haben: *„Wer ein Warum zu leben hat, erträgt fast jedes Wie."* [19] Das könnte ich aus meiner Arbeit in den Unternehmen bestätigen. Ich habe es nur allzu oft bei mir und anderen erlebt. Wenn man weiß, warum man etwas tut und das Ganze für einen selbst einen Sinn hat oder zu haben scheint, dann kann man über einen langen Zeitraum Höchstleistungen erbringen, ohne auszubrennen. Man ist dann zwar abends müde und geht früh zu Bett, aber man schläft auch gut, weil man mit sich und dem Leben im Reinen ist. Am anderen Morgen ist man wieder erholt und bereit zu neuen Taten.

Wenn man aber von der Sinnhaftigkeit einer Arbeit nicht überzeugt ist und man nicht so richtig dahinter steht, dann ist jede Anforderung eine Anforderung zu viel. Alles kommt einem anstrengend vor und man ist abends nicht nur matt, sondern auch frustriert. Man könnte nach Nietzsche sagen: Wer kein überzeugendes Warum hat, erträgt auch kein Wie. Ist Burnout also die Folge einer Sinnkrise? Schauen wir uns doch einmal die Sinnhaftigkeit einiger Glaubenssätze oder Haltungen an, die durchaus sehr verbreitet sind, nicht zuletzt in Unternehmerkreisen, und die uns dahin treiben, mit unserer Energie rücksichtslos umzugehen:

- Workaholics sind die Helden der Neuzeit.
- Wer immer bereit ist Überstunden zu machen, ist hoch motiviert.
- Für Erfolg muss man hart kämpfen.
- Wer es sich leicht macht, ist oberflächlich und faul.
- Wenn ich es nicht tue, macht es niemand richtig.

Finden Sie sich bei der einen oder anderen Aussage wieder? Jeder dieser Sätze ist geeignet, einen Menschen in die Überforderung und Erschöpfung zu treiben. Allerdings ist auch keine dieser Aussagen zutreffend. Man weiß heute, dass Workaholics leider nicht besonders leistungsfähig sind. Wir sind nicht dazu geschaffen, 60 oder 70 Stunden in der Woche Höchstleistungen zu vollbringen. Wer sich nie richtig regeneriert, wird irgendwann einfach nicht mehr richtig leistungsfähig sein. Wer keine Zeit und keine Nerven für andere Themen im Leben hat, außer der Arbeit, verarmt innerlich und begrenzt damit seine Kreativität und Inspiration, aus der er ja gerade Kraft ziehen könnte. Ich erinnere mich noch an die erste Vorlesung meines Professors für Ökonomie. Er gab uns Studenten damals Folgendes mit auf den Weg: *„Wenn ihr nur Ökonomen seid und sonst gar nichts, werdet ihr niemals gute Ökonomen sein."* Ich kann nur sagen, er hatte Recht. Ich habe als Ökonom immer von meinen Interessen jenseits der Ökonomie profitiert und zwar in ganz erheblichem Maße. Die geistige und charakterliche Einseitigkeit (man könnte auch sagen Armut) von Workaholics ist gewiss kein Plus-

punkt für den Erfolg eines Unternehmens. Unabhängig davon, dass jedwedes Suchtverhalten kontraproduktiv ist. Und stimmt es, dass jemand, der ständig Überstunden macht, damit beweist, dass er hoch motiviert ist? Vielleicht ist er schlicht einfallslos und weiß sonst nichts mit sich anzufangen? Oder er braucht einfach mehr Zeit als die anderen Kollegen, weil er mit Zeit ineffizient umgeht? Vielleicht ist er unstrukturiert? Oder ihm fehlt es an fachlicher Kompetenz, sodass er für eine Arbeit mehr Zeit braucht, als ein kompetenter Mitarbeiter? Außerdem, worum geht es eigentlich bei der Arbeit, um den Aufwand oder um das Ergebnis? Überstunden zeugen von einem großen Aufwand an Zeit aber das heißt nicht, dass das Ergebnis entsprechend gut ist. Das Prinzip der Ökonomie lautet nicht: Arbeite mit einem Maximum an Aufwand. Das Prinzip der Ökonomie lautet: Tue weniger und erreiche mehr! Ständige Überstunden sind in diesem Sinne also weniger ein Beweis für eine hohe Motivation, sondern vor allem für einen Mangel an (Zeit-)Ökonomie. Das ist dann auch gleich die Antwort auf die Frage, ob es denn stimme, dass man für Erfolg immer hart kämpfen müsse. Das mag manchmal nötig sein, aber bitte nicht auf Dauer. Und je professioneller ich mein Handwerkszeug beherrsche, je öfter wird sich Erfolg einstellen, ohne dass ich dafür mein ganzes Leben und ein Maximum an Energie in den Dienst eines wie auch immer definierten Erfolgs stellen muss. Erinnern Sie sich an die Prinzipien der Vereinfachung? Wissen macht alles einfacher. Zu glauben, dass ein Defizit an Wissen und Sachkompetenz dauerhaft mit einem Maximum an Energieaufwand ausgeglichen werden könnte, ist ein folgenschwerer Irrtum. Man kann ein schweres Fass mit reiner Muskelkraft den Berg hinaufrollen. Man kann aber auch eine Seilwinde benutzen. Ist der mit der Seilwinde nun weniger motiviert als der, der das Fass mit seiner Muskelkraft hochwuchtet? Ist jemand, der es sich leicht macht, also wirklich zwingend oberflächlich und faul? Oder ist er einfach jemand, der weiß, wie man Dinge und Prozesse vereinfacht? Vielleicht ist gerade der, der es sich einfach macht, ein genialer Mitarbeiter?
Und gibt es außer mir wirklich niemanden, der „es" auch so gut wie ich kann? Muss wirklich ich alles machen oder sollte man einfach lernen,

wie man delegiert und Anweisungen so formuliert, dass der Andere sie versteht und genau weiß, was er wie tun muss? Aber vielleicht würde ich mich ja zunehmend überflüssig fühlen, weil die anderen „es" genau so gut können? Wer bin ich, wenn ich ersetzbar bin? Welchen Sinn hat dann mein Leben, wenn ich nicht mehr nötig und damit „wichtig" bin? Und geht mein Unternehmen wirklich den Bach runter, wenn wir uns nicht alle ständig mit Volldampf auspowern? Ich finde, man darf und sollte sich diese Fragen stellen. Wenn man Symptome von Erschöpfung aufweist, sollte man sie sich sogar unbedingt stellen. Verinnerlichen Sie bitte die Prinzipien der Vereinfachung. Sie können eine Lösung sein. Dabei ist die Vereinfachung über Wissen ein Königsweg. Das „Mantra" für überlastete Unternehmer lautet also: Wissen macht alles einfacher. Ich habe oft, ich möchte sogar sagen zu oft, erlebt, dass gerade Menschen, die überfordert waren, sich weigerten zu lernen, wie man es einfacher haben könnte. Es gibt da einen „Witz", der passt: Steht ein Mann am Fluss und hält einen Stock, an dem ein Bindfaden hängt, ins Wasser und will damit Fische fangen. Er hat aber auch nach Stunden noch keinen einzigen Fisch gefangen. Kommt ein anderer Mann vorbei, sieht das, geht zu dem Angler und sagt: Komm doch mal mit, ich habe eine tolle moderne Angel mit Köder bei mir zu Hause. Ich gebe sie dir und bringe dir bei, wie man es macht, dann fängst du sicherlich auch Fische. Antwortet der Angler: Keine Zeit, ich muss angeln.

Das habe ich im übertragenen Sinne bei vielen Menschen erlebt. Sie haben ein Problem und beklagen sich, wollen aber nicht lernen, was man anders tun könnte, angeblich weil sie dafür keine Zeit haben. Mit dieser Begründung investierten sie dann sehenden Auges weiterhin jede Menge Zeit in den Mißerfolg. Platon soll schon vor rund zweitausend Jahren gesagt haben: *„Es ist keine Schande, nicht zu wissen, wohl aber, nichts lernen zu wollen."* [20] Wenn man bedenkt, dass dieser Spruch seit über 2000 Jahren aktuell ist, bekommt man eine Ahnung davon, wie hartnäckig das Problem der Lernverweigerung ist. Nicht selten leiden Workaholics und Menschen am Rande des Burnouts an den Folgen ihrer jahrelangen Lernverweigerung. Es gibt da einen Veränderungs- und Wachstumsstau, der sie massiv belastet. Und wenn sie sich dann noch selbst mit Erwartungen konfrontieren, die kaum mehr zu erfüllen sind, befinden sie sich in einer verzweifelten Lage. Überzogene, perfektionistische Erwartungen an sich selbst und an andere sind gut geeignet, uns an die Grenzen des Erträglichen zu bringen. Sind es also unsere Vorstellungen von der Welt und unsere Anforderungen an uns selbst, die uns in die Überforderung treiben? Es scheint so. Erinnern Sie sich, Burnout wird offiziell definiert als: Probleme haben bei der Lebensbewältigung. Das Problem ist dabei nicht, dass Sie beispielsweise von sich erwarten, guter Stimmung, ausgeglichen, leistungsfähig sowie beliebt und anerkannt zu sein. Das Problem liegt in der Anforderung, IMMER so zu sein.

Ich würde beim Thema Burnout ungern auf eine etwas tiefere philosophische beziehungsweise psychologische Betrachtung verzichten, weil ich zu der Erkenntnis gekommen bin, dass das Thema eine solche verdient. Zu diesem Zwecke möchte ich noch einmal auf den amerikanischen Psychologen Irvin Yalom zurückkommen. Ich hatte ihn bereits im ersten Kapitel erwähnt als es um Angst und Isolation ging. Yalom vertritt den Standpunkt, dass es vier existenzielle Fragen gibt, mit denen jeder Mensch zu kämpfen habe und sei es auch nur in Form von Verdrängung. Je nachdem, wie gut es uns gelingt, mit diesen existenziellen Fragen umzugehen und für uns passende Antworten zu finden, geht es uns gut oder auch nicht. Diese vier existenziellen Fragen oder besser Themen sind [21]:

- Tod
- Existenzielle Sinnlosigkeit
- Letztendliche Isolation
- Freiheit und Verantwortung

Wir und die Menschen, die wir lieben, werden eines Tages sterben. Diese Tatsache kann man lange Zeit verdrängen aber irgendwann passiert es. Doch was hat das mit meinem Unternehmertum oder einem Burnout zu tun, fragen Sie jetzt vielleicht? Interessant sind Yaloms Überlegungen, durch welche „Tricks" Menschen versuchen, die seelische Wucht des Todes für sich erträglich zu machen. Da gibt es viele Wege. Nach Yalom ist zum Beispiel der Glaube an die eigene Besonderheit ein Weg, der Todesangst zu entrinnen. Das meint, wenn ich etwas Besonderes bin und nicht so wie alle anderen, dann trifft für mich auch nicht das zu, was für alle anderen zutrifft. Dann trifft für mich auch nicht die Sterblichkeit zu, jedenfalls nicht im gleichen Maße. Wie viele der großen oder angeblich großen Taten in der Geschichte begangen wurden, weil man damit besonders und unsterblich sein wollte, wäre sicher eine Frage, deren Beantwortung ein interessantes Buch ergeben würde. Der Glaube an die eigene Besonderheit kann ein starker Motor sein, sich durch Spitzenleistungen, außergewöhnlichen Wohlstand oder anderes von der „Masse" abzuheben. Wenn das der Motor für ein eigenes Unternehmen ist, kann das eine sehr riskante Angelegenheit für den eigenen Seelenfrieden sein. In Krisenzeiten birgt eine solche Motivation ein erhebliches Störpotenzial für ein sachbezogenes und ruhig überlegtes Managen der Probleme. Dann ist das kleinste Wackeln auf dem Konto, jedes Scheitern und jeder Fehler bereits ein Angriff auf den Glauben an die eigene Besonderheit, weil mir gerade etwas passiert, was mich zurückwirft in die „Masse" der Anderen. Mir passiert etwas, was jedem passieren kann. Damit bin ich nicht mehr besonders, sondern normal. Die (unbewusste) Angst vor dem „Abstieg in die normale Masse" kann in Krisenzeiten enormen zusätzlichen Stress produzieren. Die Anstrengungen zur Überwindung der wirtschaftlichen Probleme, werden dadurch zusätzlich durch die eigene Seelendynamik belastet, die einem das düstere Bild von der größten möglichen Katastrophe vor Augen führt: Wenn ich scheitere, bin ich Teil der Masse und nichts Besonderes mehr. Die Ursache von Angst und Stress sind in diesem Falle nicht nur im wirtschaftlichen Äußeren zu finden, sondern auch und vor allem im eigenen Inneren. Das Thema Tod ist ein recht gewaltiges und darüber hinaus in unserer Gesellschaft ein sehr gut verdrängtes Thema. Tatsächlich ist ihm früher oder später nicht zu entkommen. Sich hier eine gewisse Gelassenheit zu erarbeiten, kann Sie in Ihrer täglichen Arbeit als Unternehmer sehr entlasten. Das Risiko des unterneh-

merischen Scheiterns ist leider eine Tatsache, der Sie seelisch nicht sehr gut gewachsen sein werden, wenn Sie sich zusätzlich mit Ängsten belasten, deren Wesen Ihnen nicht bewusst ist. Klahrheit heilt, Verwirrung macht krank. Vielleicht haben Sie irgendwann Lust, sich mit dem Thema Tod zu beschäftigen. Sicher, es wirkt nicht sehr verlockend. Aber es ist sehr heilsam.
Kommen wir zur Isolation. Über Isolation habe ich bereits im ersten Kapitel etwas gesagt. Als Unternehmer ist man isoliert. Mit dieser Tatsache sollte man besser früher statt später seinen Frieden machen. Ich werde im dritten Kapitel noch einmal darauf zurückkommen, wenn es um Mitarbeiterführung geht. Gehen wir daher gleich zum Thema Freiheit und Verantwortung über. Dass Sie die Freiheit Ihres eigenen Unternehmens mit einer größeren Verantwortung für Sieg und Niederlage bezahlen, liegt auf der Hand. Es gibt einerseits keine Freiheit ohne Verantwortung. Andererseits führt Verantwortung in die Freiheit. Wer keine Verantwortung übernimmt, reduziert seine Freiheit. Sie haben sich für ein sehr großes Maß an Freiheit entschieden zu dem Preis eines maximalen Risikos. Sie leben als Unternehmer ohne Netz und doppelten Boden. Sie haben sich quasi dafür entschieden, an allem allein „schuld zu sein". Wenn das die Seele nicht „in Stress-Stimmung" hält, was dann? Kommen wir nun zum letzten existenziellen Problem nach Yalom, der existenziellen Sinnlosigkeit. Dieses Thema würde ich gerne kurz etwas näher beleuchten, weil es uns wieder zur Frage der Burnout-Prävention zurückbringt. Irvin Yalom meint, dass wir zwar unserem Leben einen Sinn geben können, das Leben aber nicht natürlicherweise und von vornherein einen Sinn hat. Wir haben ein Bedürfnis nach Sinn und wir wollen Sinnlosigkeit vermeiden. Darum brauchen wir eine zufriedenstellende Antwort auf die Frage nach dem Sinn unseres Lebens. Dem eigenen Leben einen befriedigenden Sinn zu geben, ist ein hochkreativer Akt, bei dem wir scheitern können. Was ist der Sinn meines Lebens? So verschieden jeder Mensch diese Frage auch beantworten mag. Im Wesen wird die Antwort ein und der gleichen Logik folgen müssen, um zufriedenstellend zu sein. Dazu möchte ich nochmals den Schweizer Psychologen C.G. Jung zitieren: *„In dem Maße, als man, dem*

eigenen Gesetz untreu, nicht zur Persönlichkeit wird, hat man den Sinn seines Lebens verpaßt." [13] Der Sinn des Lebens liegt also darin, ein Leben zu führen, bei dem wir unserem eigenen Gesetz treu bleiben und dadurch eine Persönlichkeit werden. Deshalb brennen manche Menschen auch bei Höchstleistungen nicht aus. Voraussetzung ist, dass die Höchstleistung Ausdruck ihrer Persönlichkeit und eines Lebens ist, bei dem sie dem eigenen Gesetz treu bleiben. Wenn wir aber dauerhaft Leistung erbringen, die der Natur unserer Persönlichkeit zuwider läuft und damit nicht Ausdruck unserer eigenen Gesetze ist, sondern Ausdruck unserer Anpassung an Gesetze, die mit unserer innersten Natur nichts zu tun haben, wird sich unsere Seele dagegen wehren. Unsere Seele fordert dann quasi, dass wir umkehren. Andernfalls geht sie sozusagen in einen Aufstand gegen den Verrat am eigenen Gesetz. Diesen Aufstand niederzuhalten und sich zu zwingen, trotzdem weiter zu machen, wie bisher und dabei perfekte Leistung zu erbringen – darin liegt nach meiner Erfahrung die Hauptursache des Burnout. Diese Kraft bringt niemand auf Dauer auf. Unter solchen Umständen sind selbst normale Anstrengungen zu viel und geben einem das Gefühl, erschöpft zu sein. Es fehlt ja auch die gute Energie der Begeisterung oder wie Nietzsche sagen würde: Es fehlt ein überzeugendes Warum. Wie kann ich von einer Arbeit überzeugt und begeistert sein, bei der ich meinen eigenen Gesetzen untreu werde? Deshalb sagte ich zu Beginn dieses Abschnittes, dass die Hauptursache des Burnouts etwas mit den Anforderungen Ihres eigenen Lebens, das heißt, mit Ihren ganz persönlichen Reifeprozessen sowie Ihrer Zufriedenheit mit dem Verlauf und dem Sinn Ihres Lebens zu tun haben. Ganz man selbst zu sein, ist demnach die beste Prävention gegen Burnout. Vielleicht kommen Ihnen jetzt Gedanken an Menschen, die esoterisch wurden und auf eine Weise nach ihrem Sinn und Selbst gesucht haben, die Ihnen lächerlich vorkam. Und Sie wollen auf gar keinen Fall so sein wie „die". An dieser Stelle möchte ich diese Menschen etwas in Schutz nehmen. Sie mögen nicht die klügsten Antworten gefunden haben, aber sie waren klug genug, die richtigen Fragen zu stellen und sie hatten den Mut, sich auf die Reise zu begeben. Seien Sie ohne Vorbehalte und Vorurteile. Die Suche nach dem Sinn des eigenen Lebens ist eine Reise, bei der man am Anfang nicht wissen kann, in welchen Hafen das Schiff einlaufen wird, falls überhaupt jemals. Das ist aber kein Grund, sich nicht auf diese Reise zu begeben. Ich habe in den letzten Jahrzehnten immer wieder beobachtet, dass Menschen, die sich auf eine solche Reise begeben hatten, ganz anders führten, als Menschen, die eine solche Reise ins eigene Innere vermieden. Die „Gereisten" waren offener und flexibler und eher bereit, auch an sich als Unternehmer zu arbeiten. Es lohnt sich also.

Man könnte einwenden, dass unsere Vorfahren doch schließlich noch viel härter arbeiten mussten als wir und keine Zeit für Selbst- und Sinnfindung hatten. Dennoch war Burnout damals kein Thema. Dazu ließe sich sehr viel sagen, das wäre auch ein eigenes Buch. Ich glaube nicht an „die guten alten Zeiten". Meine Urgroßmutter väterlicherseits hatte 17 Kinder. Ich habe sie nie kennengelernt, ich muss dennoch oft an sie denken. Ich bin mir sicher, dass diese 17 Kinder keine freie Entscheidung von ihr waren. Sie wurde nicht gefragt. Sie war damals von der Religion und vom Gesetz her gezwungen, sich ihrem Mann nicht zu verweigern. Ich glaube, dass sie furchtbar erschöpft gewesen sein muss. Aber das hat niemanden interessiert. Sie war zudem Bäuerin. Da ging es nicht um Sinn und Selbstentfaltung, sondern ums Überleben. Aber was beweist das? Dass wir uns heute überhaupt mit Sinnfragen beschäftigen können und mit Treue zum eigenen Gesetz, ist eine unglaubliche historische Errungenschaft. Dass wir uns damit schwertun und scheitern, ist angesichts der Tatsache, dass es gewissermaßen eine historisch neue Aufgabenstellung ist, irgendwie natürlich. So gesehen, mag die hohe Zahl an Burnout-Fällen in unserem Land sogar etwas Gutes signalisieren. Sie weist darauf hin, dass wir es endlich geschafft haben, einen Wohlstand (materiell und geistig) zu erreichen, der Persönlichkeitsentwicklung und Treue zum eigenen Gesetz zur „Aufgabe für alle" gemacht hat. Es geht darum, der zu werden, der nur ich werden kann, statt mich an anderen zu orientieren. Nun liegt es an uns, aus der Möglichkeit eine Wirklichkeit werden zu lassen. Wer sagt denn, dass das einfach zu sein hat? Das ist es nicht. Aber wir haben nicht nur die Möglichkeit, wir haben auch Angebote, die uns dabei helfen. Wenn

Sie also das Gefühl haben, von einem Burnout „befallen" zu sein oder auf ein Burnout zuzusteuern, tun Sie bitte zweierlei: Gehen Sie zu einem Arzt, damit Ihre körperliche Gesundheit wieder hergestellt wird. Und gehen Sie auf die Reise zu sich selbst, damit Ihre Seele wieder „mitspielt". Und vor allem, scheuen Sie sich nicht, nach Hilfe zu suchen. Sollten Sie wirklich einmal an einen weniger guten Helfer geraten, der enttäuschend ist, machen Sie sich nichts draus. Bleiben Sie dran am Thema und suchen Sie weiter. Wie meine (andere) Urgroßmutter immer zu mir sagte: *„Die Torte ins Gesicht gehört zum Leben."*

Zum Schluss noch eine Bemerkung zum Thema Burnout bei Ihren Mitarbeitern. Natürlich können auch Ihre Mitarbeiter in ein Burnout rutschen. Sie sind ja auch Menschen auf der Reise zur eigenen Persönlichkeit. Was können Sie als Unternehmer für Ihre Mitarbeiter dann tun? Im Grunde gar nicht so viel. Leisten Sie Ihren Beitrag, indem Sie deutlich machen, dass es für Sie in Ordnung ist, dass nicht jeder immer guter Stimmung und ausgeglichen ist, nicht immer Lust auf Neues hat und dass auch nicht immer Harmonie und Sonnenschein herrschen muss. Darüber hinaus wäre es wichtig, wenn Sie möglichst zeitnah eine Ahnung davon bekämen, dass sich ein Mitarbeiter im Burnout befindet oder auf dem Weg zu einem solchen ist. Sprechen Sie das an, aber versuchen Sie nicht, sich für die „Heilung" zuständig zu fühlen. Zeigen Sie Verständnis und empfehlen Sie einen Besuch beim Arzt oder Therapeuten. Vielleicht sind Sie ja auch darüber informiert, welche Hilfen in Ihrer Region angeboten werden und können Ihrem Mitarbeiter entsprechende Hinweise geben. Die beschriebene Liste von Symptomen kann Ihnen helfen, zumindest einen Verdacht zu entwickeln im Sinne einer Hypothese. Es wäre dann sehr professionell, wenn Sie Ihren Mitarbeiter erst einmal nicht kritisierten, vielleicht noch vor dem gesamten Team. Laden Sie ihn stattdessen zu einem ruhigen Gespräch in ungestörter Umgebung ein und teilen Sie ihm Ihre Beobachtung und Befürchtung mit. Sprechen Sie mit ihm und hören Sie gut zu. Wichtig ist, dass Sie sich vor allem in einem sicher sind: Sie sind nicht in der Pflicht, das Burnout Ihres Mitarbeiters zu kurieren. Das könnten Sie auch gar nicht. Sie können im besten Fall eine verständnisvolle Hilfe zur Selbsthilfe organisieren. Und das ist nicht wenig. Mit Selbsthilfe meine ich, dass der betreffende Mitarbeiter schon selbst erkennen muss, dass er ein Problem hat und Hilfe braucht und diese auch in Anspruch nimmt. Gerne können Sie mit ihm darüber sprechen, wie Sie zwischenzeitlich diesen Prozess etwas unterstützen. Aber das müssen Sie nur im Rahmen dessen leisten, was sich mit der Wirtschaftlichkeit Ihres Unternehmens und den Vorstellungen von Gerechtigkeit Ihres Teams vereinbaren lässt.

Ich nehme an, dass Ihre Art der Personalführung gewiss keinen unnötigen Stress für Ihre Mitarbeiter produziert, oder? Um ganz sicher zu gehen, lassen Sie uns nun im dritten Kapitel über gute Mitarbeiterführung und Teambildung reden.

2. Managementkompetenz & Unternehmensführung

3. Mitarbeiterführung & Teambildung

Die Macht der drei „Unberührbaren"
Es gibt in einem Unternehmen viele Möglichkeiten, sich hilflos und überfordert zu fühlen. Die Themen Mitarbeiterführung und Teambildung sind nach meiner Erfahrung in geradezu hervorragender Weise geeignet, Sie fachlich und menschlich bis an Ihre Grenzen herauszufordern. Ihre Mitarbeiter sind eine verlässliche Quelle ständiger Anforderungen, sowohl an Ihre Führungskompetenz, als auch an Ihre emotionale Stabilität. Und ich sage nicht, dass dies schlimm wäre, im Gegenteil. Denn vor allem das effiziente Zusammenspiel Ihrer Mitarbeiter ist der Schlüssel zum großen wirtschaftlichen Erfolg. Da ist es nur gerecht und in Ordnung, dass Ihre Mitarbeiter von Ihnen höchste Professionalität im Umgang mit ihnen und ihren Erwartungen verlangen. Bedanken Sie sich dafür und sagen Sie sich jeden Tag, dass Ihre Mitarbeiter Sie auf diese Weise daran erinnern, woher der Erfolg in Ihrem Unternehmen vor allem kommt: von den Menschen, die darin arbeiten! Ihre Mitarbeiter sind Ihre wichtigsten Partner bei der Realisierung Ihrer Ziele und Vorstellungen. Als Unternehmer haben Sie in ihnen einen hervorragenden Seismographen, der Ihnen in jeder Minute sagt, wo in Ihrem Unternehmen etwas nicht optimal läuft. Ich kann nach hunderten Einzelinterviews mit Mitarbeitern in den unterschiedlichsten Unternehmen eines mit Gewissheit sagen: Es ist unglaublich, welche klugen Gedanken sich Mitarbeiter um das Wohl „ihres" Unternehmens machen. Sie wissen sehr gut, wie eine Führungsentscheidung in der Praxis, sozusagen „an der Front", funktioniert oder nicht. Und sie machen sich

Gedanken, wie es gegebenenfalls besser laufen könnte. Da schlummert ein riesiger Schatz in jedem Unternehmen und wird nicht annähernd gehoben. Das ist schade! Aber das ist nur die eine Seite der Medaille. Ich musste über die Jahre auch immer wieder erleben, wie Unternehmen selbst in Konjunkturzeiten ins Rutschen kamen, wegen schlechter Personalpolitik beziehungsweise Personalführung. Wenn die Kräfte und die Gedanken durch Frustration sowie interne Kämpfe und Konflikte verschlissen werden, bleibt weniger Leistungskraft für die eigentlichen Aufgaben übrig. Noch schlimmer wird es, wenn diese eigentlichen Aufgaben benutzt werden, um in Konflikten und internen Kämpfen den Sieg davonzutragen. Es gibt keinen Weg, ein Unternehmen in Schieflage zu bringen, der im wahrsten Sinne des Wortes so todsicher ist, wie dieser. Habe ich Sie jetzt motiviert, sich mit dem Thema zu beschäftigen? Oder wollen Sie angesichts dieser unangenehmen Aussagen lieber schnell weiter blättern oder das Buch gleich ganz beiseitelegen? Ich könnte Sie verstehen, unangenehme Tatsachen motivieren uns eher nicht, vielmehr aktivieren sie unsere Fluchtreflexe. Das geht Ihren Mitarbeitern übrigens auch so. Bleiben Sie bitte trotzdem dabei. So schwer ist es im Grunde gar nicht, eine Personalpolitik zu machen, die allen Beteiligten und vor allem dem Unternehmen guttut. Es lohnt sich auf jeden Fall. Denn unabhängig davon, dass jeder anständige Mensch das Bedürfnis hat, respektvoll und einfühlsam mit seinen Mitmenschen umzugehen, werden Sie als Unternehmer auch sehr belohnt, wenn Sie im Umgang mit Ihren Mitarbeitern professionell sind. Was Sie hier richtig machen, bringt Ihrem Unternehmen einen großen Nutzen, wenn nicht sogar den entscheidenden Wettbewerbsvorteil. Doch Vorsicht! Eine gute Beziehung im unternehmerischen Sinne ist nicht das Gleiche, wie eine gute Beziehung im privaten Leben. Es geht nicht darum, eine Idylle nach dem Motto „wir-haben-uns-alle-lieb" zu schaffen. Ich hatte an früherer Stelle bereits dargelegt, dass in privaten Beziehungen Gefühle und Emotionen eine entscheidende Rolle spielen. Wir möchten mit einer privaten Beziehung ja gerade unsere emotionalen Bedürfnisse nach Nähe und Geborgenheit befriedigen. Bei einer privaten Beziehung verfolgen wir keine anderen Absichten, als nur eine gute Beziehung zu haben, sie ist um ihrer selbst willen da. Eine Arbeitsbeziehung hingegen ist etwas anderes. Da darf man sich sehr gerne sympathisch sein und sich auch menschlich für den anderen interessieren. Aber diese Beziehung ist nicht wegen der Beziehung da, sondern wegen unseres Wunsches, die eigene materielle Existenz abzusichern. Eine Arbeitsbeziehung verfolgt eine ökonomische Absicht. Daran ist nichts Falsches. Diese Sachlichkeit muss keineswegs mit Kaltherzigkeit und Egoismus einhergehen, ganz im Gegenteil. Kaltherzigkeit und Egoismus sind in jeder Hinsicht unbrauchbare Eigenschaften, die in den Händen eines Therapeuten am rechten Platz sein mögen, aber nicht in Ihrem Unternehmen. Was also sind die Elemente beziehungsweise Kriterien für eine gute Arbeitsbeziehung zu Ihren Mitarbeitern? Im Wesentlichen sind es drei Elemente, die eine gute Arbeitsbeziehung ausmachen:

1. Zugehörigkeit
2. Gerechtigkeit
3. Sinn

Ich nenne diese drei Elemente auch gerne „die drei Unberührbaren". Das aus dem Grund, weil ich die Erfahrung gemacht habe, dass sich die Arbeitsbeziehungen massiv verschlechtern, wenn man nur eines davon als Unternehmer schlecht bedient oder regelt. Das Gegenteil gilt allerdings auch. Wenn Sie diese drei gut bis sehr gut bedienen, dürfen Sie sich bei anderen Themen so manche Schwäche leisten und Ihr Unternehmen läuft trotzdem. Lassen Sie mich diese „drei Unberührbaren" näher erläutern.

Die Zugehörigkeit
Die Zugehörigkeit in einem Unternehmen ist für einen Mitarbeiter existenziell. Solange er dazugehört, ist alles gut. Er verdient Geld und seine Existenz ist gesichert. Wenn er aber nicht mehr dazugehört, ist das etwas ganz anderes. Dann kommt er in Nöten. Er verdient kein Geld mehr und seine Existenz ist nicht mehr gesichert, zumindest

nicht mehr auf dem gleichen Niveau. Er muss und will also genau wissen, nach welchen Regeln im Unternehmen gespielt wird, damit er sich mit seinem Verhalten darauf einstellen kann. Er muss wissen, wie er sich verhalten soll, damit er auch weiterhin dazugehört. Das ist für ihn existenziell. Seine Zugehörigkeit muss darum unbedingt nach klar berechenbaren Bedingungen gewährleistet sein. Garantieren können Sie natürlich nichts, dafür ist die Wirtschaft zu unberechenbar. Aber Sie können Regeln definieren, auf die sich jeder verlassen kann. Wenn die Regeln bekannt sind und zuverlässig angewendet werden, fühlt sich ein Mitarbeiter nicht mehr schicksalhaft ausgeliefert, sondern er hat das Gefühl, diesen existenziellen Teil seines Lebens, seine Arbeit nämlich, durch eigenes Verhalten beeinflussen zu können. Er kann sich sagen: Wenn ich die Regeln einhalte, gibt es eine hohe Wahrscheinlichkeit, dass ich meinen Job behalte. Dann hängt alles nur noch von ihm selbst ab und das fühlt sich für ihn gut an. Viele Klagen von Mitarbeitern, dass der Chef zu wenig lobe, waren meiner Meinung nach im Grunde nichts anderes, als der Wunsch nach Bestätigung durch den Chef. Das Lob sollte bestätigen: Ja, du verhältst dich richtig und kannst weiter hierbleiben. Ich werde auf das Thema Lob und Kritik noch einmal ausführlicher zu sprechen kommen, wenn es um die Motivationspflege geht. An dieser Stelle möchte ich aber unterstreichen, dass ein Lob vom Chef immer auch als eine Absicherung der Zugehörigkeit zum Unternehmen verstanden wird. Unterschätzen Sie nicht diese existenzielle Bedeutung eines Lobes für den Mitarbeiter. Es bringt Ihrem Mitarbeiter die Gewissheit, sein eigenes Schicksal durch sein eigenes Verhalten bestimmen zu können. Er hat die Kontrolle über sein Schicksal und diese Tatsache beruhigt ihn. Jetzt ist es ihm möglich, sich offen, unbefangen und angstfrei einzubringen. Sobald ein Chef wortkarg ist oder unberechenbar und man nie so genau wissen kann, wie er sich im nächsten Moment verhält, ist das für einen Mitarbeiter in aller Regel eine sehr beunruhigende Situation. Der Chef könnte ja überraschend entscheiden, dass er mich nicht mehr im Unternehmen haben möchte. Oder er ändert überraschend die Regeln und auf einmal stehe ich mit meinem bisherigen Verhalten als jemand da, der ohne es zu wissen „alles" falsch gemacht hat. Wenn die Berechenbarkeit und Stabilität nicht von der Unternehmensführung gewährleistet wird, versucht der Mitarbeiter herauszufinden, wie er für sich Stabilität herstellen kann. Er wird den Chef beobachten und viel Aufmerksamkeit darauf verwenden, zu erkennen, wie der Chef und all diejenigen, die Einfluss haben, „ticken". Er wird Zeit und Energie dafür investieren, Allianzen mit den Menschen im Unternehmen zu schmieden, die das Potenzial und die Macht haben (oder zu haben scheinen), ihm eine gewisse Sicherheit zu geben. Kurz, er wird viel Zeit und Energie für seine Sicherheit im Unternehmen investieren, statt für seine Arbeit. Ist es das, was Sie als Unternehmer wollen? Ich kann es mir kaum vorstellen, denn ich kann mir für Ihr Unternehmen nichts Ineffizienteres denken. Ich habe immer wieder erlebt, dass Führungskräfte gerne mit einer gewissen Angst spielen und so Personalpolitik machen. Das ist nicht nur völlig überlebt, falls es jemals modern war, es ist vor allem das Dümmste, was man tun kann. Es motiviert nicht zu großen Taten, sondern es lenkt die Energie in die Angst und in die Angstabwehr. Wollten Sie nicht etwas ganz anderes erreichen? Haben Sie diesen Mitarbeiter nicht eingestellt, damit dieser seine ganze Kraft, Intelligenz und Zeit für Ihr Unternehmen einsetzt? Dann bieten Sie ihm ein angstfreies weil klar definiertes und berechenbares Arbeitsumfeld. Definieren Sie klar und detailliert, was die Regeln der Zugehörigkeit in Ihrem Unternehmen sind. Und diese Regeln müssen vor allem Sie als Führungsperson auch wirklich leben. Verstöße dagegen müssen geahndet werden. Wenn Sie das nicht tun, empfinden Ihre Mitarbeiter das als etwas Unberechenbares und sind verunsichert. Ich habe immer wieder Klagen von Mitarbeitern gehört, die mir erzählten, wie schlimm sie es fänden, wenn die Führung Regelverstöße bei Mitarbeitern nicht ahndeten. Die Mitarbeiter, die sich darüber beschweren, waren nicht etwa rachsüchtig oder boshaft. Sie wollten einfach von ihrer Führung die Bestätigung, dass die verkündeten Regeln auch wirklich zu 100 Prozent gelten und zwar für alle. Einen Regelverstoß zu ahnden, heißt zu bestätigen, dass die verkündeten Regeln wirklich gelten, dass sich alle darauf verlassen können, dass sie gelten. Regelverstöße nicht zu ahnden, heißt zu bestätigen, dass die verkündeten Regeln manchmal vielleicht und manchmal vielleicht nicht gelten. Das ist nicht die Geradlinigkeit und Berechenbarkeit, die Ihren Mitarbeitern die nötige Sicherheit und Kontrolle über ihre Zugehörigkeit und damit über ihre materielle Existenz gibt. Kommen wir nun zum zweiten Element guter Mitarbeiterführung: Gerechtigkeit.

Die Gerechtigkeit
Gerechtigkeit in Ihrem Unternehmen stellt sicher, dass ein Mitarbeiter seine Zugehörigkeit als fair und friedlich und damit angenehm empfindet. Und weil er sich gut und angenehm fühlt, konzentriert er seine Kraft und Aufmerksamkeit ganz auf seine Arbeit. Gerechtigkeit ist ein Thema, das auch unsere Selbstachtung und unseren Selbstwert trifft. Ich bin als Mensch ja etwas wert und möchte auch so behandelt werden. Wenn meine berechtigten Interessen aber übergangen und ignoriert werden, zeigt das, dass man meine Interessen und damit mich als mehr oder weniger wertlos einschätzt. Ich bin offenbar für die anderen nicht von Bedeutung. Weshalb sonst würden sie meine Interessen ignorieren? Wie kann ich mich in einer Gruppe von Menschen gut fühlen, in der meine Interessen ignoriert und abgewertet werden? Das ist nicht möglich. Das Thema Gerechtigkeit oder Ungerechtigkeit spricht ein uraltes Thema in uns Menschen an, nämlich das Bedürfnis nach Geborgenheit in einer guten Gemeinschaft, ein Urbedürfnis von uns Menschen. Gerechtigkeit ist, wenn meine Rechte und Bedürfnisse von meinen Mitmenschen wahrgenommen und respektiert werden. Ich kann mich nicht voll und ganz auf meine Arbeit konzentrieren, wenn ich darum kämpfen muss, gerecht behandelt zu werden. Allein schon die Befürchtung, meine Rechte und Bedürfnisse könnten ignoriert werden, bewirkt, dass ich ständig Energie dafür investiere, auf der Hut zu sein, um auf eine tatsächliche oder vermeintliche Ungerechtigkeit reagieren zu können. Ich habe immer wieder erlebt, wie einzelne Mitarbeiter geradezu Detektive im „Aufspüren" von Ungerechtigkeiten wurden, die noch gar nicht passiert waren, aber eventuell geplant sein könnten. Die Unruhe, die auf diese Weise in den Teams entstand, war enorm und zwang die Führung immer wieder zu den absurdesten De-

mentis. Es gibt das schöne Sprichwort: *Wer durch des Argwohns Brille schaut, erblickt die Made selbst im Sauerkraut.* Genau das passiert, wenn sich Mitarbeiter nicht sicher sein können, dass ihre Zugehörigkeit und ihr Sinn für Gerechtigkeit von der Führung zuverlässig gehandhabt werden. Alles, was die Führung tut, plant oder beschließt, wird dann durch des Argwohns Brille betrachtet. Das Gleiche gilt für den Umgang untereinander. Wenn ein Kollege vom Chef bevorzugt wird, dann schaut man auch mit Argwohn auf diesen Kollegen und vermutet hinter allem eine schlechte Absicht. Man meint, auch in dessen Verhalten die erstaunlichsten „Ungerechtigkeitsmaden" zu erblicken. Es ist kostbarste Energie, die auf diese Weise der Arbeit verloren geht. Gerechtigkeit ist also die Grundlage dafür, dass Mitarbeiter Ihrem Unternehmen ein Maximum an Aufmerksamkeit und Energie schenken können, weil sie sich darauf verlassen dürfen, dass Sie Ihr Unternehmen gerecht für alle führen. Sie sollten also diesem Thema allergrößte Aufmerksamkeit widmen. Doch es heißt für Sie als Chef aufpassen! Jeder Mensch hat sein eigenes Verständnis von Gerechtigkeit. Das soll er auch haben. Schließlich sind wir alle sehr individuell. Wenn Sie jedoch versuchen, alle individuellen Vorstellungen von Gerechtigkeit zu bedienen, die Ihre Mitarbeiter jeden Tag mit auf Arbeit bringen, werden Sie der Lage kaum Herr werden. Hier hilft, was wir in diesem Buch bereits besprochen haben. Sie definieren die Haltungen und Spielregeln, die für ALLE gelten und die aus der Sicht Ihres Unternehmens und Ihrer Kunden Sinn machen. Gerecht kann in einem Unternehmen nur sein, was unter den gegebenen Umständen ökonomisch machbar und sinnvoll ist. Das mag sehr berechnend klingen, ist es aber nicht. Es mag ökonomisch sinnvoll sein, sich von einem Mitarbeiter zu trennen, weil dieser nicht die gewünschte Leistung bringt. Vorausgesetzt, Sie haben alle (versprochenen und üblichen) Möglichkeiten ausgeschöpft, diesen Mitarbeiter bei einer Leistungssteigerung zu unterstützen, kann es auch gerecht sein, ihn zu entlassen. Wenn er nicht das volle Maß an vereinbarter Leistung erbringt, muss es ein Kollege für ihn tun. Bekommt dieser dann auch das Gehalt dafür? Wohl kaum!

Legen Sie für Ihr Unternehmen Regeln fest, die aus wirtschaftlicher beziehungsweise unternehmerischer Hinsicht sinnvoll und gerecht sind. Erläutern und diskutieren Sie diese Regeln gern mit Ihren Teams. Und dann wenden Sie diese Regeln so an, dass jeder in gleicher Weise davon betroffen ist. Bringen Sie Ihr unternehmerisches Verständnis für Gerechtigkeit zum Ausdruck. Gehen Sie einer etwaigen Diskussion über Ungerechtigkeiten in Ihrem Unternehmen nicht aus dem Weg. Ermuntern Sie im Gegenteil alle Betroffenen, sich mit Ihnen gemeinsam darüber Gedanken zu machen, wie Ungerechtigkeit zukünftig vermieden werden kann. Was sollte und müsste zukünftig wie anders laufen? Selbstverständlich kann das nur im Rahmen dessen geschehen, was Ihr Unternehmen ökonomisch zulässt. Genau aus diesem Grund sind Ihre Antworten auf die 9 Fragen im zweiten Kapitel so wichtig. Sie geben Ihnen einen Leitfaden für derartige Diskussionen. Jeder darf seine Erwartungen haben und äußern, aber wir alle müssen uns disziplinieren und verstehen, dass aus rein wirtschaftlichen Gründen nicht alles möglich ist. Aber mit dieser Art von „ökonomischer Disziplinierung" der Erwartungen von Gerechtigkeit haben nach meiner Erfahrung ohnehin die wenigsten Mitarbeiter ein Problem. Argumentieren Sie in solchen Gesprächen immer sachbezogen und ökonomisch, werden Sie bitte niemals persönlich. Für den betreffenden Kollegen kann seine Erwartung auch dann Sinn machen und wichtig sein, wenn Sie diese nicht oder nur teilweise erfüllen können. Respektieren Sie auch die Sichtweisen, denen Sie als Unternehmer und Mensch nicht folgen können. Man soll in Ihrem Unternehmen frei äußern dürfen, was man denkt und wünscht, aber man muss auch begreifen, dass dies nur im Rahmen ökonomischer Möglichkeiten und unternehmerischer Sinnhaftigkeit berücksichtigt werden kann. Wenn Sie bestimmte Vorstellungen von Gerechtigkeit ablehnen, dann argumentierten Sie bitte genau mit diesen zwei Argumenten: ökonomische Möglichkeit und unternehmerische Sinnhaftigkeit. Es wäre fatal, wenn Sie in einer solchen Diskussion Ihre ganz persönlichen Sichtweisen von Richtig und Falsch zum Maßstab machen würden. Es geht nicht darum, Ihre Mitarbeiter in Ihrem Sinne zu „erziehen". Es geht darum, dass wir alle so zusammenarbeiten, dass wir ein bestimmtes Ergebnis erreichen. Jeder darf der Mensch bleiben, der er ist. Nur kann Ihr Unternehmen leider nicht alle Vorstellungen bedienen, die Ihre Mitarbeiter haben. Diese strikt ökonomische Herangehensweise, die sich nicht von persönlichen Vorlieben und Abneigungen des Chefs leiten lässt, kann für sich genommen eine Maßnahme zur Wahrung der Gerechtigkeit sein. Es ist gerecht, zu sagen: Wir müssen uns ALLE darauf einstellen, bestimmten wirtschaftlichen Zwängen zu genügen. Wir müssen ALLE bereit sein, Kompromisse zu machen. Wir respektieren ALLE die Sichtweisen und Wünsche ALLER im Unternehmen und denken ernsthaft darüber nach, wie wir diese im Alltag bedienen können. Wir gehen ALLE aufeinander zu. Aber wir sind auch ALLE bereit, auf die Dinge zu verzichten, die aus ökonomischen Gründen nicht machbar sind. Ich hatte an früherer Stelle schon einmal Karl Marx zitiert und möchte mich wiederholen, weil es passend ist. Er schrieb: *„Das Reich der Freiheit beginnt in der Tat erst da, wo das Arbeiten, das durch Not und äußere Zweckmäßigkeit bestimmt ist, aufhört; es liegt also der Natur der Sache nach jenseits der Sphäre der eigentlichen materiellen Produktion."* [11] Das ist der Punkt. Gerechtigkeit in einem Unternehmen ist dann gegeben, wenn Regeln letztendlich den „äußeren Zweckmäßigkeiten" folgen und nicht primär den subjektiven Vorstellungen von Richtig und Falsch derer, die in diesem Unternehmen arbeiten. Sie mögen persönlich und ganz privat ein Anliegen oder den Wunsch eines Ihrer Mitarbeiter lächerlich finden. Aber lehnen Sie nur ab, wenn dieser Wunsch mit den „äußeren Zweckmäßigkeiten" Ihres Unternehmens kollidiert und begründen Sie Ihre Ablehnung auch genau damit. Und wenn Sie umgekehrt den Wunsch oder das Anliegen eines Mitarbeiters ganz privat und persönlich in Ordnung und berechtigt finden, es hier aber zu Ihrem Bedauern zu einer Kollision mit den „äußeren Zweckmäßigkeiten" Ihres Unternehmens kommt, dann lehnen Sie diesen Wunsch und das betreffende Anliegen ebenfalls ab. Aber begründen Sie es auch ökonomisch. Im Übrigen, die Tatsache, dass für alle die gleichen Regeln gelten heißt nicht, dass wir alle gleich sind. Wir haben unterschiedliche Potenziale, Kompetenzen, Werte und Stärken. Diese Unterschiedlichkeit ist für den Erfolg Ihres Unternehmens von enormer Bedeutung und muss daher ausgelebt werden können. Wie man mit dieser Unterschiedlichkeit gerecht umgeht, ist ein hochinteressantes Thema. Auch hier empfehle ich, ökonomisch und leistungsorientiert zu argumentieren. Nach dem Motto: *Ich erlaube Herrn Müller etwas von der Regel abzuweichen, weil dies dem Unternehmen ganz bestimmte Vorteile bringt.* Im Übrigen ist das Thema Gerechtigkeit niemals endgültig entschieden. Seien Sie darauf gefasst, dass es ein Thema ist, das immer wieder neu diskutiert werden muss. Es könnte auch sehr hilfreich sein, eine Vertrauensperson zu benennen, die als erster Ansprechpartner für Mitarbeiter und Führung fungiert. Ab einer gewissen Größe Ihres Unternehmens ist ein Betriebsrat Pflicht. Mitunter wird ein solcher von den Unternehmern nicht besonders gern gesehen, weil man mehr oder weniger bewusst fürchtet, dieser würde die Mitarbeiter gegen die Geschäftsführung aufwiegeln und mit exorbitanten Erwartungen und Forderungen konfrontieren. Das kann tatsächlich passieren und tut es auch manchmal. Aber es muss nicht zwingend so sein. Ich habe mich immer wieder gewundert, dass Geschäftsführungen den Betriebsrat nicht mehr fordern, wenn es um die Gestaltung eines Ausgleichs von äußeren Zweckmäßigkeiten und innerer Gerechtigkeit ging. Ich würde einen Betriebsrat viel mehr in die gestalterische und ausgleichende Pflicht nehmen, als ihn nur als eine Instanz zu begreifen, von der Forderungen in Richtung Unternehmensführung kommen. Ich finde, dass Mitarbeiter, die eine Betriebsratsfunktion haben, unbedingt eine Ausbildung als Mediator absolvieren sollten. Diese Funktion braucht kommunikative und moderierende Kompetenzen. Dann ist ein Betriebsrat auch ein sehr wertvolles Gremium, um die Führung bezüglich der Gestaltung eines kooperierenden Miteinanders zu unterstützen.

Bei dem Thema Gerechtigkeit geht es, wie bereits erwähnt, auch um die Wahrung des Selbstwertes und des Selbstwertgefühls eines jeden Menschen. Lassen Sie uns dieses wichtige Thema etwas konkreter fassen. Was sind die Elemente oder, wie der amerikanische Psychologe Nathaniel Branden sagt, die 6 tragenden Säulen des Selbstwertgefühls? Nachfolgend liste ich diejenigen auf, die Nathaniel Branden in seinem gleichnamigen Buch [22] definiert und die sich in meiner Arbeit mit Führungskräften und Mitarbeitern hervorragend bewährt haben.

6 Säulen des Selbstwertgefühls (nach Nathaniel Branden)

1. **Bewusst leben:** Nichts verdrängen, die Realität erkennen und akzeptieren.

2. **Sich selbst annehmen:** Die Weigerung, in einem feindschaftlichen Verhältnis zu sich selbst zu stehen.

3. **Eigenverantwortlich leben:** Das Gefühl, dass ich selbst mein Leben kontrolliere und steuere.

4. **Sich selbstsicher behaupten:** Sich nicht davon leiten lassen, anderen gefallen zu wollen, sondern den eigenen Überzeugungen und Werten treu bleiben.

5. **Zielgerichtet leben:** Ziele formulieren und die eigenen Fähigkeiten aktiv nutzen, um diese Ziele zu erreichen.

6. **Persönliche Integrität:** Authentisch leben, sich an die eigenen Wertvorstellungen halten, in Wort und Tat, auch wenn es unbequem ist.

Im Grunde sind diese 6 Säulen des Selbstwertgefühls sehr gut geeignet, ein lebensfähiges und produktives Miteinander zu gewährleisten. Sie stehen nicht zwingend im Konflikt mit der Einsicht in ökonomische Notwendigkeiten. Natürlich werden diese sechs Säulen immer in einem konkreten Umfeld gelebt. Das heißt, die Rahmenbedingungen, unter denen wir leben, haben Einfluss auf die Art und Weise, wie wir unser Selbstwertgefühl schützen und stärken. Ganz allgemein könnte man aber sagen: Gerecht wäre es, wenn in Ihrem Unternehmen eine Kultur gelebt würde, in der man mit Realitäten offen und direkt umgeht und niemanden zwingt, etwas zu verdrängen, was ihm wichtig und wahr erscheint. Auch muss es möglich sein, den Anderen als den Menschen zu akzeptieren, der er ist, statt über ihn zu spotten und ihn zu manipulieren. Jeder Mensch hat Stärken, selbst dann, wenn er gleichzeitig sehr viele Schwächen hat. „Schießen" Sie sich also nicht auf die Schwächen ein, sondern sehen Sie auch die Stärken. Das gilt natürlich auch umgekehrt. Die Schwächen dürfen nicht unbeachtet bleiben, nur weil jemand im Allgemeinen sehr stark in seiner Leistung ist, vorausgesetzt, die Schwächen sind für die Arbeit relevant. Andernfalls gehen sie keinen etwas an. Wichtig ist, dass jeder das Gefühl hat, die gelebten Regeln garantieren ihm ein Maximum an Respekt und Gerechtigkeit. Er kann sich also getrost darauf verlassen und sich darum auf die Arbeit konzentrieren. Schauen Sie sich immer mal wieder die 6 Säulen des Selbstwertgefühls an. Welche Ideen kommen Ihnen, wenn Sie die sechs Punkte lesen? Wie kann man konkret in Ihrem Unternehmen eine Kultur aufbauen, die das Selbstwertgefühl jedes einzelnen Mitarbeiters stützt? Eine solche Diskussion zu führen, wäre, nebenbei gesagt, auch ein ausgezeichneter Beitrag zur Burnout-Prävention. Ich bin weit davon entfernt, Ihnen oder Ihren Mitarbeitern unterstellen zu wollen, Sie würden bewusst das Selbstwertgefühl eines anderen Menschen unterwandern. Darum geht es nicht. Aber wir alle müssen lernen, wie man richtig mit sich und mit anderen umgeht. Diese Fähigkeit ist uns nicht in die Wiege gelegt worden. Und ich denke, dass es eine der anspruchsvollsten Aufgaben im Leben ist, sich diesem Lernprozess zu stellen. Laden Sie Ihre Mitarbeiter daher ein, mitzudenken und sich einzubringen, wenn es um die Wahrung des Selbstwertgefühls eines Jeden im Unternehmen geht und natürlich um die Wahrung eines geklärten Verständnisses von Gerechtigkeit. Gerechtigkeit ist ein Gemeinschaftswerk. Ich werde dieses Thema noch einmal aufgreifen, wenn es um die allseits beliebte Teamfähigkeit geht. Lassen Sie uns aber erst noch einiges zum Thema Sinn besprechen.

Der Sinn

Ich habe bereits im Abschnitt über Burnout erläutert, dass der Mensch ein Bedürfnis nach Sinn hat. Das gilt natürlich auch für Ihre Mitarbeiter. Auch diese möchten abends nach Hause gehen und das rechtschaffene Gefühl haben, dass sie heute auf Arbeit etwas Gutes und Sinnvolles leisten konnten. Eigentlich würde ich diese Aussage gerne doppelt unterstreichen. Ich habe in all den Jahren keinen einzigen Mitarbeiter getroffen, dem seine Arbeit völlig egal gewesen wäre und der sich nicht irgendwie bemüht hätte, eine gute Leistung abzugeben. Manchmal gelang dem einen oder anderen Mitarbeiter das nicht, weil er unsicher war, verwirrt, überfordert, erschöpft oder sehr frustriert. Oft war er auch von privaten Problemen abgelenkt. Dann erschien es manchmal so, als sei ihm die Arbeit egal. Bei genauerer Betrachtung konnte ich jedoch feststellen, dass er einfach nicht wusste, wie man es unter den gegebenen Umständen besser machen könnte. Er hatte resigniert. Darunter litt er selbst am meisten. Auch er sehnte sich nach dem Gefühl, eine wirklich gute und sinnvolle Arbeit zu leisten. Ich kann Ihnen als Chef nur empfehlen, von Ihren Mitarbeitern das Gleiche zu denken. Wenn ein Mitarbeiter nicht so arbeitet, wie Sie das erwarten, gehen Sie dem unbedingt nach und machen Sie es zum Thema. Aber gehen Sie nicht in das Gespräch mit der Annahme oder Meinung, Ihr Mitarbeiter sei faul, hätte keine Lust zum Arbeiten und wolle Ihnen schaden. Er mag faul erscheinen, er mag im Moment wenig Lust zum Arbeiten haben und er mag sich in einer Weise verhalten, die Ihrem Unternehmen schadet. Aber das sind fast immer Symptome und keine Absichten oder Charaktereigenschaften. Natürlich können Sie das nicht einfach durchgehen lassen. Es ist völlig richtig, schlechte Leistung zum Thema zu machen und zu intervenieren. Es ist sogar zwingend nötig. Aber interessieren Sie sich bitte auch für die Gründe. Erinnern Sie sich an die Haltung aus dem ersten Kapitel: Ich bin Teil des Systems und Verhalten macht Sinn. Fragen Sie sich: Wie haben sich andere Teilnehmer des Systems, mich eingeschlossen, in letzter Zeit verhalten? War dieses Verhalten förderlich für die Lust auf Arbeit oder eher frustrierend? Wurde vielleicht sein Gefühl für Gerechtigkeit und Würde verletzt und er reagiert mit Verweigerung darauf oder mit resigniertem Dienst nach Vorschrift? Ist der Mitarbeiter vielleicht einem Burnout schon sehr nah und versucht, seine bereits erschöpfte Kraft zu schonen? Oder war vielleicht einfach „nur" die Kommunikation schlecht und der Mitarbeiter hatte etwas falsch verstanden? Was also muss geschehen, um dem Mitarbeiter zu helfen, wieder gute Leistungen zu erbringen? Das hängt von den Ursachen der unbefriedigenden Leistung ab. Was nach meiner Erfahrung ein absoluter Motivations- und Leistungskiller ist, ist Sinnlosigkeit. Wenn ein Mitarbeiter in dem, was er da tun soll, einfach keinen Sinn sieht, reduziert er früher oder später sein Engagement. Das ist fast schon ein Naturgesetz. Ihre Mitarbeiter sind natürliche Ökonomen, sodass sie keine Kraft und Energie für etwas ausgeben wollen, das ihnen nicht sinnvoll erscheint beziehungsweise das aus ihrer Sicht keinen Sinn macht. Die beste Motivationspflege, die Sie Ihren Mitarbeitern zukommen lassen können, ist die Stiftung von Sinn. Nehmen Sie sich also immer die Zeit, den Sinn Ihrer Entscheidung oder Anweisung zu erläutern. Und seien Sie nicht genervt, wenn Mitarbeiter anfangen, Ihre Entscheidung oder Anweisung in Zweifel zu ziehen, weil sie ihnen nicht sinnvoll erscheint. Nehmen Sie das als ein nützliches Angebot und eine Aufforderung, ins Gespräch zu gehen. Nützlich deshalb, weil es Sie zwingt, über den Sinn Ihrer Entscheidung und Anweisung selbst noch einmal nachzudenken, das kann nie schaden. Und ein Angebot deshalb, weil Sie gerade eine Gelegenheit von Ihren Mitarbeitern bekommen haben, kostengünstig die Motivation Ihrer Mitarbeiter aufzupolieren. Denn im Grunde ist der Einwand Ihrer Mitarbeiter ein Versuch, die eigenen Erfahrungen und Ideen einzubringen. Er zeigt, dass sie sich interessieren und wollen, dass alles richtig läuft, vielleicht auch um auf diese Weise der eigenen Demotivation infolge eines Mangels an Sinn möglichst früh entgegenzuwirken.

Sie werden in diesem Buch kein Kapitel finden zum Thema: Wie motiviere ich Mitarbeiter? Nach allem, was ich erlebt und beobachtet habe, bin ich geneigt, all denen Recht zu geben, die der Meinung sind, dass man einen anderen Menschen nicht motivieren kann. Ihre Mitarbeiter hatten eigene Gründe, sich für einen bestimmten Beruf und für eine Anstellung bei Ihnen zu entscheiden. Es sind erwachsene Menschen, die nach eigenen Vorstellungen ein eigenes Leben führen und gestalten. Die Arbeit bei Ihnen ist für sie Mittel zum Zweck, das zu erreichen, was sie sich im Leben vorgenommen haben. Oder anders ausgedrückt; es macht für Ihre Mitarbeiter Sinn, bei Ihnen zu arbeiten, weil es ihnen hilft, so zu leben, wie sie das möchten. Das alles hat gar nichts mit Ihnen als Unternehmer zu tun. Die Menschen kommen zu Ihnen, weil sie selbst dazu motiviert sind. Das sind mehr oder weniger gut überlegte private Entscheidungen, für die Sie als Unternehmer nicht die geringste Verantwortung tragen. Ihre Mitarbeiter bleiben bei Ihnen, weil das so für sie stimmt. Sie als Unternehmer können niemanden motivieren, der nicht motiviert ist. Diese Macht haben Sie nicht. Aber! Sie haben die Macht, eine vorhandene Motivation zu pflegen und zu stärken oder schlecht zu behandeln und dadurch zu schwächen. Das können Sie. Die Frage ist also: Was schwächt die Motivation Ihrer Mitarbeiter und was pflegt ihre Motivation? Die einfache Antwort lautet: **Klar formulierte und konsequent gelebte Regeln für Zugehörigkeit und Gerechtigkeit sowie sinnvolle Arbeit pflegen die Motivation Ihrer Mitarbeiter.** „Wischiwaschi" bezüglich der Regeln für Zugehörigkeit und Gerechtigkeit, Unberechenbarkeit Ihres Verhaltens sowie ein Defizit an Sinn machen der vorhandenen Motivation mit schönster Sicherheit früher oder später den Garaus. Was ist mit Geld? Werden Sie jetzt vielleicht fragen. Es gibt in der Fachwelt die Meinung, dass Geld als Motivator und Sinnstifter ungeeignet sei, weil man sich sehr schnell an mehr Geld gewöhnen würde und es dann als normal ansehe. Es heißt, ein höheres Gehalt wäre nur für eine kurze Zeit ein Motivator. Ich verstehe, was damit gemeint ist und möchte dennoch widersprechen, dies aus zwei Gründen. Erstens weil ich zu oft erlebt habe, in welchem Maße ein unangemessen niedriges Gehalt demotiviert. Es wird als Geringschätzung der eigenen Leistung empfunden und attackiert damit unseren Sinn für Gerechtigkeit und Selbstachtung. Wenn man dann noch erfährt, dass Kollegen für die gleiche Arbeit mehr Lohn erhalten, ist das der Motivation alles andere als egal. Der zweite Grund ist folgender: Ich denke, ein gutes Gehalt ist wie eine schöne angenehme Melodie, die unser Leben begleitet. Diese Melodie beschwingt uns und verebbt keineswegs, nur weil wir nicht jeden Tag ihren Schöpfer preisen. Aber es ist nicht die einzige Melodie in unserem (Arbeits-)Leben. Es gibt da noch andere Töne und Musiken, die sich womöglich gar nicht so nett anhören. Etwa, wenn wir immer wieder Ungerechtigkeiten, Unehrlichkeiten, Sinnlosigkeiten oder insgesamt eine unprofessionelle Unternehmensführung erleben. Die Musik, die da „komponiert" wird, hört sich nicht nur unangenehm an, sie ist auch geeignet, unsere nette kleine Melodie des guten Gehalts zu übertönen. Geld ist wichtig, darum arbeiten wir überhaupt. Aber wer da glaubt, mit hohen Löhnen Mängel in den Bereichen Zugehörigkeit, Gerechtigkeit und Sinn kompensieren zu können, wird an die finanziellen Grenzen des Unternehmens stoßen, weil er dann wirklich sehr viel Geld auf den Tisch legen muss, um unter diesen Umständen Menschen im Unternehmen zu halten. Darüber hinaus, würden die Mitarbeiter trotz attraktiver Löhne nicht mehr richtig bei der Sache sein. Sie schauen entweder, dass sie einen sinnvolleren Job in einer besseren menschlichen Atmosphäre und bei akzeptabler Entlohnung finden. Oder sie leben ihre Unzufriedenheit in internen Kämpfen mit Kollegen aus. Sie lassen ihren Frust an ihnen aus. Sie teilen ihre Kollegen in sympathisch und unsympathisch ein und machen Front gegen die letzteren. Es gibt unendlich viele Möglichkeiten, auf eine demotivierende Situation destruktiv zu reagieren. Ihnen allen ist gemein, dass sie jedenfalls das Letzte sind, was Ihr Unternehmen braucht. Wenn also Fachleute beobachtet haben (wollen), dass Lohnerhöhungen nur für eine kurze Zeit motivieren, muss das nicht unbedingt heißen, dass Lohnerhöhungen oder allgemein ein sehr gutes Gehalt, ein ungenügender oder zu vernachlässigender Motivator wären. Es kann auch heißen, dass in dem betreffenden Unternehmen alles andere derart unbefriedigend läuft, dass unter diesen Umständen eine Lohnerhöhung mit der Erwartung überfordert ist, die demotivierende Wirklichkeit zu kompensieren. Oder einfacher ausgedrückt: Geld kann nur motivieren, wenn alles andere nicht demotiviert. Gleicher Lohn für gleiche Arbeit sollte übrigens eine Selbstverständlichkeit sein. Es motiviert nicht, wenn man für die gleiche Arbeit weniger als sein Kollege bekommt. Das torpediert die Zusammenarbeit. Lassen Sie uns nun über die motivierte und motivierende Zusammenarbeit im Team sprechen.

Kooperation im Team – Was ist Teamfähigkeit?

Teamfähigkeit ist ein Begriff, der auf der Liste der Anforderungen an Mitarbeiter ganz oben steht. Auch Mitarbeiter definieren sich selber gerne über ihre Teamfähigkeit und schätzen eine solche bei ihren Kollegen. Ich habe in all den Jahren mit schöner Regelmäßigkeit sowohl von Unternehmern als auch von Mitarbeitern gehört, wie bedeutsam die Teamfähigkeit des Einzelnen für das Ganze ist. *Ich bin teamfähig* war der Satz, der Mitarbeitern oft zuerst einfiel, wenn es um ihre Stärken ging. Für Menschen mit Personalverantwortung rangierte die Forderung nach Teamfähigkeit ganz oben auf der Liste der gewünschten Kompetenzen und Persönlichkeitseigenschaften. Doch was ist eigentlich Teamfähigkeit? Ich bin im Laufe der Jahre in den Unternehmen nie genau darüber aufgeklärt worden, was mein jeweiliger Gesprächspartner konkret unter Teamfähigkeit verstand. Auf meine entsprechenden Fragen wurde mir meistens etwas beschrieben, was in Richtung Fairness, Menschlichkeit und Respekt ging. Doch was ist in einem Unternehmen fair, menschlich und respektvoll? Jeder hat davon eine Ahnung und jeder hat auch irgendwie ein Gefühl dafür. Allerdings ist mir über die Jahre klar geworden, dass da jeder etwas anderes ahnt und fühlt. Insofern ist die Forderung nach Teamfähigkeit immer eher im Nebel gelebt worden und konnte auf diese Weise auch nicht ihre positive und ordnende Kraft entfalten, die man von ihr zu Recht erwartete. Wenn jeder etwas anderes darunter versteht, das aber nicht präzise formulieren kann, ist der Boden für Missverständnisse und Enttäuschungen bereitet. Hinzu kommt, dass nicht wenige Mitarbeiter unter Teamfähigkeit das verstehen, was die Erfüllung ihrer ganz persönlichen sozialen Bedürfnisse und Wünsche repräsentiert. Als Unternehmer können Sie dieses Thema also nicht Ihren Mitarbeitern überlassen. Stellen Sie sich besser auch diesbezüglich „an die Spitze der Bewegung". Was hilft, ist eine klare Definition von Teamfähigkeit. Was also ist Teamfähigkeit? Und was ist ein Team? Ich möchte Ihnen dazu einige Gedanken zur Verfügung stellen und Sie dürfen darüber befinden, ob sie Ihnen weiterhelfen.

Ein Team in einem Unternehmen ist eine Gruppe von Erwachsenen, die gemeinsam ein ökonomisches Ziel erreichen wollen, um auf diese Weise ihre materielle Existenz abzusichern. Das heißt, die Beziehungen haben einen ganz sachlichen und sehr finanziellen Grund. Es geht um Existenzsicherung. Insofern sollten diese Erwachsenen Eigenschaften und Fähigkeiten mitbringen, die es ermöglichen, Beziehungen zu gestalten, die ans Ziel führen. Welches konkrete Verhalten ist dazu erforderlich? An dieser Stelle möchte ich Ihnen ein Angebot machen, wann nach meiner Erfahrung ein Mitarbeiter **teamfähig** ist. Sie werden merken, dass die nachfolgende Liste gut zu den 6 Säulen des Selbstwertgefühls von Nathaniel Branden passt, die ich Ihnen bereits vorgestellt habe. Was sollte ein Mitarbeiter also erkannt haben und beherrschen, um als teamfähig gelten zu können?

Die Teamfähigkeit eines Menschen zeigt sich in folgendem Verhalten und in folgenden Haltungen:
1. Er hat erkannt, dass das eigene Handeln Folgen hat, die auf ihn zurückwirken und die er von vornherein bedenken muss. Er weiß also um die Wechselwirkung von Ursache und Wirkung. Wenn ihm etwas begegnet, das ihm nicht gefällt, fragt er (sich), welcher Zusammenhang von Ursache und Wirkung hier zu begreifen und zu bedienen ist. Er urteilt nicht einfach, sondern er hinterfragt und begreift die Geschichte eines Problems. Aber er reflektiert auch die Geschichte eines Erfolges, um daraus zu lernen und den Erfolg auf diese Weise zu verstetigen.
2. Ein erwachsener, reifer Mensch hat eine natürliche Freude am Leistungsprinzip, das heißt an einem Ausgleich von Geben und Nehmen. Und da er Freude an der eigenen Leistung hat, vertraut er auch auf seine eigene Leistungskraft. Er hat es nicht nötig, andere zu beneiden oder gar mit Tricks und Intrigen kleinzuhalten und auszubremsen, damit er selber (auch ohne Leistung) im Vergleich zu ihnen besser dasteht. Im Gegenteil fördert und unterstützt er seine Kollegen.

3. Er gibt sein Wissen und seine Erfahrungen gerne an seine Kollegen weiter, statt „Herrschaftswissen" aufzubauen.
4. Er ist in der Lage und bereit, bei allem was er tut, die Interessen der Anderen zu berücksichtigen. Er hat die Fähigkeit und Bereitschaft zum Perspektivwechsel. Das heißt, er ist in der Lage, auf eine Situation auch aus der Perspektive des Kollegen beziehungsweise Vorgesetzten zu schauen. Dementsprechend ist er bereit und fähig, an einem Ausgleich der Interessen und an einem Kompromiss zu arbeiten.
5. Er weiß, dass er sehr wohl Vorurteile hat, begreift diese aber nicht als eine bewiesene Tatsache. Er prüft seine schnellen Vorurteile auf ihren Wahrheitsgehalt. Ein teamfähiger Mensch tut dies, indem er entsprechende Fragen stellt und sich die Antworten aufmerksam anhört. Er hat den Willen, Wahrheit zu begreifen und zu verstehen.
6. Er ist fähig zur Selbstreflexion und gegebenenfalls Selbstkritik aber ohne jegliche Selbstabwertung. Das mag hier einfach klingen. Tatsächlich halte ich es für eine der schwierigsten „Übungen" in unserem Leben. Der **Selbstkritische** sagt zu sich: *Das hast du nicht gut gemacht, mach es beim nächsten Mal anders, vielleicht so oder so, probiere es einfach, vielleicht hat aber auch ein Kollege eine Idee? Frag einfach!* Der sich **Selbstabwertende** hingegen sagt zu sich: *Das hast du wieder mal schlecht gemacht, du bist ein echter Versager, du wirst es nie begreifen, lass es bloß niemanden sehen und sprich mit niemanden darüber, sonst weiß jeder, was du für ein Idiot bist.* Verstehen Sie den Unterschied?
7. Ein reifer Mensch übernimmt Eigenverantwortung für die Erreichung seiner Ziele und Wünsche und macht dafür nicht andere verantwortlich. Wenn andere besser sind als er, ist er nicht neidisch, sondern fragt nach dem Erfolgsrezept, um daraus zu lernen.
8. Er weiß, dass in einer Beziehung jeder Beteiligte 50 Prozent der Verantwortung für das Gelingen dieser Beziehung hat, nicht mehr und nicht weniger. Er füllt seine 50 Prozent gewissenhaft aus und lässt die Verantwortung für die anderen 50 Prozent bei seinem Partner

beziehungsweise Kollegen. Er fühlt sich nicht für etwas verantwortlich, das in der Verantwortung des Anderen liegt.
9. Er sagt, was er zu sagen hat auf eine wertschätzende Weise und sagt es klar und direkt demjenigen, um den es dabei geht. Es geht ihm nicht um Denunziation, sondern um ein besseres Zusammenspiel in der Sache.
10. Er kommuniziert seine eigenen Erwartungen und gleicht diese mit seinem Team ab. Er ist zum Kompromiss bereit. Im Konfliktfall arbeitet er daran, dass für beide Seiten akzeptable Lösungen gefunden werden, die es jedem erlauben, sein Gesicht zu wahren.
11. Er ist verbindlich und verlässlich. Sein Verhalten ist konsequent und konsistent.
12. Er mag Kooperation, aber durchaus auch den sportlich fairen Wettbewerb.

Würden Sie so einen Menschen gerne in Ihrem Unternehmen und in Ihrem Team haben? Möchten Sie diese Liste vielleicht noch ergänzen? Nur zu, seien Sie präzise und formulieren Sie Ihre Erwartung so, dass Sie beschreiben, was getan werden soll. Vermeiden Sie Bewertungen. Ich gebe Ihnen ein Beispiel was ich meine. Wenn ich Ihnen sage: *Ich habe heute früh einen ganz tollen Mann gesehen*, können Sie dann sagen, wie er aussah? Nein, das können Sie nicht. Sie könnten mir maximal sagen, wie Sie sich einen tollen Mann vorstellen. Ich stelle mir aber vermutlich einen ganz anderen Mann vor, wenn ich „ganz toll" sage. So kommt es zu keiner Verständigung. Die Wahrscheinlichkeit ist nicht sehr hoch, dass Ihre Vorstellung und meine Vorstellung von einem tollen Mann zufällig die gleiche ist. Wenn ich Ihnen aber sage: *Ich habe heute einen Mann gesehen, der 1,90m groß war, kurze schwarze Haare hatte, eine Brille trug, gut trainiert und schlank war in einem dunkelblauen Anzug mit weißem Hemd und roter Krawatte*, dann haben Sie eine bessere Vorstellung davon, wie er aussah. „Toll" ist eine Bewertung, sie sagt nichts aus, was mir hilft, zu verstehen. Das meine ich, wenn ich sage, benutzen Sie beschreibende Wörter, nicht wertende. In der obigen Definition eines teamfähigen Mitarbeiters gibt es nur wenig wertende Begriffe. Mit so einer Liste können Sie als Führungskraft gut arbeiten. Laden Sie Ihre Mitarbeiter ein, diese Liste zu diskutieren. Versuchen Sie, sich ein möglichst einheitliches Verständnis von Teamfähigkeit zu erarbeiten. Dann haben Sie eine gute Grundlage für Personalgespräche, in denen Sie Ihre etwaige Unzufriedenheit über mangelnde Teamfähigkeit zum Ausdruck bringen möchten. Wenn Sie nur sagen: *Herr Müller, Sie sind nicht teamfähig*, wird Herr Müller sich empören und beginnen, sich zu verteidigen. Er hat eben von sich ein anderes Bild. Wenn Sie ihm aber sagen: *Es tut dem Team nicht gut, dass Sie sich zwar zurecht über die schlechte Stimmung im Team beschweren, selbst aber nie offen und direkt sagen, was ihre Erwartungen sind, sondern sich hinter dem Rücken der anderen beschweren, dass angeblich nichts im Team richtig läuft. Ich erwarte, dass Sie ein Gefühl für die Wirkung Ihres Verhaltens auf die Stimmung im Team haben. Ich würde Sie gerne darin unterstützen zu lernen, wie man eine Kritik in einen Wunsch umwandelt und offen sagt, welche Vorstellungen man hat. Was sagen Sie zu diesem Angebot?*, dann ist das konkret. Und wenn Sie dann noch die obige Liste hervornehmen können und darauf verweisen, dass man sich ja einst darauf geeinigt hatte, wie es in diesem Punkt laufen soll, bleibt „nur" noch die Frage, wie Sie ihn dabei unterstützen können, dass er sein Verhalten ändert. Fragen Sie ihn nach seinen Beweggründen und was er braucht, um sich ändern zu können. Bitte achten Sie dabei auf eine ganz bestimmte Feinheit in der Fragestellung. Wenn Sie fragen: *Wie kann ich Sie unterstützen, sich zu ändern?* beinhaltet diese Formulierung folgende Haltung Ihrerseits:

- Es steht außer Frage, dass Ihr Mitarbeiter sich ändern muss.
- Es steht außer Frage, dass er das selbst tun muss und niemand sonst.
- Sie bieten „nur" Hilfe zur Selbsthilfe. Niemand wird es aber statt seiner machen.
- Er muss eigene Ideen entwickeln, um seine eigene Veränderung voranzutreiben.
- Er ist der Schöpfer seiner eigenen Veränderung. Sie sind nur sein „Adjutant".

Wenn Sie dagegen fragen: *Was kann ich für Sie tun?*, wird Ihr Mitarbeiter bestenfalls Wünsche an Sie richten, was Sie für ihn tun sollen.

- Er wird unterschwellig von Ihnen die Haltung vermittelt bekommen, dass seine Veränderung Ihre Aufgabe ist.
- Er wird weitestgehend passiv bleiben und seinen Beitrag darin sehen, Erwartungen an andere zu formulieren und zu beurteilen, ob die anderen seinen Erwartungen gerecht werden.
- Er wird sich als Opfer des Versagens anderer empfinden, weil diese angeblich nicht das Nötige für ihn getan haben.
- Er wird keine Ideen entwickeln, um seine eigene Veränderung voranzutreiben.
- Er sieht sich nicht als Schöpfer seiner eigenen Entwicklung.

Fragen Sie, aber fragen Sie richtig. Nehmen Sie Ihre Mitarbeiter in die Pflicht, aber reflektieren Sie auch über Ihre Pflicht. Denken Sie an die Haltung: Ich bin Teil des Systems und Verhalten macht Sinn. Möglicherweise ist Ihre Wirkung als Chef auf das soziale System Ihres Unternehmens noch nicht so, dass es offene und direkte Kommunikation fördert. Dann macht das obige Verhalten von Herrn Müller vielleicht sogar Sinn, zumindest aus seiner Sicht. Vielleicht ist Ihr Verhalten aber auch ganz in Ordnung, nur hat Herr Müller noch Zweifel oder Befürchtungen, die ihn abhalten, seine Möglichkeiten auszuleben. Man weiß es nicht. Das Gespräch kann genutzt werden, um eben das herauszufinden. Und egal, was Sie herausfinden, Sie wissen nun, wo Sie den Hebel ansetzen, damit Herr Müller(!) sein Verhalten in die richtige Bahn lenkt. Das nennt man dann ein wertschätzendes, lösungsorientiertes und konstruktives Gespräch, bei dem jede Seite ihren Teil der Verantwortung wahrnimmt.

Die aufgeführten 12 Punkte zur Teamfähigkeit können ein gutes Führungsinstrument sein, um Ihr Personal zu entwickeln, in diesem Fall zur gewünschten Teamfähigkeit. Aber auch die nachfolgende Liste mag eine Hilfe sein. Sie zählt all die Verhaltensweisen und Einstellungen auf, die das Zusammenwirken im Team stören oder gar unmöglich machen. Teamunfähigkeit zeigt sich in folgendem Verhalten und in folgenden Haltungen:

1. Egoismus: wenig geben, viel nehmen
2. Delegieren der Verantwortung für das eigene Wohlbefinden auf andere nach dem Motto: Ich fühle mich nicht wohl, jemand anderes ist Schuld daran
3. Gleichgültigkeit und Desinteressen gegenüber den Interessen des Anderen
4. Hinterhältigkeit, Intrigen, Lügen
5. Kein oder wenig Gespür für die Folgen des eigenen Handelns auf die Gesamtsituation
6. Den Anderen nicht annehmen, wie er ist, sondern nach den eigenen Vorstellungen ändern wollen
7. Wenig Selbstreflexion
8. Ziel- und Wunscherreichung auf Kosten Anderer
9. Unverbindlichkeit und Unzuverlässigkeit
10. Vorurteile statt Fragen, Zuhören und Verstehen
11. Konkurrenz, Unfairness
12. Denken in Gewinner-Verlierer-Dimensionen
13. Beziehungsverantwortung wird einseitig dem Partner zugeschoben
14. Mangelnde Souveränität, Opferrolle und emotionale Erpressung

Wenn diese Störfaktoren im Verhalten eines Kollegen dauerhaft überwiegen, sollten Sie über einen Beziehungsabbruch nachdenken. Aber denken Sie daran, dass jeder von Anfang an wissen sollte, dass diese Verhaltensweisen auf Dauer zum Beziehungsabbruch führen können. Es wäre zu empfehlen, beide Listen im Unternehmen zu veröffentlichen. Sie können sie auch vereinfachen, indem Sie die jeweils drei oder vier wichtigsten Punkte hervorheben und sagen, dass vor allem diese Verhaltensweisen für das Unternehmen am nützlichsten oder am schädlichsten sind, je nachdem ... Man kann auch mit dem Team diskutieren und vereinbaren, welche drei oder vier Punkte Ihren Mitarbeitern besonders am Herzen liegen. Nehmen Sie Ihre Mitarbeiter so früh wie möglich mit ins Boot. Je mehr die Entscheidung über Regeln und Prioritäten auch die Entscheidung Ihrer Mitarbeiter ist, je eher werden diese Festlegungen im Alltag gelebte Realität sein. Argumentieren Sie immer und konsequent mit den wirtschaftlichen Bedürfnissen Ihres Unternehmens. Außerdem gibt es Verhaltensweisen, die ganz objektiv unseren Beziehungen guttun oder nicht. Arbeitsbeziehungen sind Mittel zum Zweck. Lassen Sie mich nachfolgend einiges zu dem Thema Beziehungspflege in Ihrem Unternehmen sagen.

Arbeitsbeziehungen gestalten – Jede Seite hat Verantwortung
Als Unternehmer mögen Sie die alleinige Verantwortung für Ihr Unternehmen haben. Sie sind es auch, der letztendlich darüber entscheidet, welche Menschen Sie ins Unternehmen holen. So weit, so gut. Wenn es jedoch um die konkrete Gestaltung der zwischenmenschlichen Beziehungen beziehungsweise Arbeitsbeziehungen geht, werden Sie nicht darauf verzichten können, dass die Anderen ihre Verantwortung für das Gelingen dieser Arbeitsbeziehungen auch wahrnehmen. Das einzufordern, wäre eine ganz wichtige Regel in Ihrem Unternehmen. Beziehungen werden immer von mindestens zwei Menschen gestaltet. Mit einer Hand kann man nicht klatschen, es gehören zwei dazu. Und das gilt auch für die Arbeitsbeziehungen in Ihrem Unternehmen. Schauen Sie sich noch einmal auf der Liste zur Teamfähigkeit den Punkt 8 an:
Ein teamfähiger Mensch weiß, dass in einer Beziehung jeder Beteiligte 50 Prozent der Verantwortung für das Gelingen der Beziehung hat, nicht mehr und nicht weniger. Er füllt seine 50 Prozent gewissenhaft aus und lässt die Verantwortung für die anderen 50 Prozent bei seinem Partner beziehungsweise Kollegen. Er fühlt sich nicht für etwas verantwortlich, das in der Verantwortung des Anderen liegt.
Setzen Sie als Unternehmer die Rahmenbedingungen und definieren Sie die äußeren Zweckmäßigkeiten, die sich aus der Persönlichkeit Ihres Unternehmens ergeben. Das sind Rahmenbedingungen, an die selbst Sie als Unternehmer sich halten müssen. Also dürfen Sie auch von Ihren Mitarbeitern erwarten, dass sie es tun. Aber nachdem Sie klar gemacht haben, unter welchen Rahmenbedingungen es in Ihrem

Unternehmen laufen soll und muss, laden Sie jeden ein, seiner Verantwortung für das erfolgreiche Miteinander nachzukommen. Ihre Mitarbeiter sind erwachsene Menschen, sie sind also generell in der Lage, diese Forderung mit Leben zu füllen. Machen Sie unmissverständlich klar, dass Sie genau das von ihnen erwarten. Gerne dürfen Sie mit Ihren Mitarbeitern darüber sprechen, welche Unterstützung diese brauchen, um sich konstruktiv einzubringen. Das kann auch bei Bedarf gerne immer wieder aufs Neue diskutiert werden. Es handelt sich dabei um einen Lernprozess, der vermutlich nie endet. Aber tappen Sie um Gottes Willen nicht in die Falle, sich für gute Arbeitsbeziehungen allein zuständig zu fühlen. Tappen Sie aber auch nicht in die Falle, die Verantwortung dafür ganz von sich zu schieben. Sie definieren die Rahmenbedingungen und moderieren den Verständigungs- und Lernprozess. Und selbstverständlich leben Sie selber das vor, was Sie von Ihren Mitarbeitern erwarten. Wer die Veränderung will, muss die Veränderung sein, wie es so schön heißt. Das ist Ihre Aufgabe als Unternehmer. Und wenn Sie das getan haben beziehungsweise tun, sind Ihre Mitarbeiter in der Pflicht, Verantwortung zu übernehmen und ihren Teil beizutragen. Das Gleiche gilt für die Kommunikation und die Gestaltung der Informationsflüsse in Ihrem Unternehmen. Ich werde auf dieses Thema gleich zu sprechen kommen. Zuvor würde ich Sie gerne an dieser Stelle kurz einladen, sich gemeinsam mit mir einige Gedanken zum „guten alten" Egoismus zu machen.

Egoismus und Beziehungsgestaltung

Die meisten Menschen möchten nicht als egoistisch gelten. Es ist eine Eigenschaft, die das Gegenteil von dem ist, was einer Beziehung guttut und gesellschaftlich respektiert ist. Nur leider wird nicht selten jedes „Ich-tue-mir-gut" als Egoismus verstanden. Entsprechend gibt es heute viele Bücher, die uns, vor allem Frauen, auffordern, egoistischer zu sein. Mir ist in sehr vielen Gesprächen immer wieder gezeigt worden, wie sehr sich Menschen in ihren berechtigten Interessen selbst verraten, aus Angst vor dem Vorwurf, egoistisch zu sein. Das tut niemandem gut. Schauen wir also etwas genauer hin und differenzieren wir. Der Begriff

Egoismus stammt vom griechischen und lateinischen Wort *Ego,* was so viel wie *ICH* heißt. Danach würden alle Verhaltensweisen, die das eigene Ich betreffen, als Egoismus verstanden werden. Ich halte das für eine sehr pauschalisierende Auffassung, die wenig konstruktiv ist. Es muss noch ein treffenderes und präziseres Verständnis davon geben. Dazu würde ich gerne einen Vorschlag machen. Bleiben wir bei den Wörtern. Wie lautet der deutsche Begriff für Egoismus? Meines Wissens haben wir dafür das Wort **Selbstsucht**. Und mit diesem Wort lässt sich schon besser arbeiten. **Selbst-sucht** würde danach bei einem Menschen vorkommen, der sein **Selbst sucht**. Es könnte auch heißen, er habe eine **Sucht nach** seinem **Selbst**. Ist jemand einer Sucht verfallen, weil er im Grunde etwas sucht? Danach würde ein selbstsüchtiger Mensch also jemand sein, der sein Selbst sucht. Ist dann das Gegenteil von Selbstsucht **Selbstlosigkeit**? Ist es besser, **selbst-los** zu sein als selbstsüchtig? Heißt selbst-los nicht, **sein Selbst los zu sein**, es also nicht zu haben? Ich glaube, dass das Gegenteil von Egoismus nicht Selbstlosigkeit ist, sondern Selbstliebe. Selbstlosigkeit scheint mir eher die andere Seite der Medaille zu sein. Selbstsucht auf der einen Seite und Selbstlosigkeit auf der anderen. Beide, die Selbstlosen und die Selbstsüchtigen leiden an dem gleichen Problem. Sie haben nicht das Gefühl, ein Selbst zu haben. Sie gehen mit diesem Mangel aber verschieden um.

Die Selbstsüchtigen möchten, dass andere Menschen dieses innere Loch stopfen. Die Anderen sollen sich selbst vergessen und nur noch für den Selbstsüchtigen da sein. Die Selbstsüchtigen wollen, dass die Anderen ihnen etwas geben, was ihr Gefühl von innerer Leere füllt. Vielleicht kommt das Wort *fühlen* von *füllen*? Ich weiß es nicht.

Die Selbstlosen haben auch ein Gefühl von Leere aber sie versuchen, die Leere zu füllen, indem sie die Wünsche anderer *erfüllen*, beziehungsweise indem sie für andere *fühlen*. Sie vergessen sich selber dabei. Sowohl die Selbstlosen wie die Selbstsüchtigen sind nur eingeschränkt in der Lage, selber gut für sich und ihr Selbst zu sorgen. Man muss sein Selbst „gefunden" haben und nicht, es los sein oder es suchen, um gut für sich zu sorgen, was ja ein Akt der Liebe zu sich selbst ist. Und was ist schlimm daran, sein Selbst zu lieben und gut dafür zu sorgen? Ein Selbstsüchtiger fühlt ein Defizit in sich und versucht es zu schließen, indem er seine Mitmenschen in die Verantwortung und Pflicht nimmt. Ein Selbstliebender sieht sich selber in der Verantwortung und Pflicht und missbraucht nicht andere Menschen dafür. Erinnern Sie sich? Es geht im Leben darum, eine Persönlichkeit zu werden, indem man in Treue zum eigenen Gesetz lebt. Andernfalls verpasst man den Sinn seines Lebens. Selbstlose genau wie Selbstsüchtige können nicht nur ungenügend für ihr Selbst sorgen. Sie haben auch nur wenig Mut zur Treue zum eigenen Gesetz. Sie haben ein Problem damit, eine Persönlichkeit zu werden. Vielleicht verlangen sie auch darum von anderen, sie mögen ihnen sagen, was ihr Selbst ist und sie darin zu bestätigen, dass es ein tolles Selbst ist. Auch der Selbstlose möchte Anerkennung von außen. Natürlich sind sich beide ständig unsicher, ob das von außen kommende Bild über das eigene Selbst stimmt. All die Menschen, die ständig Bestätigung von anderen erwarten, haben im Grunde ein „Selbstlosigkeitsproblem", sie sind ihr Selbst los, sie spüren es nicht, sie sind ohne ein befriedigendes Bewusstsein für ihr Selbst. Sie wissen im Grunde nicht, wer sie sind und wollen es von ihren Mitmenschen und der Gesellschaft gesagt bekommen. Sie sind abhängig davon, dass ihnen ihre Umwelt ein möglichst schmeichelhaftes Selbst präsentiert. Wenn zwei Selbstlose sich begegnen, ähnelt das vielleicht dem Bild von zwei Spiegeln, die man gegenüberstellt. Es ist nichts da, was sich spiegeln könnte. Die Biografien dahinter würden sicher genug Stoff für ein eigenes Buch bieten. Wir lassen sie aber an dieser Stelle außer Acht, weil das kein Thema für einen Unternehmer ist, sondern für einen Therapeuten oder Coach. Mir ist wichtig darzustellen, dass man kein Egoist ist, wenn man gut für sich selbst sorgt. Vorausgesetzt, man tut dies nicht auf Kosten anderer, sondern auf „Kosten" der eigenen Potenziale. Es ist ein riesiger Unterschied, ob ich selbst gut für mich sorge und aus meinem eigenen Selbst heraus nach meinen Gesetzen lebe oder ob ich andere Menschen benutze und von ihnen erwarte, dass sie gut für mich sorgen oder mir sagen wer ich bin. Ich habe einmal einen alt gewordenen Schriftsteller sagen hören: *„In der Jugend habe ich alles von der Welt erwartet. Heute erwarte ich nur* *noch etwas von mir selbst"*. Ich erinnere mich nicht mehr, wer dieser Schriftsteller war, aber dieser Satz ist mir mein ganzes bisheriges Leben in Erinnerung geblieben. Ich hatte damals das Gefühl, er wäre darüber etwas resigniert. Ich empfand dieses Statement aber schon damals als eine wunderbare Beschreibung für einen menschlichen Reifeprozess. Ein reifer, gut für sich sorgender Mensch lebt aus seinen eigenen Potenzialen, aus seinem eigenen Selbst heraus. Er muss nichts von anderen erwarten, er ist in der Lage, seine Ziele aus eigener Kraft zu erreichen. Er freut sich über Hilfe und er fragt offen danach, wenn er sie braucht. Aber er lässt dem anderen dabei auch die Freiheit, auf diese Frage mit „Nein" oder „Ja" zu antworten. Er freut sich über Geschenke, aber er ist nicht abhängig davon, etwas geschenkt zu bekommen. Er hat deswegen auch kein Problem damit, seinen Dank auszudrücken und zu würdigen, was man ihm Gutes getan hat. Er lebt aus sich selbst heraus und er sorgt für sich selbst. Er entwickelt ein eigenes Verständnis für sein Selbst. Das alles hilft ihm, auch ein Verständnis für das Selbst der anderen zu entwickeln. Selbstentfremdete Menschen sind nicht nur sich selbst fremd, ihnen bleiben im Endeffekt auch andere fremd. Es ist kein schönes Gefühl, sein Selbst zu vermissen und irgendwo im Außen zu suchen. Insofern sind selbstsüchtige aber auch selbstlose Menschen nie wirklich zufrieden und glücklich. Die Aufforderung, etwas egoistischer zu werden, führt daher in die falsche Richtung. Die Aufforderung, selbstlos zu sein, führt aber auch in die falsche Richtung. Eine reife, eigenverantwortliche Form von Selbstliebe ist das richtige Ziel. Nun kenne ich niemanden, mich eingeschlossen, der von sich sagen könnte, er wüsste ganz genau, wer oder was sein Selbst sei. Das ist aber auch kein Problem. Es ist in Ordnung, sich ein Leben lang für die Frage zu interessieren, wer man Selbst ist oder sein möchte. Wichtig ist, dass man sich für die Antworten selber zuständig fühlt und nicht andere in die Pflicht nimmt. Allerdings darf man sich gerne Rat holen und diesen überdenken. Ich habe diesen kleinen philosophischen Exkurs gewagt, weil er für die Mitarbeiterführung eine praktische Bedeutung hat. Will heißen: Auch Arbeitsbeziehungen haben nichts mit Selbstaufopferung zu tun. Arbeitsbeziehungen sind nicht dann gut, wenn Mitarbeiter bereit sind, bis zur Selbstaufgabe alles hinzunehmen. Ein Mitarbeiter ist nicht egoistisch, wenn er es ablehnt, ständig auf Freizeit und Erholung zu verzichten, nur weil die Führung beispielsweise nicht in der Lage ist, für ausreichend Personal zu sorgen oder betriebliche Prozesse effizient zu gestalten. Er hat das Recht und die Pflicht, gut für sich zu sorgen. Eine Beziehung, auch eine Arbeitsbeziehung, ist nur dann gesund, wenn es darin beiden Seiten gut geht. Dass sich gute Arbeitsbeziehungen darin zeigen, dass es allen gut geht, mag eine sehr moderne Auffassung sein. Unsere Vorfahren hatten vermutlich nicht diese Erwartung. In den harten Zeiten der frühen Industrialisierung war das vermutlich auch gar nicht möglich. Aber wir sind Dank der großartigen Leistungen unserer (sich unfreiwillig selbst aufopfernden) Vorfahren heute in der historisch außergewöhnlichen Lage, so denken zu dürfen. Wir dürfen nicht nur so denken, wir müssen es sogar. Denn im Gegensatz zu unseren Vorfahren leben wir heute in einer Wirtschaft, in der dank der hoch entwickelten Technik weniger die Muskelkraft der Menschen die tragende Rolle spielt, die sich über Schlaf und ausreichend Essen gut regeneriert. Heute ist vor allem unsere mentale oder auch psychologische Leistungskraft gefragt. Wir stehen noch etwas am Anfang dieser gravierenden Veränderung und die hohe Rate an psychosozialen Erkrankungen macht uns auch darauf aufmerksam, dass wir noch nicht über ausreichende Kompetenzen verfügen, mit unserer stark geforderten mentalen Leistungskraft so umzugehen, dass sie sich schnell regeneriert und am besten gar nicht erst verschleißt. Es ist gewiss kein Zufall, dass die Psychologie als Wissenschaft erst in den letzten Jahrzehnten so richtig an Fahrt aufgenommen hat. Die Wirtschaft braucht ihre Erkenntnisse über die Psyche oder Seele dringend. Ob die Seele altern beziehungsweise bei Beanspruchung verschleißen muss, ist nämlich noch gar nicht geklärt. Vielleicht hat sie das Potenzial, bei guter Behandlung bis zum Ende jung und leistungsfähig zu bleiben. Ich weiß es nicht. Eines wissen wir aber alle: Nichts schwächt uns mental beziehungsweise seelisch so sehr, wie Rücksichtslosigkeit und Egoismus in zwischenmenschlichen Beziehungen, auch und besonders auf Arbeit. Und Selbstlosigkeit führt auch nicht ins Glück, sondern in die

Erschöpfung und Resignation. Daher ist es sicher nicht verkehrt zu sagen: Arbeitsbeziehungen zwischen Menschen mit einem gut entwickelten Sinn für sich und andere sind die Grundlage für eine gelingende Pflege der mentalen Leistungskraft. Und eine gut gepflegte mentale Leistungskraft ist Voraussetzung dafür, dass Unternehmensziele erreicht werden können. Ein Unternehmen kann nicht alle Erwartungen erfüllen, aber eine bestimmte Erwartung kann und muss es erfüllen: respektvolle Beziehungen, in denen jeder ein Verständnis für den Anderen hat und vor allem in denen jeder Verantwortung für sich selbst und sein Wohlergehen übernimmt. Das hat nichts mit Egoismus zu tun. Solange niemand vom Anderen verlangt, für ihn zu sorgen, ist es fair. Und so lange jeder darauf achtet, seine 50 Prozent Verantwortung möglichst zu 100 Prozent auszufüllen, ist es auch gerecht. Es gibt noch eine weitere praktische Schlussfolgerung aus den Überlegungen zum Thema Egoismus. Ich habe in fast allen Unternehmen, in denen ich tätig war, von Mitarbeitern den Wunsch gehört, dass der Chef sie mehr loben möge. Ich habe jahrelang an diesem Thema „geknispelt" und war ständig hin- und hergerissen zwischen meiner Unterstützung für diesen so einfach zu befriedigenden Wunsch der Mitarbeiter und der oftmals genervten Reaktion der Chefs auf die Forderung nach mehr Lob. Ich kann nur sagen: Haben Sie ein „feines Öhrchen" dafür, WARUM Ihre Mitarbeiter gelobt werden wollen. Geht es darum, zu erfahren, ob man alles richtig macht und weiter im Unternehmen bleiben kann? Diese Motivation wäre berechtigt, also loben Sie im Sinne eines bestätigenden Feedbacks. Oder geht es darum, dass Sie „benutzt" werden sollen, um einem Mitarbeiter ohne ausreichendes Selbstbewusstsein zu sagen, wer er ist und wie toll er ist? Diese Motivation sollten Sie lieber nicht bedienen. Denn erstens ist es eine private Angelegenheit herauszufinden, wer man ist, dafür muss man als erwachsener Mensch schon selber sorgen. Nötigenfalls kann man sich professioneller Hilfe bedienen. Und zweitens wird dieser Mitarbeiter immer mehr Lob erwarten. Es wird keine Zufriedenheit geben, egal wie viel und toll Sie loben. Ein solcher Mensch ist ein wenig wie ein Bettler um Anerkennung. So verständlich sein Bedürfnis ist. Es wird nicht die Lösung seines Problems sein, ihm zu geben, worum er bittet. Er wird ein „Lobbettler" bleiben. Genau wie der Bettler auf der Straße mit seinem: *Haste mal ´nen Euro.* Ja, habe ich und ich gebe dir auch gerne einen, aber du wirst morgen wieder hier sitzen. Es wird sich nichts ändern. So ist es auch mit der „Lobbettelei". Sie als Unternehmer haben bitte keine Zeit dafür. Sie dürfen gern Verständnis dafür haben, aber bitte in dem Sinne, dass Sie die dahinterliegende seelische Dynamik sehen und begreifen. Es ist definitiv kein Problem, das im Rahmen eines Unternehmens gelöst werden kann noch soll. Beschädigen Sie als Unternehmer niemals das Selbstwertgefühl eines Ihrer Mitarbeiter. Aber fühlen Sie sich als Unternehmer auch nicht dafür zuständig, dass Ihr Mitarbeiter ein Selbstwertgefühl hat. Das Selbstwertgefühl Ihres Mitarbeiters nicht zu beschädigen, ist Ihre Verantwortung. Dass der Mitarbeiter ein Selbstwertgefühl hat, ist dessen Verantwortung. Und das gilt auch für Sie als Mensch und Unternehmer. Missbrauchen Sie nicht Ihr Unternehmen, Ihre Mitarbeiter oder sogar Ihre Kunden, um zu wissen, wer Sie sind. Herauszufinden, wer Sie sind, ist Ihre ganz private Angelegenheit. Sie haben ein Selbst ganz unabhängig von anderen, ohne Unternehmen, ohne Mitarbeiter und ohne Kunden. Sie werden gerade in Krisenzeiten von dieser Gewissheit profitieren, weil Sie Ihnen die Kraft und die Ideen liefert, um auch bei Sturm Ihr Boot durch alle Gewässer zu navigieren. Diese Gewissheit wird Ihnen helfen, ruhig und sachbezogen bei sich zu bleiben, während Sie Ihr Unternehmen durch die gelegentlichen Turbulenzen des Marktes steuern. Und die größte Turbulenz, die Ihnen passieren kann, ist ein Mangel an Anerkennung seitens Ihrer Kunden. Wenn Sie diesen Mangel als einen Angriff auf Ihr Selbstwertgefühl missverstehen, haben Sie ein Problem ohne Lösung. Denn es hat nichts mit Ihnen zu tun, sondern mit Ihrem Service, Ihrem Produkt oder mit anderen unternehmerischen Themen, denen Sie Ihre ganze Aufmerksamkeit widmen sollten. Für Selbstzweifel und Selbstabwertung ist da kein Platz. Für eine lösungsorientierte Selbstkritik schon eher. Aber die kann Ihrem Selbst und dem Ihrer Mitarbeiter nichts anhaben. In einer solchen Situation geht es um Ideen und Veränderung und darum, miteinander uneitel sowie sachbezogen über konkrete Schritte zu diskutieren. Das heißt, hier wird Ihre Fähigkeit gefordert sein, eine gut funktionierende professionelle Kommunikationskultur mit Ihrem Team aufzubauen und zu leben. Wie diese aussehen sollte und könnte ist nachfolgend unser Thema.

Kommunikation und Information im Unternehmen – Jeder hat Verantwortung

Es gibt eine schöne Übung, die ich immer wieder gern in meinen Seminaren und Workshops zum Thema Kommunikation an den Anfang stelle, weil sie so viel über die Natur der menschlichen Kommunikation offenbart. Ich gebe einem Teammitglied oder jemandem mit Führungsverantwortung ein Blatt Papier auf dem sich eine einfache Zeichnung aus Dreiecken, Kreisen, Linien oder Vierecken befindet. Nennen wir diese Person den „Sender" der Botschaft. Ich achte darauf, dass es eine sehr einfach gehaltene Zeichnung ist und ich achte darauf, dass niemand außer dem „Sender" die Zeichnung sehen kann. Alle anderen in der Gruppe bekommen ein weißes Blatt Papier und einen Stift. Nennen wir sie die „Empfänger" der Botschaft. Nun gibt der Sender den Empfängern Anweisungen, was diese auf ihren weißen Blättern zeichnen sollen, damit darauf die gleiche Zeichnung entsteht, wie die, die der Sender vor sich hat. Gerade Führungspersonen, die sich oft darüber beklagen, dass ihre Mitarbeiter nicht tun, was man ihnen sagte, obwohl man es ihnen doch eindeutig gesagt habe, werden bei dieser Übung nachdenklich. Es ist nämlich gar nicht so einfach, den Kollegen verständliche Anweisungen zu erteilen, an welcher Stelle des Blattes sie genau was zeichnen sollen. Auch werden in der Regel viele Informationen gar nicht gegeben, weil der Sender sie wohl als selbstverständlich ansieht. So vergessen die meisten zu erwähnen, wie das Blatt gehalten werden soll, längs oder quer. Damit fangen dann die Missverständnisse schon an. Um es kurz zu machen, keine einzige Zeichnung der Empfänger sieht jemals genauso aus, wie die des Senders. Nun könnte man sagen, dass die Anweisungen einfach nicht gut genug waren. Das stimmt eigentlich immer. Aber das allein ist es nicht. Denn nicht nur sind alle Zeichnungen der Empfänger anders als die Zeichnung des Senders. Sie sind darüber hinaus auch alle verschieden anders. Das heißt, obwohl alle die gleichen Anweisungen hörten, haben alle etwas anderes verstanden. Eigentlich dürfte man erwarten, dass alle Zeichnungen der Empfänger gleich wären, weil alle das Gleiche gehört haben. Aber das war nie der Fall, sie waren immer alle verschieden. Was sagt uns das? Es sagt uns, dass der Empfänger massiv mitentscheidet, was gesagt und verstanden wird und nicht nur der Sender. Der Zuhörer interpretiert das Gehörte und verhält sich entsprechend seiner eigenen Interpretation. Die Informationslücken schließt er durch eigene Annahmen. Kommunikation ist also ein Gemeinschaftswerk von Sender und Empfänger, von Sprecher und Zuhörer. Darum haben auch beide die Verantwortung für das Gelingen der Kommunikation. Das ist eine ganz wichtige Feststellung, die in jedem Fall zum Leitmotiv Ihrer internen Kommunikationspolitik gemacht werden sollte. Stellen Sie klar, dass Sie von Ihren Mitarbeitern einen ebenbürtigen und verantwortungsvollen Beitrag zum Gelingen der Kommunikation erwarten. Bezogen auf die eben beschriebene Übung könnte diese Verantwortung darin liegen, dass man beispielsweise rückmeldet, was man verstanden hat und sich vergewissert, dass der Sender eben das gemeint hat, was man selbst verstanden hat. Man könnte also ganz konkret fragen: *Habe ich richtig verstanden, dass ...* Oder: *Ich habe noch folgende Frage ...* Als Zuhörer oder Empfänger einer Botschaft verantwortlich zu handeln, heißt, sich aktiv um alle Informationen zu bemühen, die man braucht und sich rückzuversichern, dass man alles richtig verstanden hat. Zu oft habe ich von Mitarbeitern Beschwerden über die interne Informationspolitik in ihrem Unternehmen gehört. Auf meine Frage, warum Sie sich nicht aktiv um die Informationen bemühten, die sie bräuchten, erhielt ich meistens zur Antwort: *„Das ist doch Sache der Führung."* Eine solche Haltung wird nicht funktionieren. Natürlich ist es Sache der Führung dafür zu sorgen, dass die Mitarbeiter wissen, was sie dürfen und sollen und welche Leistung wie und in welcher Qualität zu erbringen ist. Die Führung muss ihre Mitarbeiter auch wissen lassen, welche Unterstützung sie in welcher Situation von wem abrufen können und welche Kanäle und Zeitfenster ihnen dafür zur Verfügung stehen. Verantwortung von den Mitarbeitern zu verlangen heißt nicht, die Führung aus der Verantwortung zu entlassen. Es heißt aber deutlich zu machen, dass es ohne aktive Mitarbeit seitens der Mitarbeiter keinesfalls funktionieren wird. Mitarbeiter heißen Mitarbeiter, weil man von ihnen Mitarbeit erwarten darf. Wie bereits gesagt: Mit einer Hand kann man nicht klatschen. Das ist die passende Überschrift zum Thema Kommunikation. Die Motivation, sich aktiv einzubringen, dürfen Sie darum von Ihren Mitarbeitern verlangen. Lassen Sie uns an dieser Stelle noch einmal zum Thema Motivation kommen.

Anreizsysteme als Motivationspflege – Begeisterung ist das Herz der Motivation
Wie ich an früherer Stelle bereits bemerkt habe, neige ich aufgrund meiner Beobachtungen und Erfahrungen dazu, all denen Recht zu geben, die sagen, man könne niemanden motivieren. Ein Mensch ist motiviert etwas zu tun oder er ist es nicht. Das hat wenig mit dem Verhalten eines Außenstehenden zu tun, aber fast alles mit dem betreffenden Menschen selbst. Ich habe immer wieder bei anderen und mir selber beobachtet, dass Menschen, die einen eigenen inneren Antrieb zu irgendeiner Art von Tätigkeit haben, im Grunde glückliche Menschen sind. Natürlich erleben auch diese Menschen Niederlagen und fühlen sich manchmal von bestimmten Umständen und Ereignissen deprimiert. Aber sie suchen aus eigenem Antrieb nach Auswegen und sie finden sie auch. Letztendlich fühlen sie sich durch die Tätigkeit, die sie lieben, ausgeglichen und erfüllt. Sie brauchen niemanden, der sie dazu motiviert. Ich – zum Beispiel – bin seit meiner Kindheit begeistert davon, im Garten Blumen zu züchten. Mich hat dazu noch nie jemand motivieren müssen, im Gegenteil. Ich belohne mich mit ein paar Stunden Arbeit in meinem Garten und bedaure es, damit aufhören zu müssen, weil der Tag zu Ende geht und es dunkel wird. Wenn man mich fragen würde, warum mir das solchen Spaß macht, wüsste ich keine Antwort. Es ist einfach so. Gewiss sind auch Sie von irgendeiner Sache, einem Thema oder einer Tätigkeit so begeistert, dass sie die Zeit darüber vergessen und es bedauern, dass der Tag zu Ende geht und sie da-

mit aufhören müssen. Zumindest wünsche ich Ihnen, dass es so ist. Im Volksmund sagt man: *Müßiggang ist aller Laster Anfang*. Ich glaube, dass dies ein Sprichwort ist, das eine der wichtigsten Erkenntnisse im Leben der Menschen beschreibt. Nämlich, dass man über kurz oder lang kein mental stabiler Mensch sein kann, wenn man sich nicht für eine bestimmte Tätigkeit begeistert. Ein Leben ohne Begeisterung für eine bestimmte Tätigkeit findet sehr schwer seinen Sinn. Viele alte Menschen leiden darunter, dass es in ihrem Leben keine wirkliche Begeisterung mehr gibt, weil sie krank und gebrechlich sind und vieles nicht mehr tun können, was sie früher so begeistert hat. Unter diesen eingeschränkten Bedingungen eine neue Begeisterung zu finden, ist eine der ganz großen Herausforderungen des Altwerdens. Und vielen gelingt es nicht. Auch jüngere Menschen haben damit ihre Probleme. Ich bin kein Suchtexperte aber ich finde es macht Sinn, dass in dem Wort *Sucht* das Wort *suchen* enthalten ist. Jemand verfällt einer *Sucht*, weil er etwas *sucht* und nicht finden kann. Vielleicht sucht er sein Selbst und wird selbstsüchtig, wie bereits diskutiert. Oder es ist der Sinn seines Lebens, nach dem er sucht. Vielleicht verfallen Menschen Süchten, weil sie den beglückenden und erfüllenden Sinn in ihrem Leben nicht finden können. Es fehlt einfach eine Begeisterung, die sie durchs Leben trägt. Natürlich werden mir Experten entgegnen, dass sehr oft schwierige Kindheitserlebnisse dahinterstecken oder psychische Labilität. Dem würde ich gewiss nicht widersprechen wollen. Aber dieser Einwand ist an sich auch kein Widerspruch zu dem, was ich sage. Kinder haben von Natur aus eine große Begeisterungsfähigkeit. Leider bekommen manche von ihnen nicht die Unterstützung und Förderung, die sie bräuchten, um ihre Begeisterung ausbilden und fokussieren zu können. Aber heißt das automatisch, dass sie als Erwachsene keine begeisterten Menschen sein können? Eine meiner größten Überraschungen während meiner jahrelangen Arbeit mit Menschen in Führungspositionen war die Erkenntnis, wie viele davon eine Kindheit in Lieblosigkeit, Vernachlässigung, Misshandlung und sogar Missbrauch erlebt hatten. Sie haben nichts davon als Erwachsene vergessen, aber sie haben sich davon auch nicht abhalten lassen, ein erfolgreiches Leben zu führen. Es hat mich sehr berührt, als eine unglaublich erfolgreiche Unternehmerin mir einmal sagte: *„Wissen Sie Frau Ferber, ich bin kein neidischer Mensch. Ich gönne jedem seinen Erfolg. Aber wenn ich höre, dass jemand eine glückliche Kindheit mit liebevollen Eltern hatte, beneide ich ihn darum. Das hatte ich eben nie."* Wie haben es diese Frau und all die Anderen mit ähnlichem Schicksal geschafft, aus einer bedrückenden Kindheit ein erfolgreiches Leben zu machen und übrigens selbst sogar sehr liebevolle Eltern und warmherzige Menschen zu werden? Ich habe in all den Jahren nur eine Antwort darauf gefunden (die natürlich mehr eine Hypothese als eine bewiesene Tatsache ist): Es war einerseits ihr Entschluss, als Erwachsene ein besseres Leben führen zu wollen, als in ihrer Kindheit und es war andererseits ihre Begeisterung für ein ganz bestimmtes Thema. Sie alle trugen in sich eine Begeisterung für etwas. In der Regel war das ihr Beruf. Niemand musste diese Menschen motivieren, sie waren motiviert und das hatte keinen anderen Grund als den, dass sie sich eben für etwas begeistern konnten. Warum ich mich für etwas Bestimmtes begeistere, kann niemand sagen, auch ich selbst nicht. Doch das ändert nichts an der Tatsache, dass Begeisterung im Grunde die Essenz von Motivation ist. Ich bin motiviert, etwas Bestimmtes zu tun, weil ich in mir die passende Begeisterung trage. Das hat etwas mit mir zu tun und mit niemandem sonst. Wenn also Ihre Mitarbeiter von vornherein ohne viel Begeisterung an die Arbeit gehen, können Sie als Unternehmer im Grunde nicht allzu viel dagegen tun. Lassen Sie sich dann aber auch nicht in die Verantwortung dafür nehmen. Ich hatte einmal ein Interview mit einer Sozialarbeiterin in der Familienhilfe zu führen. Sie hatte ein Motivationsproblem und ihre Leistungen ließen nach den Aussagen ihrer Unternehmensführung zu wünschen übrig. Diese Frau drückte in unserem Gespräch sowohl mit ihren Worten als auch mit ihrer äußeren Erscheinung und Körperhaltung eine große Resignation aus. Sie beschrieb mir ausführlich, wie demotivierend es sei, dass sie nichts bewirken könne, weil weder die Eltern noch deren Kinder an ihrem Leben etwas ändern wollten. Sie beklagte sich, dass ihr die Arbeit keinen Spaß mehr mache und sie sich sehr schwach und ausgelaugt fühlte. Ich spürte, wie ich beim Zuhören in eine leichte Apathie verfiel und mein Gehirn immer träger wurde. Um die Situation zu retten und die Stimmung etwas aufzuhellen, fragte ich sie: *„Stellen Sie sich vor, Sie würden eine Fee treffen, die ihnen einen Wunsch frei stellt. Egal, was es ist, sie könnte es wahr machen. Was würden Sie sich wünschen?"* Tatsächlich hellte sich die Miene der Sozialarbeiterin plötzlich auf. Sie fragte, ob der Wunsch etwas mit ihrem jetzigen Beruf zu tun haben müsse. Mir war es fast schon egal, womit der Wunsch etwas zu tun hatte, ich wollte einfach dem Gespräch eine andere Richtung geben und aus der Problemtrance raus. Als ich ihr das also frei stellte, setzte sie sich plötzlich aufrecht in ihrem Sessel hin, straffte sich und sagte mit einem Strahlen: *„Dann würde ich mir wünschen, ich wäre Empfangsdame in einem schicken Hotel."* Mit dieser Antwort hatte ich nicht gerechnet. Ich hatte erwartet, sie würde sich veränderungswillige Klienten wünschen, die ihr Leben in Ordnung bringen wollten und jede Hilfe offen annahmen. Aber nein, stattdessen zeigte mir die Antwort, dass die Sozialarbeiterin selber darunter litt, dass ihr Leben mit diesem Beruf nicht in Ordnung war. Ihr fehlte schlicht die Begeisterung für ihren Beruf. Das war nicht ihre Schuld. Es war eben so. Nur hatte es Konsequenzen. Wer selbst nicht begeistert ist, von dem, was er tut, kann auch andere nicht begeistern. Ich fragte sie dann noch, warum sie sich nicht darum bemühte, Empfangsdame in einem schicken Hotel zu werden. Sie zählte mir erst eine Reihe von angeblichen Gründen auf, warum das nicht machbar sei. Diese Gründe überzeugten mich aber nicht, weil sie es ja noch gar nicht versucht hatte. Das sagte ich ihr auch. Schließlich lächelte sie leicht in sich versunken und sagte: *„Ach wissen Sie, ich mag keine Veränderungen in meinem Leben."* Da konnte ich nur sagen: Willkommen im Club! Auf diese Weise war nun auch klar, weshalb sie ihre Klienten nicht dazu bringen konnte, etwas in deren Leben zu ändern. Wer selbst keine Veränderung mag, kann auch andere nicht „motivieren", sich zu verändern. Da traf eine resignierte Sozialarbeiterin auf Familien, die resigniert hatten. Na, toll! Da steppt natürlich der Bär. Allerdings hatten wir von diesem Moment an ein wirklich gutes Gespräch, das auch ich sehr genossen habe. Denn wir waren zum Kern ihres Problems vorgestoßen. Das Interview, bei dem ich anfangs Schwierigkeiten hatte, nicht apathisch zu werden, dauerte fast noch zwei sehr inspirierende Stunden. Wenn Sie als Unternehmer also ihre Mitarbeiter wirklich „motivieren" wollen, dann werden Sie diese mit Ihrer Begeisterung anstecken müssen, vorausgesetzt, Ihre Mitarbeiter wollen sich anstecken lassen, weil sie selber schon begeistert sind. Aber wenn das nicht der Fall ist, sollten diese Mitarbeiter ohne Begeisterung nicht Ihre Mitarbeiter sein. Ein Mensch, der etwas will, weil „dieses Etwas" ihn begeistert, kann selbst dann erfolgreich sein, wenn ihm aktuell noch einiges an Wissen und Können fehlt. Dank seiner Begeisterung wird er es zügig lernen. Ohne Begeisterung aber wird jede Anforderung zum Problem und jede Aufforderung, etwas zu lernen, zu einer Art unangenehmer Belästigung. Viele Klagen über angeblich schlechte Arbeitsbedingungen entpuppten sich bei genauerem „Nachbohren" als Äußerung von Menschen, denen für ihre Arbeit die Begeisterung fehlte. Sie hatten keine Lust auf diese Arbeit, sie waren nicht begeistert. Da sie aber die Verantwortung für diese Tatsache ablehnten, suchten sie die Verantwortung in der Außenwelt, bei den Arbeitsbedingungen, bei Kollegen, beim Chef oder bei einem anderen äußeren Problem. Menschen sind sehr erfinderisch, wenn es darum geht, Schuldige zu suchen und von der eigenen Verantwortung abzulenken. So sind wir alle hin und wieder. Man sollte sich aber gelegentlich zur Ordnung rufen oder wenigstens akzeptieren, wenn das Leben uns auf seine Weise zur Ordnung ruft. Achten Sie am besten schon beim Vorstellungsgespräch auf das Level an Begeisterung beim Bewerber. Aber vergessen Sie nicht: Mit der Begeisterung ist es wie mit der Liebe. Wenn man logisch erklären kann, warum man jemanden liebt, hat man erklärt, dass man ihn nicht liebt. Und wenn man logisch begründen kann, warum man von einer Tätigkeit begeistert ist, erklärt man damit, dass man im Grunde nicht begeistert ist. Logische Gründe kann ich nur dann anführen, wenn meine Entscheidung das Ergebnis eines logischen Denkvorganges ist. Liebe und Begeisterung jedoch passieren uns. Sie sind weder eine bewusste Entscheidung, noch können wir sie logisch „herbeidenken". Eine logisch erklärbare (angebliche) Begeisterung ist eine Kopfgeburt und damit fehlt ihr die entscheidende „Kraft des Bauches". Wir wissen nicht, warum wir jemanden lieben, das macht die Schönheit der Liebe aus. Aber wir tun es aus ganzem Herzen. Wir wissen nicht, warum wir für eine Tätigkeit oder ein Thema begeistert sind, das macht die Schönheit des Lebens aus. Und wir tun es mit ganzer Kraft. Natürlich können wir im Nachhinein Gründe finden. Aber erst ist die Begeisterung und Liebe da und erst dann erklären wir sie logisch. Wir rationalisieren. Liebe und Begeisterung sind zwei Seiten einer Medaille. Wir lieben, wofür wir uns begeistern und wir sind begeistert von dem, was wir lieben. Wir wissen nicht warum wir so fühlen. Aber es ist zwingend wie „ein Ruf der Wildnis" und mobilisiert unser gesamtes Sein. Wenn in einer Arbeit Liebe und Begeisterung stecken, spüren das die Kunden. Dann haben wir eine große Chance auf wirtschaftlichen Erfolg. Wo diese beiden jedoch fehlen, sieht es düster aus. Fordern Sie keine Begeisterung, weil das nichts bringen würde, aber achten Sie genau darauf, ob sie da ist. Ein Bewerbergespräch ist dann gut gelaufen, wenn im Verlaufe des Gespräches Begeisterung für die Arbeit, um die es geht, den Raum erfüllt. Und diese Begeisterung sollte bei Ihnen als Unternehmer genauso spürbar sein wie bei dem zukünftigen Mitarbeiter. Sie können einen Mangel an Begeisterung bei Ihren Mitarbeitern nicht beheben. Genauso wenig, wie Sie die Persönlichkeit Ihrer Mitarbeiter verändern könnten, falls Sie das wollten. Achten Sie von vornherein darauf, welche Begeisterung Bewerber für ihren Beruf mitbringen. Begeisterung kann sich natürlich auf sehr unterschiedliche Weise äußern. Ein Buchhalter ist vielleicht auf eine sehr stille und eigenbrötlerische Weise von seinen Bilanzen und Konten begeistert aber es kann eine echte lebenslange Begeisterung sein. Ein Verkäufer hingegen sollte seine Begeisterung für den Beruf schon etwas temperamentvoller zum Ausdruck bringen. Wenn ich sage, Sie können niemanden motivieren, der nicht motiviert ist, dann ist das allerdings nur die eine Hälfte der Wahrheit. Es gibt noch eine zweite Seite der Medaille und diese heißt: Sie können als Unternehmer die vorhandene Begeisterung und Motivation Ihrer Mitarbeiter verstärken und pflegen oder schwächen, mitunter sogar ganz zerstören. Gerade wenn man in einer Führungsposition ist, hat man die Macht, die vorhandene Motivation seiner Mitarbeiter in die eine oder andere Richtung zu beeinflussen. Ich würde Ihnen nachfolgend gerne einige Erfahrungen zur Verfügung stellen, welche Verhaltensweisen und Faktoren Motivation pflegen und verstärken und welche sie schwächen oder (zumindest vorübergehend) zerstören. In der Regel hängen die beiden zusammen. Die Faktoren, die Motivation stärken, schwächen sie auch, wenn sie fehlen. Die Verhaltensweisen, die Motivation schwächen, stärken sie auch, wenn man auf diese Verhaltensweisen verzichtet.

Motivationspflege durch Gerechtigkeit, Sinnfälligkeit und klare Regeln für Zugehörigkeit

Ich habe bereits erläutert, welch entscheidende Bedeutung Themen wie Gerechtigkeit, Sinnfälligkeit und klare Regeln für Zugehörigkeit haben. Auch die größte Begeisterung für eine Arbeit wird auf Dauer in ihr Gegenteil verkehrt, wenn diese Arbeit mit folgenden Erfahrungen verbunden ist:

- Demütigungen infolge von Ungerechtigkeit
- Ängste infolge einer unberechenbaren Kündigungskultur
- Anweisungen, deren Sinnfälligkeit nicht ersichtlich ist

Die Begeisterung für eine Arbeit ist auf Dauer nicht aufrechtzuerhalten, wenn man für diese Arbeit mit einem Mangel an Recht und Würde, Existenzangst und einem Defizit an Sinn bezahlen soll. Am Ende muss der betreffende Mitarbeiter erleben, wie sein Leben durch solche Arbeitsumstände verarmt, weil ihm die Begeisterung, die sein Leben einst erfüllte, zerstört wurde. Vielleicht passiert das öfter als wir denken. Das sprunghafte Ansteigen der an Burnout Leidenden und mit einer inneren Kündigung am Arbeitsplatz Verharrenden hat aus meiner Sicht auch etwas mit der massenhaften Zerstörung von Begeisterung in den Unternehmen zu tun. Neben einem Mangel an Gerechtigkeit und Sinn sowie unklaren Regeln für Zugehörigkeit, gibt es einen vierten Motivationskiller: Angst. Befassen wir uns nun damit.

Angst als Motivationskiller

Der größte Killer von Begeisterung ist Angst. Leider habe ich nur zu oft beobachten müssen, dass Chefs mit der Angst Personalführung gemacht haben. Vielleicht hofften sie darauf, dass Angst die gleiche motivierende Wirkung haben mag, wie Begeisterung sie hat. Aber das ist ein großer Irrtum. Über die Motive, sich so zu verhalten, kann ich nur spekulieren. Vielleicht wissen sie nicht, wie man die Begeisterung der Menschen richtig führt, weil sie selber keine Begeisterung für Menschenführung spüren? Ich weiß es nicht. Es hat jedenfalls eine lange gesellschaftliche Tradition, dass Menschen andere zu einem bestimmten Verhalten bewegen möchten, indem sie mit deren Ängsten „spielen". In der Politik ist das leider immer wieder zu beobachten, wenn es darum geht, Interessen einer bestimmten Gesellschaftsschicht gegen Widerstände einer Mehrheit durchzusetzen. Auch Unternehmer haben sich in der Vergangenheit gerne bei den Existenzängsten ihrer Mitarbeiter „bedient", um diese nicht nur zu Höchstleistungen anzuspornen, sondern auch dazu, Arbeitsbedingungen zu ertragen, die eigentlich unfair und inakzeptabel waren. Gerade in Zeiten hoher Arbeitslosigkeit war es einfach, mit der Angst Personalpolitik zu machen. Eigentlich war das aber gar keine Personalpolitik. Es war eher ein Vermeiden von professioneller Personalführung, weil man meinte, diese nicht nötig zu haben. Schließlich solle ja jeder froh sein, überhaupt einen Job zu haben. Ganz gleich, welche Erfahrungen man im Einzelnen damit gemacht haben mag, ich wage zu behaupten, dass dieses „Führen" mit der Angst ein schwerer Fehler war und ist, und zwar zu allen Zeiten und Umständen. Wie ich schon an früherer Stelle sagte, ist es vor allem Begeisterung für eine Arbeit und ein lohnenswertes Ziel, die uns zu Höchstleistungen anspornen, nicht Angst. Angst blockiert eher. Sie führt biologisch gesehen zu einer Übererregung des Gehirns. Dadurch wird die Bildung neuer und geeigneter Handlungsmuster stark eingeschränkt bis unmöglich. Eine spielerische Kreativität im Umgang mit

Problemen wird weitestgehend behindert. Stattdessen lässt Angst bis zu einem gewissen Grad die Aktivierung alter Verhaltensmuster zu. Das können sogar Kindheitsmuster sein. Menschen in Angst tendieren eher nicht dazu, sich sachlich und offen über ein Problem auszutauschen und kooperativ eine Lösung zu entwickeln. Stattdessen neigen sie in sozial beängstigenden Situationen dazu, sich anzuschreien, sich zu verweigern oder gar eingeschnappt Türen zu knallen. Im Extremfall wird das archaische Notfallprogramm aktiviert. Dieses sieht drei Möglichkeiten vor, auf Angst zu reagieren: Angriff, Flucht oder Erstarrung. Keine dieser drei Verhaltensweisen ist geeignet, die gewünschten Höchstleistungen in der Arbeit zu erbringen. Sie sind geeignet, akute Gefahrensituationen zu meistern und anschließend wieder zum alten Zustand zurückzukehren. Für das Miteinander in Ihrem Unternehmen sind diese drei Angstreaktionen das reinste Gift. Weder der verbale Angriff oder die Flucht aus der Kommunikation noch die Erstarrung in der Verweigerung führen zu guten Ergebnissen. Durch Angst wird auch nicht selten die Fähigkeit behindert, seine Gedanken klar und treffend zu formulieren. Man beginnt zu stottern, verhaspelt sich und meidet deswegen tunlichst weitere Gespräche. So kann man weder gut zusammenarbeiten, noch Probleme lösen. Aber auch nötige Veränderungen werden durch Angst massiv behindert. Nichts ist für die Veränderung alter Handlungs- und Verhaltensmuster sowie die „Erfindung" und Umsetzung neuer adäquater Muster schädlicher, als Angst. Wenn dann noch das Selbstbewusstsein und die Selbstachtung durch Ungerechtigkeit und Sinnlosigkeit untergraben werden, verlieren Menschen zunehmend die Fähigkeit, mit realen Herausforderungen kreativ umzugehen. Ein spielerischer Umgang mit Problemen und ein ergebnisoffenes Abwägen von Lösungen werden durch Ängste fast unmöglich gemacht. Dauerhaft in Angst zu leben, untergräbt zudem unsere geistigen und körperlichen Kräfte wie kaum etwas anderes. Von Angst getrieben und gestresst zu sein, blockiert unsere Leistungsfähigkeit ganz erheblich. Der Amerikaner Alan Deutschman beschreibt in seinem Buch „Change Or Die" [23] (ändere dich oder stirb), dass Angst die Änderungsneigung und die Änderungsfähigkeit von Menschen eher behindert, als dass sie sie stimulieren würde. Er beschreibt auch, wie selbst Menschen, die einen Herzinfarkt überlebt haben, mehrheitlich ihre Lebensgewohnheiten nicht ändern. So lange der Schock noch wirkt, verzichten sie vielleicht kurz auf ihre schädlichen Lebensgewohnheiten. Doch bald schon fallen sie in ihre alten Muster zurück. Alan Deutschman hat untersucht, woran dies liegt und was Menschen wirklich brauchen, um sich zu verändern. Er liefert interessante Einsichten und beschreibt sehr detailliert die Mechanismen. Verkürzt gesagt, ist es vor allem die Macht der Gemeinschaft und die Unterstützung durch Menschen, die uns motivieren, eine Veränderung nicht nur anzugehen, sondern sie auch durchzustehen. Wir brauchen Vorbilder und Mutmacher keine Angstmacher. „Angstmacherei" ist nicht sehr geeignet, eine Atmosphäre der gegenseitigen Unterstützung zu schaffen. Ich habe zu oft erlebt, wie in einer angstvollen Atmosphäre Mitarbeiter sich entweder gegen die Geschäftsführung oder andere Kollegen verbünden, eine interne Konkurrenz anfachen oder ihre Energie und Kreativität in die Angstabwehr stecken. Als letzten Ausweg wählen sie die Kündigung. Haben Sie also ein Ohr für die Ängste Ihrer Mitarbeiter, aber verbieten Sie sich, Ängste anzuheizen. Interessieren Sie sich dafür, welche Ängste Ihre Mitarbeiter umtreiben und gehen Sie damit offen und respektvoll um. Meiden Sie Ungerechtigkeiten und eine Unberechenbarkeit in Ihrer Unternehmensführung, speziell in Ihrer Personalführung. Ungerechtigkeit und Unberechenbarkeit bei einem Menschen mit Macht machen Menschen Angst. Und auf Angst reagieren wir früher oder später entweder mit Gereiztheit und Aggression, mit Flucht und Kündigung oder mit einer inneren mentalen Erstarrung. Das ist dann der berühmte Dienst nach Vorschrift, der auch das Ergebnis einer vorherigen Zerstörung von Begeisterung ist. Wenn es also um Motivation geht, dann verabschieden Sie sich bitte von dem Gedanken, andauernde Angst würde dauerhaft motivieren. Man könnte sagen: Lassen Sie das „Motivieren" mit der Angst sein, es demotiviert! Übrigens war ich in den vielen Jahren, in denen ich in Unternehmen als Coach unterwegs war, immer wieder überrascht zu sehen, dass sich Mitarbeiter angesichts ihrer eigenen Ängste nicht klar machen, wie viele Ängste ihre Vorgesetzten umtreiben. Das ist zu einem gewissen Teil auch gut so, denn die Ängste der Unternehmer sind deren Sache. Allerdings gibt es eine Ausnahme, nämlich wenn es um Ängste bezüglich des Verhaltens von Mitarbeitern geht. So erklärten mir manchmal Vorgesetzte, sie hätten Angst, ihre Mitarbeiter zu kritisieren, weil sie fürchteten, dass dann die betreffenden Mitarbeiter das Unternehmen verlassen würden. Angesichts des Fachkräftemangels in einigen Branchen ist das eine durchaus beängstigende Vorstellung. Und eben diese Mitarbeiter haben mir später im Gespräch erklärt, dass sie sich fürchteten die Führung zu kritisieren, weil sie Angst haben, dass sie dann gekündigt würden. Für mich als Außenstehende ergab sich also folgendes Bild: Die Führung hatte Angst vor der Kündigung durch Mitarbeiter und Mitarbeiter hatten Angst vor der Kündigung durch die Führung. Also traute sich niemand, offen zu sagen, was ihn bedrückt. Hallo! Könnte man sich nicht besser zusammensetzen und über diese Ängste sprechen, die man voreinander hat, damit man sie loswird? Diese Gespräche anzuregen, war in der Regel mein Job. Als man hörte, welche Angst den jeweils anderen umtreibt, war man nicht nur ehrlich überrascht. Die Überflüssigkeit der Ängste war auch für jeden schnell ersichtlich. Es wurden zügig neue Vereinbarungen getroffen, wie man in Zukunft miteinander umgehen wolle.

Ich habe so den Verdacht, dass in den Betrieben unglaublich viel Kraft und Energie dadurch blockiert ist, dass sich beide Seiten – Führung und Team – nicht wagen, offen über das zu reden, was sie in Bezug auf den anderen beschäftigt. Machen Sie es anders. Aber denken Sie daran, dass Sie als Unternehmer wirklich nur das an Befürchtungen artikulieren, was Ihre Mitarbeiter betrifft. Denken Sie immer daran, dass Sie der Pilot im Cockpit Ihres Unternehmens sind. Sie dürfen gerne Ihren Passagieren offenbaren, dass Sie befürchten, man würde sich nicht anschnallen und bei Turbulenzen nicht ruhig bleiben. Aber bitte erzählen Sie Ihren Mitarbeiter-Passagieren nichts über Ihre Ängste hinsichtlich Ihrer Führungsaufgaben im Cockpit. Denken Sie daran, offene Kommunikation zwischen Mitarbeiter und Führung bedeutet nicht Verbrüderung von Mitarbeiter und Führung. Sie sind und bleiben isoliert. Und warum die Distanz nötig ist, zeigt uns gleich der nächste „Motivator".

Motivationspflege durch einen professionellen Umgang mit Lob und Kritik

Was neben Gerechtigkeit, Zugehörigkeit und Sinn die Begeisterung und Motivation gut pflegt, ist ein professioneller Umgang mit Lob und Kritik. Man sagt, Lob sei die billigste Form der Motivation. Vorausgesetzt, das Lob ist kein billiges Lob, stimmt diese Aussage meiner Meinung nach und es fragt sich, warum Führungspersonen so wenig Gebrauch davon machen. Jemanden zu loben, tut nicht weh und kostet nichts, hat aber eine unglaublich positive Wirkung. Warum also geht man so „geizig" damit um? Auch das hat sicherlich gewisse gesellschaftliche Ursachen. Wir leben eher in einer Kritik-Gesellschaft als in einer Lob-Gesellschaft. Wer kennt nicht die (angeblich) „schwäbische" Haltung: *Nichts gesagt, ist genug gelobt.* Das soll uns aber nicht davon abhalten, es selber anders zu machen. Und mit „uns" meine ich tatsächlich nicht nur Sie als Führungsperson, sondern auch Ihre Mitarbeiter. Ich habe mir manchmal einen Spaß daraus gemacht, Mitarbeiter, die sich darüber beschweren, dass der Chef NIE loben würde, sondern IMMER nur kritisiere zu fragen, wann sie selber denn ihren Chef zum letzten Mal gelobt hätten und wofür? Der erstaunte und verwirrte Gesichtsausdruck, den diese Frage bei meinem Gegenüber regelmäßig hervorrief, hat mich immer schmunzeln lassen. Aber natürlich! Jeder darf jeden loben. Sie als Chef dürfen und sollen Ihre Mitarbeiter loben. Mitarbeiter dürfen und sollten aber auch ihre Vorgesetzen und Kollegen loben. Warum denn nicht? Wir alle brauchen positive Rückmeldungen. Und das nicht nur aus menschlichen Gründen, sondern vor allem, weil wir wissen müssen, was wir auch weiterhin so tun dürfen und sollen oder was wir besser wie ändern sollten und müssten. Ein Lob im Arbeitsalltag ist vor allem eines: Bestätigung, dass ein bestimmtes Verhalten zum Ziel führt und darum beibehalten werden darf. **In diesem Sinne ist ein Lob ein bestätigendes Feedback und eine Kritik ein korrigierendes Feedback. Kritik sagt: Dieses Verhalten musst du korrigieren und**

stattdessen etwas anderes tun. Lob sagt: Dieses Verhalten darfst du beibehalten. Vielleicht übernehmen Sie diese Begriffe in Ihren Sprachgebrauch: korrigierendes Feedback, statt Kritik und bestätigendes, Feedback statt Lob. Es geht nämlich nicht darum, jemandem zu sagen, er sei nicht in Ordnung oder er sei in Ordnung. So haben wir Lob und Kritik ja alle schon erlebt. Das gab uns das Gefühl, wir als Mensch seien ganz toll (Lob) oder wir als Mensch seien nicht in Ordnung (Kritik). Und tatsächlich werden manche Menschen leider sehr unsachlich und persönlich, wenn sie kritisieren. Das ist dann nicht nur in der Sache kontraproduktiv, sondern es ist auch ein Angriff auf unser Selbstwertgefühl. Da unser Selbstwertgefühl mitunter nicht sonderlich standfest ist, gerät es durch solche Kritik leicht aus dem Gleichgewicht. Und weil wir mit einem derart attackierten Selbstwertgefühl nicht gut leben können, werden wir uns gegen den tatsächlichen oder vermeintlichen Angriff wehren. Da kommt dann auch noch unser Gerechtigkeitsgefühl mit ins Spiel. Um „die Sache" dann so richtig aufzuheizen, aktiviert das auch noch unsere Angst bezüglich der Zugehörigkeit, ganz nach dem Motto: *Wenn ich schlecht bin, werde ich wohl entlassen, also muss ich beweisen, dass ich nicht schlecht bin.* Auf diese Weise kann ein Kritikgespräch sehr schnell von der eigentlichen Sache abschweifen und zu einem Kampf um Selbstachtung, Gerechtigkeit und Existenz werden. Das führt nicht weiter. Lassen Sie uns daher überlegen, wie professionelle Kritik und professionelles Lob aussehen sollten. Die gute Nachricht ist, dass wir uns das gar nicht mehr überlegen müssen, denn das haben andere Menschen schon vor uns und zwar sehr gründlich getan. Geben Sie einmal bei Google die Begriffe Lob und Kritik ein. Sie werden sich wundern, wie viele Treffer Sie vorfinden und wie die Verteilung ist. Es gibt definitiv mehr Treffer zu Kritik als zu Lob. Ob das etwas zu bedeuten hat? Man könnte meinen, Kritik sei ein wichtigeres Thema als Lob.

Ich habe mich über die Jahre mit dem, was man zu Lob und Kritik herausgefunden hat, beschäftigt und mir für meine Arbeit in den Unternehmen aus dem Vorhandenen das an Regeln zusammengestellt, was mich überzeugen konnte, weil es aus meiner Sicht besonders wichtig und hilfreich war. Nachfolgend möchte ich Ihnen diese Regeln vorstellen. Ich nenne sie auch die Regeln für bestätigendes Feedback und Regeln für ein korrigierendes Feedback.

✱ Regeln für ein bestätigendes Feedback – Lob
- Es geht nicht um Sympathiebekundungen, sondern darum, etwas zu lernen. Loben Sie also nicht die Person, sondern deren konkrete Leistung.
- Äußern Sie sich zeitnah, also möglichst direkt im Anschluss an die gute Leistung, damit die Botschaft optimal verarbeitet und verinnerlicht werden kann.
- Seien Sie konkret. Beziehen Sie sich genau auf das Verhalten, das Ihnen lobenswert erscheint. Der Empfänger muss genau wissen, was er gut getan hat und was er weiterhin so machen kann.
- Überprüfen Sie, gerade wenn eine Leistung im Team entstanden ist, wer das Lob „verdient" hat. Loben Sie nicht mit der Gießkanne, sondern gerecht. Lob wem Lob gebührt. Wenn jemand gelobt wird für ein Ergebnis, an dem er keinen Anteil hatte, lernt er nichts für seine Arbeit. Er lernt eher, dass man sich in Ihrem Unternehmen auf Kosten des Teams „durchmogeln" kann. Das wird vermutlich das Gerechtigkeitsempfinden der Kollegen verletzen.
- Berücksichtigen Sie auch kleine Erfolge. Richtiges Handeln im Detail ist für das „große Ganze" von entscheidender Bedeutung.
- Bleiben Sie als Person authentisch. Nutzen Sie das Vokabular, das Ihrer Art entspricht.
- Menschen brauchen positive, bestärkende Rückmeldungen. Geben Sie diese eher großzügig als „sparsam". Es wird Ihren Mitarbeitern helfen, schnell und sicher zu der Leistung zu kommen, die für den Unternehmenserfolg wichtig ist. Ein Lob beziehungsweise ein bestätigendes Feedback gibt eine Information, wie man es richtig macht.
- Schüren Sie keine interne Konkurrenz. Spielen Sie niemanden gegeneinander aus. Loben Sie auch die gute Leistung von Mitarbeitern, die Ihnen als Mensch weniger sympathisch sind.

- Benutzen Sie das Lob als Instrument des innerbetrieblichen Lernprozesses. Frau Meier ist nicht besser, als Frau Schulze. Aber Frau Schulze kann von Frau Meier lernen, wie man es besser macht. Und beim nächsten Mal lernt Frau Meier von Frau Schulze. Voneinander zu lernen, ist auch Teil der Teamfähigkeit, die Sie mit Ihrem Feedback stärken.
- Unterscheiden Sie zwischen der Honorierung guter Leistung und einem Lob, mit dem Sie in der Sache ein verstärkendes Feedback geben. Honorieren Sie Ihren Kollegen gerne unter vier Augen. Ein verstärkendes Feedback hingegen sollte in die (interne) Öffentlichkeit Ihres Unternehmens damit alle davon profitieren, sprich lernen können.

Genauso wie es Regeln für ein bestätigendes Feedback (Lob) gibt, sollte man beim korrigierenden Feedback (Kritik) bestimmte Regeln einhalten. Die nachfolgenden Regeln haben sich bewährt.

✘ Regeln für ein korrigierendes Feedback – Kritik
- Auch bei der Kritik geht es nicht um die Bekundung von Antipathie, sondern um einen Lernprozess. Kritisieren Sie darum nie die Person, sondern deren Leistung. Werden Sie niemals persönlich. Missbrauchen Sie Fehler nicht, um persönliche Antipathie zum Ausdruck bringen zu können!
- Kritisieren Sie mit der Absicht, dass alle etwas lernen können. Benennen Sie darum immer ein „Was-statt-dessen". Es reicht nicht zu wissen, was ich nicht wieder tun soll. Ich muss auch wissen, was ich von nun an stattdessen tun soll.
- Geben Sie dem Kritisierten respektvoll Gelegenheit zur Erklärung und Begründung des kritisierten Verhaltens. Lassen Sie eventuell auch eine Diskussion zu. Man weiß nie, welche interessanten Ideen oder Einsichten sich daraus für Sie und alle anderen ergeben. In Abhängigkeit von der generellen Atmosphäre in Ihrem Unternehmen sollten Sie dieses Gespräch unter vier Augen führen. Die Ergebnisse und gemeinsamen neuen Vereinbarungen dürfen Sie danach sehr

gern dem Team vorstellen. Vorausgesetzt Sie sind der Meinung, dass alle davon für ihre Arbeit profitieren können.
- Erkennen Sie an, dass man zwar die Fehlerquote reduzieren kann, man aber niemals einen Zustand erreichen wird, an dem gar keine Fehler mehr passieren. Gehen Sie mit dieser Tatsache gelassen um.
- Tasten Sie niemals das Selbstwertgefühl des Kritisierten an. Er kann dann die Kritik nicht annehmen, weil dies für ihn hieße, mit seiner Abwertung einverstanden zu sein. Bleiben Sie sachlich. Es geht um Veränderung und Wachstum, nicht um Erziehung. Menschen mögen Fehler machen, aber sie sind keine Fehler. Sie mögen Probleme haben, aber sie sind kein Problem.
- Vermeiden Sie einen Tunnelblick beziehungsweise eine „Problemtrance", in der nur noch der Fehler existiert. Ordnen Sie den Fehler richtig ein. Trotz Fehler läuft das meiste gut und richtig. Vergessen Sie das nicht.

Wichtig ist, dass man Lob und Kritik niemals unter dem Einfluss von Sympathie oder Antipathie ausspricht. Lob soll nie in den Geruch von *ich mag dich* kommen. Und Kritik darf niemals nach *ich kann dich nicht leiden* riechen. Auch deshalb müssen Sie als Unternehmer sich hüten, aus Ihrem isolierenden Cockpit herauszugehen und sich zu den Passagieren in die 10. Reihe zu setzen. Wahren Sie emotionale Distanz, dann sind Sie auch in der Lage, ausreichend objektiv zu sein, wenn es um Lob und Kritik geht. Oder anders gesagt, dann kann Lob seine Funktion als bestätigendes Feedback und Kritik seine Funktion als korrigierendes Feedback wirklich produktiv entfalten. Beides sind Elemente des Lernprozesses. Sie sind gleichermaßen wichtig.

Entlassungen als Demotivation für die Verbliebenen
Ich habe immer wieder erlebt, wie lange Entlassungen auf die Motivation derjenigen Kollegen nachwirken, die im Unternehmen verblieben sind, also nicht entlassen wurden. Leider waren das meistens keine guten Nachwirkungen. Das hatte mit der Art und Weise zu tun, wie entlassen wurde. Das Schlimmste, was ich diesbezüglich erlebt habe, war

der Fall eines Unternehmens, das mich als Coach, Berater und Trainer beauftragt hatte. Drei Jahre zuvor arbeiteten dort noch über 200 Mitarbeiter, bis man sich damals eine große Berater-Firma in das Unternehmen holte. Als ich beauftragt wurde, einen nötigen Veränderungsprozess zu begleiten, hatte dieses Unternehmen noch etwas mehr als 100 Mitarbeiter. Die teuren Unternehmensberater hatten vor allem eines gemacht: eine große „Entlassungsorgie" veranstaltet. Die konnte zwar vorübergehend den Gewinn verbessern, dafür aber hatte man eine gesamte Belegschaft nachhaltig in eine Art Schockstarre versetzt. Bei meinem ersten Gespräch mit der Führung sagte mir diese, die Probleme mit der Umsetzung der aktuell nötigen Veränderungen lägen daran, dass die Mitarbeiter keine Veränderungen wollten, weil sie schon *„zu alt und zu bequem"* seien. Ich habe dann mit den „zu Alten" und „zu Bequemen" Einzelgespräche geführt und konnte dieses Urteil nicht bestätigen. Die Mitarbeiter erschienen mir weder bequem noch zu alt. Im Gegenteil hatte sich ihr Arbeitspensum dank des damaligen Kahlschlags im Personalbestand so stark erhöht, dass sie fast alle am Rande großer Erschöpfung standen und riesige Mengen an Überstunden angesammelt hatten. Der Krankenstand war entsprechend hoch. Man nennt dies in der Fachsprache auch „Arbeitsverdichtung". Die Mitarbeiter hatten nichts gegen Veränderungen. Sie haben mir im Gegenteil sehr ausführlich ihre Veränderungswünsche mitgeteilt. Nur wollten sie substanzielle, inhaltliche Veränderungen. Leider hatte diese besagte Berater-Firma drei Jahre zuvor unter Veränderung nur die massenhafte Entlassung von Mitarbeitern verstanden. Und leider war dadurch das Vertrauen in die Unternehmensführung beschädigt worden. Diese Aktion hatte gleich alle drei „Unberührbaren" nicht nur berührt, sondern regelrecht massakriert: Zugehörigkeit, Gerechtigkeit und Sinn. Die Auswahl, wer entlassen wurde, folgte damals entweder Gründen, die nichts mit Leistung zu tun hatten oder es wurden Abteilungen geschlossen, die angeblich nicht mehr nötig waren, wobei man den Sinn dieser Entscheidung nicht überzeugend vermitteln konnte. Das Ganze hinterließ bei den Beschäftigten einen Eindruck von Willkür und beschädigte die Motivation ganz erheblich, leider auch sehr nachhaltig.

Anreizsysteme als Motivationspflege

Man kann natürlich auch eine solche Erfahrung wieder ins Lot bringen. Menschen sind ganz generell bereit, auf Besserung zu hoffen. Aber das ist ein sehr zäher Prozess, der sehr viel Fingerspitzengefühl und eine überzeugende Ordnung im System braucht. Glücklicherweise gibt es heute eine Reihe von Büchern über Entlassungsmanagement, weil man eingesehen hat, dass man sehr aufpassen muss, damit Entlassungen einem Unternehmen nicht einen größeren Schaden zufügen als man kurzfristig an höheren Gewinnen einfährt. Warum ist das so? Ich möchte Ihnen gerne meine Beobachtungen und Schlussfolgerungen dazu zur Verfügung stellen.

Der erste Grund ist eine tatsächliche oder empfundene Willkür bei der Entlassung. Wenn die Entlassung nicht spürbar vernünftigen Regeln folgt, die allen bekannt sind und die von allen auch als logisch und vernünftig empfunden werden, stiften diese Entlassungen eine große Unruhe und Unsicherheit. Auch sollten sie betriebswirtschaftlich einen anderen Sinn haben, als Lohnkosten zu sparen. Sowohl die Willkür als auch die nicht überzeugend beantwortete Frage nach dem Sinn aktivieren Angst und Frust bei den verbleibenden Mitarbeitern. Die Willkür sagt, es kann in jedem Moment jeden treffen – also auch mich. Und der nicht ersichtliche Sinn sagt, ich arbeite in einem Unternehmen, wo die Führung nicht wirklich weiß, was sie tut. Stellen Sie sich vor, Sie würden in einem Flugzeug sitzen und der Pilot flöge lustige Schleifen, veränderte dauernd die Flughöhe willkürlich und würde aus Jux und Tollerei Licht und Klimaanlage ausschalten. So wie Sie sich dann als Passagier fühlen würden, fühlen sich Mitarbeiter in Unternehmen, in denen willkürlich und ohne ersichtlichen oder überzeugenden Sinn gekündigt wird. Jetzt könnten Sie einwenden, dass die Rettung des Gewinns doch ein logischer Grund sei. Ja, aber da der Gewinn in aller Regel nichts ist, was die Mitarbeiter selbst direkt organisieren können, weil dessen Organisation ausschließlich Führungssache ist, beruhigt dieses Argument niemanden, im Gegenteil. Mitarbeiter haben dadurch das Gefühl, sie seien einem Faktor ausgeliefert, den sie nicht beeinflussen können. Allerdings werden sie es versuchen. Das habe ich sehr oft erlebt, dass sich Mitarbeiter bemühen, aus ihrer Position heraus das Unternehmen „richtig" und vor allem gewinnbringend zu führen, weil sie den Eindruck haben, dass die Führung das nicht könne. Warum sonst müsste man entlassen? Leider können die Mitarbeiter es auch nicht. Sie sind keine Unternehmensführer, sie haben weder Kompetenz noch Macht, diesbezüglich wirklich etwas zu bewirken und darum sollten sie auch nicht die Verantwortung auf sich laden. Wenn sie es dennoch tun, werden sie darin scheitern und daran verzweifeln. Sie können nicht gewinnen. Andauernde Gewinnprobleme sind immer ein Anzeichen dafür, dass ein Unternehmen nicht angemessen geführt wird. Und wenn darauf mit Entlassungen reagiert wird, haben die Mitarbeiter das Gefühl, dass sie mit ihrem Jobverlust für Mängel in der Führung bezahlen müssen. Das motiviert ganz bestimmt nicht. Was ist zu empfehlen? Stellen Sie klare Regeln für Entlassungen auf und leben Sie diese konsequent. Argumentieren und begründen Sie auch mit diesen Regeln Ihre späteren Entscheidungen. Vermeiden Sie jeden Eindruck von Willkür und Ratlosigkeit. Vor allem entlassen Sie niemanden, ohne den „hinterbliebenen" Mitarbeitern eine vernünftige Erklärung zu geben. Vermeiden Sie alles, was Raum für Gerüchte und Spekulationen gibt. Weder die Gerüchte noch die Spekulationen werden zu Ihren Gunsten sein.

Wenn Sie ein Gewinnproblem haben, was entsprechend der Natur der Wirtschaft immer wieder geschehen kann, gibt es generell zwei Möglichkeiten, den Gewinn zu erhöhen. Die eine Möglichkeit ist, die Kosten zu reduzieren, indem man Leute entlässt. Das empfehlen manche Unternehmensberater sehr gerne, weil man dazu außer den vier Grundrechenarten nichts Besonderes können muss. Entlassen kann jeder und jeder ist in der Lage zu berechnen, wie sich die Lohneinsparungen auf den Gewinn auswirken werden. Das Problem dabei ist: Die Aufgabe eines Unternehmens ist nicht, Kosten zu sparen, sondern Wert zu produzieren. Ein Unternehmen läuft dann gut, wenn Wert produziert wird. Und eben das ist auch der andere Wege zur Gewinnerhöhung: Die Erhöhung der Wertschöpfung und des Umsatzes. Das ist der Königsweg und er ist zugegebenermaßen sehr anspruchsvoll. Aber dafür sind Sie Unternehmer geworden. Ein Unternehmen ist kein Instrument, um

Kosten zu sparen, sondern ein Instrument um Wert und damit Gewinn zu schöpfen. Ich konnte mir eine gewisse Schadenfreude nicht verkneifen, als ich aus der Ferne verfolgt habe, wie es Nokia erging, nachdem der Konzern in Deutschland aus Gründen der Kosteneinsparung seine Leute entlassen hatte und nach Rumänien gezogen war, weil dort die Arbeitskräfte billiger seien. Gut möglich, dass Nokia auf diese Weise Lohnkosten gespart hat. Das hat dem Konzern aber nicht geholfen, denn man war nicht mehr ausreichend innovativ und hat erst einmal den entscheidenden Trend auf dem Markt verpasst. Man wurde trotz oder vielleicht sogar gerade wegen der Ausrichtung auf Kosteneinsparung vom Markt gefegt. Im Übrigen war es keine Schadenfreude, die ich fühlte, sondern eher eine Beruhigung ob der Erkenntnis, dass es auch in der Ökonomie eine gewisse ausgleichende Gerechtigkeit gibt. Natürlich wünsche ich uns und Nokia, dass das Unternehmen seine Probleme überwinden und wieder zur alten Stärke zurückkehren kann. Aber es ist ein Beispiel dafür, dass ein Unternehmen von seinen Angeboten lebt, mit denen es ausreichend Wert schöpfen kann und nicht von Kosteneinsparungen über Entlassungen. Die Lohnkosten sollte man natürlich immer im Blick haben, aber nicht als der Weisheit letzter Schluss bei der Lösung von Gewinnproblemen. Wirklich nachhaltig und tragfähig sind Innovation und Optimierung von Prozessen, also mehr Wertschöpfung. Diese kommt hauptsächlich von Menschen. Wenn ich Menschen in einem Unternehmen nur als Kostenfaktor sehe, habe ich ein grundsätzliches Problem und eine offensichtlich sehr abwertende Sicht auf meine Mitarbeiter. Unter diesen Umständen brauchen wir auch nicht über Motivation zu sprechen. Menschen sind in aller Regel die Quelle Ihres Gewinns. Überlegen Sie also lieber, wie Sie mehr Umsatz und Gewinne machen können, indem Sie bessere Angebote auf den Markt bringen und den Einsatz Ihrer Kräfte verbessern. Oder fragen Sie sich, wie gut oder verbesserungsbedürftig Ihr Umgang mit Kunden ist. Vielleicht sollten Sie Ihr Marketing und Ihre interne Organisation verbessern? Was auch immer, werden Sie kreativ und innovativ. Aber nehmen Sie Ihre Mitarbeiter mit, statt sie zu entlassen. Es tut regelrecht weh, wenn man einmal gesehen hat, wie viele engagierte Ideen Mitarbeiter in ihren Köpfen haben und keiner in der Führung interessiert sich wirklich dafür. Ja, diese Ideen mögen nicht immer das Große und Ganze im Blick haben. Aber es ist ja auch nicht Aufgabe der Mitarbeiter, das Große und Ganze im Blick zu haben. Das können sie auch gar nicht, weil ihnen dazu die Informationen fehlen. Die haben nur Sie als Führungsperson. Aber das macht nichts. Ihre Mitarbeiter haben stattdessen einen sehr tiefen Einblick in Details. Das ist auch sehr wertvoll. Sehen Sie Ihre Mitarbeiter als Quelle von Wertschöpfung an und nicht als Kostenfaktor. Ich habe nie erlebt, dass sich Mitarbeiter darüber beschwert hätten, dass sich der Chef zu sehr für ihre Ideen interessierte. Aber ich habe oft, zu oft, erlebt, dass Mitarbeiter frustriert waren, weil all ihre Vorschläge vom Chef ignoriert wurden. Bitte verstehen Sie mich nicht falsch. Ich rate Ihnen nicht sich hinzustellen und zu Ihren Mitarbeitern zu sagen: *Wir haben ein Gewinnproblem, lasst Euch mal was einfallen, damit das besser wird.* (Das habe ich genau so schon erlebt). Es ist immer noch Ihre Aufgabe als Unternehmer, etwas zu unternehmen. Aber es ist gewiss sehr hilfreich und motiverend, Ideen zu sammeln. Es spricht also nichts dagegen, zu sagen: *Liebe Kollegen, wir haben derzeit ein Gewinnproblem. Es hat sich gezeigt, dass wir in diesen und jenen Punkten etwas anders machen müssen, als bisher. Ich bin gerade dabei, die entsprechende Strategie und Konzeption auszuarbeiten, damit wir wieder in die geplante Gewinnzone kommen. Im Rahmen dessen bin ich sehr gern bereit, Ihre Ideen und Gedanken zu hören. Egal was es ist, zögern Sie nicht, mich anzusprechen. Sie erreichen mich ...*

Gewinnerhöhung durch Entlassungen ist ein Weg, den Sie nur einmal beschreiten können, dann ist er ausgeschöpft. Sie werden später merken, dass Sie dafür einen Preis bezahlen. Dieser Preis sind Demotivation und Ausdünnung der innovativen Leistungskraft Ihrer Mitarbeiter und damit Ihres Unternehmens. Nicht zu reden von der Verschlechterung des Wohlbefindens Ihrer Mitarbeiter aufgrund der andauernden Arbeitsverdichtung. Ein dauerhaft erhöhter Krankenstand ist die Folge. Es wird Ihnen nach so einer Entlassungswelle für zukünftige Veränderungen beziehungsweise Marktanpassungen einfach an Ressourcen fehlen. Erinnern Sie sich, was ich Ihnen zum Thema Veränderung erläuterte? Jede Veränderung produziert eine vorübergehende Phase partieller Instabilität, in der noch kein Gewinn produziert wird. Geld wird in der Stabilität verdient. Wie wollen Sie bei zukünftigen Veränderungen denn diese Phase der Instabilität verkraften, wenn Ihr Team schon vorher erschöpft ist, als Folge der Arbeitsverdichtung (Dank Entlassungen) und des damit einhergehenden hohen Krankenstandes? Nur um Missverständnisse zu vermeiden: Ich sage nicht, entlassen Sie nie! Sobald jemand dauerhaft die Regeln Ihres Unternehmens verletzt, muss entlassen werden. Und wenn das der Grund ist, wird auch jeder Mitarbeiter Verständnis für die Entlassung haben. Man wird sie in aller Regel sogar gutheißen. Denn dauerhafte Regelverstöße durch einen Mitarbeiter gehen immer zu Lasten seiner Kollegen.

Mir fällt bei diesem Thema ein Gespräch ein, das ich als Kind mit meiner Großmutter und Urgroßmutter hatte. Ich beschwerte mich bei den beiden darüber, dass ich so viel für eine meiner Freundinnen getan hatte, aber von ihr nichts zurückbekäme. Darauf zitierte meine Großmutter das berühmte Sprichwort, *„Man möge keine Perlen vor die Säue werfen"*. Nach dem Motto: Überlege zukünftig für wen du dich engagierst. Meine Urgroßmutter hörte das und konterte. Sie meinte zu mir: *„Quatsch, sorge lieber dafür, dass du immer genügend Perlen hast, dann kannst du es dir auch leisten, welche vor die Säue zu werfen"*. Ich habe diese Aussage nie wieder vergessen und sie ist mir für mein Leben ein guter Leitspruch geworden. Ich würde Ihnen diese Logik auch gerne anbieten: Schauen Sie weniger darauf, dass Sie mit Ihren Perlen sparsam umgehen. Konzentrieren Sie sich lieber darauf, ausreichend Perlen zu produzieren. Ich habe sehr viel Verständnis für die Unternehmer, die in Krisenzeiten schweren Herzens Leute entlassen, um auf diese Weise das Unternehmen zu retten. Es ist eine naheliegende Option, so zu reagieren. Aber es ist nicht immer die einzige Option. Das haben andere Unternehmen vorgemacht. Ich erinnere mich an ein Interview mit einem der Besitzer der Schweizer Firma Victorinox, die die berühmten Schweizer Messer herstellt. Leider habe ich dieses Interview im Flugzeug gelesen in der Zeitung einer Airline, an deren

Namen ich mich nicht einmal mehr erinnern kann. Aber das Interview blieb mir in Erinnerung. Meiner Lektorin gefiel das Beispiel so gut, dass sie intensiv das Internet durchstöberte, bis sie bei www.mz-web.de [24] einen ähnlichen Artikel fand, der die gleiche Geschichte beschreibt, und die geht so: Nach den Anschlägen am 11.September 2001 brach infolge neuer Sicherheitsbestimmungen bei Victorinox der Umsatz um rund ein Drittel ein. Niemand durfte mehr mit einem Schweizer Messer das Flugzeug besteigen. Dementsprechend kaufte auch kaum noch jemand am Flughafen ein solches Messer als Souvenir. Dadurch geriet Victorinox wohl in eine der schlimmsten Krisen seiner Geschichte. An Entlassung wurde aber nicht gedacht. Man blieb dabei, dass seit 125 Jahren noch nie jemand aus wirtschaftlichen Gründen gekündigt wurde. So kam man auf die Idee, 15 Prozent der Mitarbeiter an andere Firmen „auszuleihen", die gerade einen Bedarf an entsprechenden Fachkräften hatten. Diese Mitarbeiter kamen wohl weiterhin früh zum alten Betrieb und stiegen in die bereitgestellten Busse, die sie zu ihren vorübergehenden Arbeitsplätzen in andere Unternehmen fuhren. Das alles gab Victorinox finanziell die nötige Luft, neue Produkte zu entwickeln und damit neue Märkte zu erschließen, um aus der Absatzkrise herauszukommen. Als dann diese Neuentwicklungen in Produktion gehen sollten, konnte man wieder auf die gesamte alte Mannschaft zurückgreifen und loslegen. Es ist eine überzeugende Geschichte, wie ein Unternehmen nicht nur kreativ auf eine Absatzkrise reagierte, sondern sich auch sehr verantwortlich für seine Mitarbeiter verhielt, zum eigenen Vorteil wohlgemerkt. Zugegeben, so eine Art mit einer Absatzkrise umzugehen, ist nicht die Regel, sondern die Ausnahme. Persönlich kenne ich einen Fall, bei dem eine Agrargenossenschaft seine Probleme mit den Lohnzahlungen ebenfalls nicht durch Entlassungen gelöst hat, sondern indem es aus eigener innovativer Kraft einen geschlossenen Kreislauf für die Nutzung erneuerbarer Energien entwickelte und einführte. Mit den so gesparten Kosten für Strom, Wärme und Diesel konnten sie weiterhin für alle Mitarbeiter die Löhne zahlen. Darüber hinaus haben sie zusätzliche Einnahmen durch den Verkauf von Biodiesel und den dabei entstehenden Abfallprodukten generiert. Diese

Beispiele lassen sich gewiss nicht für alle Unternehmen und Situationen übernehmen. Aber die Geschichten sind ein Beispiel dafür, dass es auch anders geht. So oder so, denken Sie bei Entlassungen daran, wie das Ganze nicht nur auf die Mitarbeiter wirkt, die gehen müssen, sondern auch auf diejenigen, die bleiben dürfen. Wenn Sie auf Absatzeinbrüche mit Entlassungen reagieren müssen und keinen anderen Ausweg sehen, dann treffen Sie die Auswahl nach nachvollziehbaren Kriterien. Selbst die Leute, die bleiben können, würden sonst durch eine gewisse Willkür verunsichert und demotiviert werden. Am besten wäre es, wenn Sie von Anfang an Regeln für Entlassungen in Krisenzeiten formulieren und bekanntgeben. Dann ist von Anfang an alles klar und berechenbar. Menschen macht es Angst, nicht zu wissen, was auf sie zukommt. Es verunsichert sie und diese Verunsicherung „frisst" enorm viel Aufmerksamkeitsenergie.

Lassen Sie mich zum Schluss dieses Abschnittes über Entlassungen noch einen Begriff erwähnen, der heutzutage in aller Munde ist, der aber in diesem Buch bisher noch nicht vorkam: Mobbing. Ich habe lange darüber nachgedacht, ob ich darüber etwas schreiben soll. Tatsächlich habe ich Seminare und Workshops zu diesem Thema durchgeführt und kenne Opfer von Mobbing. Bei allem, was ich darüber erfahren, beobachtet, erkannt und gelesen habe, bin ich zu der Schlussfolgerung gekommen, dass es in einem wirklich gut geführten Unternehmen für einen Mobber fast nicht möglich ist, erfolgreich zu sein. Ob es die diskutierten Haltungen im ersten Kapitel sind oder die klaren Strukturen und Regeln, die im zweiten Kapitel erarbeitet wurden oder die Empfehlungen des dritten Kapitels – wenn Sie diese leben, glaube ich nicht, dass es in Ihrem Unternehmen Raum für Mobbing geben wird. Ich kann es mir jedenfalls im Moment nicht vorstellen. Was ich Ihnen zum Thema Mobbing der Vollständigkeit halber mit auf den Weg geben möchte, ist Folgendes: Machen Sie jedem in Ihrem Unternehmen klar, dass Mobbing zur Entlassung führen wird. Hier müssen klare Grenzen gezogen und eine Null-Toleranz-Politik gelebt werden. Es kann nicht schaden, eine Vertrauensperson zu bestimmten, die bei eventuellen ersten Anzeichen als Ansprechpartner für die betroffenen Mitarbeiter fungiert. Unterschätzen Sie nicht, dass Opfer von Mobbing Hemmungen haben könnten, Sie als Chef in dieser Sache anzusprechen. Gerne dürfen Sie auch eine verpflichtende Weiterbildung mit einem Experten zu diesem Thema veranstalten. Aus dieser Weiterbildung sollten Sie als Team unbedingt eine klare Definition mitnehmen, welches konkrete Verhalten in Ihrem Unternehmen als Mobbing gewertet wird und welche Konsequenzen dies nach sich zieht. Seien Sie sich beim Thema Mobbing darüber klar, dass der Gemobbte nicht nur seiner seelischen Gesundheit und Lebensfreude beraubt wird, sondern auch seiner mentalen Leistungskraft. Dies ist ein hochgradig niederträchtiges und unmenschliches Verhalten, das nicht schweigend geduldet werden darf. Darüber hinaus schadet ein Mobber Ihrem Unternehmen ganz erheblich, weil er die wichtigste Quelle Ihres Erfolgs beschädigt: die Menschen mit ihrer Begeisterung und Motivation, ihrer Kreativität und ihrer Leistungskraft! Wenn jemand Ihre Maschinen und Anlagen aus Boshaftigkeit beschädigen würde, würden Sie das doch auch nicht akzeptieren und ihn dafür auch noch bezahlen. Um wie viel schlimmer ist es, wenn jemand den Menschen in Ihrem Unternehmen Schaden zufügt und deren Leistungskraft systematisch vernichtet. Und das auch noch während der von Ihnen bezahlten Arbeitszeit! Das geht gar nicht. Ich setze voraus, dass Sie als Chef niemals auf die Idee kämen, einen Mitarbeiter zu mobben. Einen wirksameren Weg zu großen wirtschaftlichen Verlusten gibt es nämlich nicht, als wenn der Chef höchstpersönlich mobbt. Dann können Sie Ihr Geld auch gleich zum Fenster hinauswerfen.

Interner Wettbewerb versus Kooperation
Wenn es um Anreizsysteme geht, ist es durchaus interessant zu fragen, welches Verhalten man genau stimulieren möchte. Da wäre beispielsweise das große Thema interner Wettbewerb versus Kooperation. Soll man Anreizsysteme schaffen, die einen internen Wettbewerb stimulieren, indem man vor allem Einzelleistungen erfasst, vergleicht und belohnt? Oder sollte man lieber das Kooperieren im Team unterstützen und honorieren? Diese Frage bewegt derzeit einige Gemüter

in Fachkreisen und es ist sehr interessant, die jeweiligen Argumente anzuhören. Obwohl es derzeit kein abschließendes Urteil gibt, was warum besser wäre, möchte ich Ihnen einige Beobachtungen und Überlegungen dazu anbieten, damit Sie Ihre eigene Entscheidung treffen können. Auch hier ist es wichtig, sich zuerst über das Wesen Ihres Unternehmens klar zu werden, daher stelle ich Ihnen einige Fragen vor, die Sie wie eine Art Leitfaden benutzen können.

Die erste Frage ist: Wird die Leistung bei Ihnen vor allem als Teamleistung oder als Einzelleistung erbracht? Wenn es vor allem eine Teamleistung ist, wäre das Entfachen eines internen Wettbewerbs eher kontraproduktiv. Hier sollten Sie Teamverhalten fördern und honorieren. Handelt es sich aber vornehmlich um Einzelleistungen, beispielsweise im Vertrieb, kann ein interner Wettbewerb durchaus viel Gutes für das Unternehmen und für die Motivation des Einzelnen entfalten. Übrigens, auch wenn Ihr Unternehmen vor allem von Einzelleistungen lebt, braucht es teamfähige Mitarbeiter im Sinne der Kriterien, die wir im entsprechenden Abschnitt diskutiert haben. Denn auch ein Team von Einzelkämpfern braucht Menschen mit einer bestimmten sozialen Reife. Das heißt, der interne Wettbewerb sollte klar mit der Forderung nach fairem und reifem Verhalten verbunden sein. Spitzenleistungen, die auf unfeine Art zustande kamen, sollten nicht honoriert werden.

Die zweite Frage ist: Handelt es sich bei den Einzelleistungen um vergleichbare oder verschiedene Leistungen? Falls diese Einzelleistungen nicht vergleichbar sind, wäre ein Wettbewerb ungerecht, weil man dann Pflaumen mit Äpfeln vergleichen würde? Ein Wettbewerb bringt nur etwas, wenn die Arbeiten vergleichbar sind. Das gilt auch hinsichtlich der Rahmenbedingungen, unter denen die Leistung erbracht wird, diese sollten ebenfalls vergleichbar sein.

Die dritte Frage ist: Was soll ein interner Wettbewerb bewirken, das eine Kooperation ganz sicher nicht bewirken kann? Wieso leistet Kooperation weniger als Wettbewerb? Es ist schon interessant, dass manche Unternehmer, die sich über einen harten Wettbewerb am Markt beschweren, es unumgänglich finden, einen solchen in ihrem Unternehmen zu entfachen. Wieso eigentlich? Was ist das Problem mit Kooperation? Ehrlich gesagt bin ich eher der Meinung, dass wir die leistungssteigernden Potenziale einer kooperierenden Gemeinschaft noch gar nicht ausreichend erkannt haben und nutzen. Sicher, man muss darauf achten, dass es keine Trittbrettfahrer gibt. Aber ich habe noch kein Team erlebt, das unfähig wäre, diesbezüglich Ordnung in den eigenen Reihen zu schaffen. Man muss Kooperation natürlich auch als Führungsaufgabe sehen, wo man gestaltend und moderierend einzugreifen hat. Doch ist das ein Argument dagegen? Ich denke nicht. Es sei denn, man empfände diese besondere Herausforderung als belastend. Das ist dann aber nicht Schuld der Kooperation, sondern der Führung. Ich habe jedenfalls sehr viele Klagen von Mitarbeitern in Unternehmen gehört, die sich über internen Wettbewerb beschwert haben, weil sie diesen als Angriff auf ein gedeihliches und anregendes Miteinander empfanden. Vielleicht haben Sie den Eindruck, dass ich eher für interne Kooperation plädiere als für einen internen Wettbewerb. Da könnten Sie Recht haben. Ich stimme halt denen zu, die meinen, die beste Schule für Intelligenz sei die kooperierende soziale Interaktion. Vielleicht haben wir Menschen in der Geschichte zu viele ungute Erfahrungen gemacht, wie Gemeinschaft die volle Entfaltung des Einzelnen behindert. Und ich kann sehr gut nachempfinden, wie bedrückend sich das anfühlt. Aber können wir uns wirklich keine Gemeinschaft vorstellen, die herausragende Leistungen Einzelner nicht behindert, sondern fördert und erst so richtig ermöglicht? Und können wir uns nicht vorstellen, dass es für einen Kollegen, der diese herausragende Leistung erbracht hat, sehr viel schöner wäre, den Erfolg mit seinen Kollegen gemeinsam zu genießen, als zu fühlen, wie er isoliert von Kollegen beneidet wird? Sagen wir es einmal so: Ich habe keine abschließende Meinung darüber, was unter welchen Umständen besser wäre. Aber ich bin mir sicher, dass in dieser Frage so viel Potenzial für Leistungssteigerungen steckt, dass sie es wert ist, genauer untersucht zu werden. Und schon gar nicht halte ich internen Wettbewerb für das alternativlos Beste.

Die vierte Frage ist: Wie viel Einfluss hat der Einzelne auf das Ergebnis seiner Arbeit? Wenn der Einzelne nicht den entscheidenden Einfluss auf das Ergebnis seiner Arbeit hat, kann ich von Einzelwettbewerb nur abraten. Damit produzieren Sie Frustration statt Motivation. Ihr Mitarbeiter wird sich zur Rechenschaft gezogen fühlen für eine Leistung, auf deren Zustandekommen er wenig Einfluss hatte beziehungsweise die die Konsequenz des Verhaltens anderer ist. Das wird sein Gerechtigkeitsgefühl empfindlich verletzen. Lassen Sie es also lieber. Das Gleiche gilt auch umgekehrt. Wenn Sie einen Mitarbeiter für eine Leistung belobigen, die nichts oder nur wenig mit ihm zu tun hatte, wird er auch das als eine Botschaft empfinden, die ihm sagt: Bei uns gibt es wenig bis keinen Zusammenhang zwischen Belobigung und Leistung.

Um es zusammenzufassen: Für internen Wettbewerb entscheiden Sie sich bitte nur, wenn die Leistung in der Hauptsache eine Einzelleistung ist, die Anforderungen und Rahmenbedingungen für Leistung ähnlich und damit vergleichbar sind und der Einzelne einen entscheidenden Einfluss auf das Ergebnis seiner Arbeit hat. Wenn diese drei Bedingungen nicht erfüllt sind, sollten Sie besser Teamleistungen, also eine erfolgreiche Kooperation stimulieren und honorieren. Natürlich können Sie auch einen internen Wettbewerb zwischen mehreren Teams „entfachen", dann müssen für den Wettbewerb der Teams die gleichen drei Kriterien erfüllt sein. Die Frage, ob für Ihr Unternehmen eher der Wettbewerb oder die Kooperation zwischen den Mitarbeitern den größten Beitrag zum Erfolg Ihres Unternehmens leistet, sollten Sie genau überdenken. Geben Sie Ihren Mitarbeitern Raum für Rückmeldungen. Entscheiden Sie diese Frage bitte immer nur vorläufig, nie endgültig.

Motivationspflege durch passgenaue Anreize

Wie heißt es so schön, nichts ist bedrückender als den Roller erst dann geschenkt zu bekommen, wenn man bereits im Alter für ein Motorrad ist. Worüber wir uns freuen und worüber nicht hat mit unseren individuellen Wünschen und unserer Persönlichkeit zu tun. Beide ändern sich ständig in dem Sinne, dass sie sich weiterentwickeln. So ist das auch mit Ihren Mitarbeitern. Sie verändern sich. Was ihnen gestern wichtig war, ist es morgen vielleicht nicht mehr. Eine Frau Mitte 30 mit zwei Kindern und Mann legt sicherlich viel Wert auf eine familienfreundliche Arbeitszeit. Zwanzig Jahre später ist ihr eben das vermutlich weniger wichtig bis egal. Jetzt möchte sie vielleicht für sich nachholen, wozu sie bis dahin wenig Zeit hatte und sich weiterentwickeln. Dann könnte es sein, dass sie sich von interessanten Angeboten zur Weiterbildung honoriert und wertgeschätzt fühlt. Sicher ist es ein netter Gag, wenn man als Arbeitgeber zu Ostern an jeden Mitarbeiter einen Schokoladen-Osterhasen ausgibt. Aber wenn das nicht nur ein Gag ist, sondern das Konzept zur Motivationspflege, wird es von erwachsenen Menschen wohl eher als lächerlich empfunden und daher nach hinten losgehen. Die Maßnahmen, mit denen Sie die Motivation Ihrer Mitarbeiter pflegen, sollten also etwas mit den Werten und Prioritäten Ihrer Mitarbeiter sowie den allgemeinen Bedingungen in Ihrem Unternehmen zu tun haben. Die bereits diskutierten Werte Zugehörigkeit, Gerechtigkeit und Sinn treffen immer ins Schwarze, zumindest habe ich keinen Fall erlebt, in denen sie das nicht taten. Dennoch dürfen sie individuell ausgeschmückt und mit anderem ergänzt werden. Dazu sollten Sie die Werte Ihrer Mitarbeiter etwas kennen. Das ist gar nicht so einfach, weil Ihre Mitarbeiter selber wohl auch nicht so sicher wüssten, welche ihre führenden Werte wären. Auf die Frage: *Was sind deine drei wichtigsten Werte?*, würden Sie, ich und jeder gewiss irgendetwas sagen können. Inwieweit diese Antworten allerdings tatsächlich zutreffen, sei dahingestellt. Eine solche Frage zu beantworten, fordert ein gerütteltes Maß an Selbstreflexion, zu dem sich nicht jeder berufen fühlt. Nun gibt es Wege und Methoden, das herauszufinden und ein gut ausgebildeter Coach oder Psychologe könnte Ihnen da gewiss weiterhelfen. Für den Fall, dass Sie einen solchen nicht beschäftigen möchten, kommen Sie auch ein gutes Stück alleine weiter. Fragen Sie einfach im Personalgespräch, was den betreffenden Mitarbeiter derzeit am meisten interessiert, stimuliert oder begeistert. Diskutieren Sie, was Sie diesbezüglich für ihn tun können. Wenn Ihr Mitarbeiter auf die Frage danach, was ihm wichtig ist, nicht zufriedenstellend antworten kann, hilft auch eine andere Fragestellung: *Was hat Sie in letzter Zeit demotiviert?* Darauf wird er vielleicht schneller antworten, als Ihnen lieb ist. Ich kenne viele Menschen, die sehnsüchtig darauf hoffen, dass ihr Chef sie das eines Tages fragt. Für diese Menschen kann sogar schon diese Frage und das ernsthafte Zuhören eine Motivationspflege sein. Im Grunde meint die Frage nach der werteorientierten Motivationspflege nichts anderes, als die Feststellung, dass es nur wenig allgemeingültige Maßnahmen zur Motivationspflege gibt. Das liegt daran, dass die Motivation etwas ganz individuelles ist. Ich habe einmal erlebt, wie eine junge alleinerziehende Mutter, die ständig ein schlechtes Gewissen plagte, weil sie wegen der Arbeit so wenig Zeit für ihr Kind hatte, verpflichtet wurde, am Wochenende an einem Teamausflug teilzunehmen. Dieser Ausflug sollte die Motivation der Mitarbeiter stärken und der Unternehmer hatte sich diesen Tag einiges kosten lassen. Auf die Motivation der besagten Mitarbeiterin hatte diese „Motivierung" leider eine sehr gegenteilige Wirkung. Sie wünschte sich so sehr, das Wochenende mit ihrem Kind zu verbringen, statt mit ihren Kollegen und ihrem Chef. Es war ihr völlig egal, dass ihr Chef ein aufregendes Programm und ein herrliches Buffet für alle spendierte. In ihrem Empfinden wurde ihr damit nicht etwas gegeben, sondern etwas genommen, nämlich kostbare Zeit mit ihrem Kind. Darüber hinaus hatte sie große Schwierigkeiten, ihr Kind für die Zeit des Ausfluges irgendwo unterzubringen. Das Ganze war für sie ein Desaster. Es hätte sie viel eher motiviert, bei ihrem Kind bleiben zu dürfen und vom Chef einen Gutschein für einen Mutter-Kind-Besuch im Zoo zu bekommen. Dieses psychologische Verständnis hätte dem Chef sehr gut angestanden, aber irgendwie brachte er es nicht auf und war etwas verletzt darüber, dass diese Mitarbeiterin nicht zu schätzen wusste, was er da für alle tat. Er hatte es wirklich nur gut gemeint. Es wäre ihm möglicherweise sogar billiger gekommen, der Frau diesen Gutschein für den Zoo zu bezahlen und es hätte einen größeren Effekt auf deren Motivation gehabt. Dieses Beispiel zeigt, was passiert, wenn gegenseitige Erwartungen nicht ausreichend wahrgenommen und verstanden werden. So etwas mündet nicht nur leicht in Enttäuschungen, sondern auch in Konflikte. Das ist ein Thema in jedem Unternehmen: Konflikte durch enttäuschte Erwartungen. Der genaue Abgleich von gegenseitigen Erwartungen ist eine der zentralen Führungsaufgaben. Wenn dieser Abgleich nicht ernsthaft und vor allem professionell durchgeführt wird, sind in aller Regel Frustration, Enttäuschung und Konflikt das Ergebnis. Wann immer ich in den Unternehmen Probleme zwischen Team und Führung zu klären hatte, musste ich früher oder später erkennen, dass sich dahinter enttäuschte Erwartungen verbargen. Dieses Thema hat eine große negative Sprengkraft. Nachfolgend möchte ich Ihnen deshalb ein Arbeitsinstrument vorstellen, das gut geeignet ist, gegenseitige Erwartungen abzugleichen und auf diese Weise nicht nur einer Demotivation vorzubeugen, sondern auch handfesten Konflikten. Es handelt sich bei diesem Instrument um den expliziten psychologischen Arbeitsvertrag.

Der explizite psychologische Arbeitsvertrag – Konflikte durch Abgleich von Erwartungen vermeiden
Im Grunde geht es in der Wirtschaft um Erwartungen, die bedient sein wollen. Sie als Unternehmer haben die sehr anspruchsvolle Aufgabe, die Erwartungen und Bedürfnisse gleich von drei „Parteien" zu erfüllen und miteinander zu vereinbaren: Ihrer Kunden, Ihres Unternehmens und Ihrer Mitarbeiter. Das ist keine leichte Aufgabe. Am Ende wollen alle zufriedengestellt sein. Die Zufriedenheit dieser drei Parteien ist die Voraussetzung dafür, dass Sie selber Ihre ganz persönlichen Erwartungen an Ihr eigenes Leben verwirklichen können. Lässt Sie diese Feststellung jetzt innerlich stöhnen, weil Sie sich von der Wucht dieser Aufgabe fast erschlagen fühlen? Dann zitieren Sie schnell in Gedanken den guten alten Goethe: *„Wer stets strebend sich bemüht, den können wir erlösen."* [6] Es reicht, sich strebend zu bemühen. Sie müssen nicht alle Bedürfnisse und Erwartungen gleich intensiv erfüllen und Sie müssen darin auch nicht perfekt sein. Sowohl Ihre Kunden als auch Ihre Mitarbeiter sind zu Kompromissen bereit. Sie sind zufrieden, wenn ihre absoluten Prioritäten ordentlich bedient werden. Reduzierung ist ein Weg zur Vereinfachung, haben wir gelernt. Die Lösung ist also die Reduzierung der Erwartungen und Bedürfnisse auf das Wichtige und Wesentliche. Wenn Sie das Wesentliche gut bedienen, können Sie entsprechend Ihrer Möglichkeiten gern noch ein Sahnehäubchen oben drauf tun. Für Erwartungen und Wünsche Ihrer Mitarbeiter gilt generell Folgendes:

- Die Wünsche, die im Widerspruch zu den Bedürfnissen Ihres Unternehmens und Ihrer Kunden stehen, **können nicht erfüllt werden.**
- Die Wünsche, die dem Unternehmen nicht im Wege stehen und auch mit vertretbaren ökonomischem Aufwand bedient werden können, **sind verhandlungswürdig.**
- Die Wünsche, die sich förderlich auf die Befriedigung der Erwartungen und Bedürfnisse Ihrer Kunden und Ihres Unternehmens auswirken, **werden nach Kräften unterstützt.**

Das sind die drei „Schubkästen", in die Sie auch die Erwartungen Ihrer Mitarbeiter generell einordnen dürfen. Sie lassen sich bitte auf nichts ein, was im wirklichen Leben nicht funktioniert. Das „wirkliche Leben" ist in Ihrem Falle Ihr Markt und die Wirtschaftlichkeit Ihres Unternehmens. Diese Denkweise ist mitnichten unsozial. Ihre Mitarbeiter können nur Geld verdienen, wenn Ihr Unternehmen Geld verdient. Geld verdienen, ist auch die letztendliche Priorität Ihrer Mitarbeiter, deswegen arbeiten sie bei Ihnen. Es ist die „conditio sine qua non", wie die Juristen sagen, die Bedingung, ohne die gar nichts geht. Darüber hinaus haben Ihre Mitarbeiter natürlich soziale, seelische oder psychologische Interessen und Bedürfnisse. Schließlich sind sie einzigartige Individuen mit einer Seele und einer Persönlichkeit. Was soll aus diesen Bedürfnissen werden, während sie in Ihrem Unternehmen arbeiten? Vielleicht sagen Sie jetzt, dass Sie sich mit diesen psychologischen und sozialen Bedürfnissen Ihrer Mitarbeiter eigentlich gar nicht beschäftigen möchten. Schließlich geht es im Alltag Ihres Unternehmens um Sach- und Fachfragen und nicht um Psychologie. Das könnte ich gut verstehen. Aber ich weiß leider nur zu genau, dass diese Einstellung nicht funktionieren wird. Ich habe die wirtschaftliche Sprengkraft, die enttäuschte soziale, seelische oder psychologische Bedürfnisse und Erwartungen haben, nur allzu oft in den Unternehmen erlebt. Nach allem, was ich in den Unternehmen erfahren habe, kann ich nur sagen, dass es nicht einen Konflikt gegeben hat, dessen letztendliche Ursache nicht damit in Zusammenhang stand. Egal bei welchem Thema sich „das" hochschaukelte, zu lösen waren diese Konflikte erst, wenn wir auf die gegenseitigen Erwartungen zu sprechen kamen, die dahintersteckten. Es gibt immer zwei große Themen: die fachlichen Aufgaben der Arbeit und die zwischenmenschlichen Beziehungen, das gute Sorgen füreinander unter den Bedingungen konkreter ökonomischer Sachzwänge. Wenn die Gemeinschaft mich nicht gut behandelt, habe ich ein Problem. Aber was heißt das konkret: jemanden gut zu behandeln? Man fühlt sich gut behandelt, wenn die eigenen Bedürfnisse berücksichtigt werden. Und das sind eben auch seelische oder psychologische Bedürfnisse, die gut behandelt werden wollen. Wir werden nur dann gut miteinander arbeiten, wenn wir nicht ständig darum kämpfen müssen, dass diese Bedürfnisse zumindest berücksichtigt werden. Darum ist es wichtig, die entsprechenden Erwartungen offensiv zum Thema zu machen und von Anfang an zu regeln, wie man damit umgehen wird. Der psychologische Arbeitsvertrag heißt also psychologischer Arbeitsvertrag, weil es dabei um die Befriedigung der psychologischen Bedürfnisse und Erwartungen Ihrer Mitarbeiter geht. Man könnte statt psychologisch auch seelisch, sozial oder mental sagen. Das ist nicht entscheidend. Entscheidend ist zu begreifen, dass die sachbezogene Logik Ihres Unternehmens von Menschen realisiert werden muss, die selber einer ganz individuellen psychologischen Logik unterworfen sind. Diese psychologische Logik ist dem Einzelnen oftmals wenig bewusst. Dennoch wirkt sie. Wenn ich von psychologischer Logik spreche ist das eigentlich „doppelt gemoppelt", denn Psycho-logik ist ja vom Wort her die Logik der Psyche. Das heißt, es geht um Erwartungen, die der ganz individuellen Logik der Psyche des betreffenden Mitarbeiters entspringen. Menschen sind nicht nur logisch in fachlichen Dingen, sie sind auch psycho-logisch. Wann immer Menschen beschließen, miteinander zu arbeiten, haben sie Erwartungen aneinander, die weit über das hinausgehen, was im Arbeitsvertrag sachlich, fachlich und juristisch relevant vereinbart wurde. Sie erwarten (oder befürchten), auf eine bestimmte Art behandelt zu werden. Sie erwarten, dass man auf bestimmte menschliche Situationen in einer bestimmten menschlichen Weise reagiert. Sie erwarten, dass man ihre Werte und ihre Gefühle teilt und so weiter und so fort. Diese Erwartungen sind für sie Teil einer nie debattierten, aber aus ihrer Sicht völlig selbstverständlichen „Abmachung". Diese Art von unbewusster und daher unausgesprochener „Abmachung" nennt man *impliziter psychologischer Arbeitsvertrag*. Ein solcher kommt in jedem Fall zustande, ob Sie das wollen oder nicht. Doch weil er nicht besprochen wurde, sondern sozusagen „im Geheimen" wirkt, ist er auch kein Führungsinstrument, sondern ein „Instrument des Schicksals". Es wird Sie immer wieder auf scheinbar irrationale, auf jeden Fall unberechenbare Weise überraschen. Problematisch ist eben, dass die Erwartungen alle unausgesprochen wirken. Sie werden selten klar und deutlich geäußert und können daher auch nicht verhandelt und aufeinander abgestimmt werden. Alle Seiten setzen „irgendwie" voraus, dass die eigenen Erwartungen, die man noch dazu meist selber nicht bewusst reflektiert hat, so normal und üblich sind, dass es fast schon an Boshaftigkeit grenzt, wenn die anderen diesen nicht entsprechen. Das wird nicht selten als grobes Fehlverhalten und Übelwollen interpretiert und sehr persönlich genommen. Es entsteht ein diffuses Gemisch aus Frustration, Verletztsein, Brüskiertsein und Abwehr. Leider wird meistens auch die Enttäuschung nicht offen diskutiert. Stattdessen gibt man seine unangenehmen Gefühle an andere weiter, die mit dem Problem meistens gar nichts zu tun haben. Wegen der Enttäuschung wird im Extremfall versucht, Fronten zu bilden und Verbündete „im Kampf" gegen jemanden zu gewinnen, der einen enttäuscht hat. Der arme Kerl ist sich seines vermeintlichen Fehlverhaltens meistens nicht einmal bewusst. Bestenfalls hat er eine dunkle Ahnung davon, worum es gehen könnte. Das Ergebnis sind Konflikte, die die Leistungskraft und das Wohlbefinden eines ganzen Teams untergraben können. Nach meiner Erfahrung wirkt sich so eine Dynamik auf das ganze Unternehmen destruktiv aus. Es gibt also sehr gute Gründe, sich mit dem Problem unausgesprochener psycho-logischer Erwartungen offen auseinanderzusetzen. Es lassen sich auf diese Weise viele Konflikte und Missstimmungen vermeiden.

Es gibt aber noch einen weiteren Grund, sich als Unternehmer mit diesem Thema zu beschäftigen und dieser Grund liegt in einer weiteren Schwäche des impliziten, also nicht offen verhandelten psychologischen Arbeitsvertrages. Wenn Erwartungen nicht offen besprochen und abgestimmt werden, gibt es auch keine Chance, eine Auswahl zu treffen, welche Erwartungen bedient werden und welche nicht. Aufgrund dessen sind ständig sämtliche Erwartungen „im Einsatz". Niemand weiß genau, wie viele es sind und um welche es sich handelt. Was da im Dunklen wirkt, entzieht sich leider der Kontrolle. Wenn Sie als Unternehmer also nicht über Erwartungen offen reden, sondern das ganze Thema vor sich hin wabern lassen, sind Sie in der unfreiwilligen Pflicht, sehr viel mehr Bedürfnisse bedienen zu müssen, als wenn sie offen darüber diskutieren. Eine offene Diskussion ermöglicht es Ihnen, Bedürfnisse zu priorisieren und auf das Wesentliche zu reduzieren. Ich rate daher unbedingt zum expliziten, das heißt zum offen diskutierten, offen verhandelten und gemeinsam auf das Wesentliche reduzierten psychologischen Arbeitsvertrag. Nehmen Sie auch bei dem Thema Erwartungen das Zepter lieber selbst in die Hand. Wann immer Sie sich weigern, bei der Regelung einer wichtigen Sache in Ihrem Unternehmen die Führung zu übernehmen, werden Ihre Mitarbeiter versuchen, diese Sache auf ihre Weise und mit ihren Möglichkeiten zu regeln. Ich kann Ihnen versprechen, dass das meistens nicht ohne Konflikte ausgeht und im Übrigen mit einem Ergebnis, das nicht in Ihrem Sinne ist. Wie heißt es so schön? Konflikte im Unternehmen entstehen aus einem Führungsvakuum. Meine Erfahrungen bestätigen das jedenfalls. Wie also sollte ein expliziter psychologischer Arbeitsvertrag aussehen? Ich werde Ihnen nachfolgend diese Frage beantworten. Wohlgemerkt, es geht nur um die Vermittlung einer Logik beziehungsweise eines Prinzips. Ich vereinfache also stark. Meine Lösung ist keinesfalls der Weisheit letzter Schluss. Aber den gibt es zu diesem Thema auch nirgendwo anders. Das Thema ist noch wenig bearbeitet. Aber das macht nichts. Mir haben die Unternehmen glücklicherweise genug Vertrauen geschenkt, sodass ich kreativ werden konnte und so lange herumexperimentiert habe, bis ich eine gut funktionierende Lösung fand. Diese stelle ich Ihnen jetzt vor. Ich würde das Prinzip dieser Lösung gern an einem konkreten Beispiel erläutern. Ich hatte im zweiten Kapitel eine Bäckerei „erfunden" und deren „Persönlichkeit" beschrieben. Auf dieses

Beispiel würde ich jetzt gerne noch einmal zurückkommen. Vor allem die drei wichtigsten Erwartungen oder „psychologischen" Anforderungen an Mitarbeiter, die aus der Persönlichkeit der Bäckerei abgeleitet wurden, sollen uns jetzt interessieren. Erinnern Sie sich? Es waren die drei Folgenden:

Führungsstil: Der Mitarbeiter muss mit einem dirigierenden, recht autoritären Führungsstil einverstanden sein.

Gestaltungsspielraum: Der Mitarbeiter muss akzeptieren, dass er nur einen verschwindend geringen Gestaltungsspielraum hat, da die Prozesse, Regeln sowie die generelle Ordnung durch das Unternehmen stringent vordefiniert sind.

Werte: Die zentralen Werte sind Sauberkeit und Hygiene, Zuverlässigkeit und Disziplin sowie Kooperation. Andere Werte müssen entweder damit kompatibel sein oder sie können nicht berücksichtigt werden.

Voraussetzung ist, dass Sie in die entsprechende Verhandlung mit der ruhigen Gewissheit gehen, dass es nicht um Ihre persönlichen Erwartungen an einen Mitarbeiter geht, sondern um Erwartungen, die sich ganz objektiv aus der Natur und dem Wesen Ihres Unternehmens ergeben. Wir nannten das die Persönlichkeit Ihres Unternehmens. Diese müssen Sie natürlich kennen. Mit diesem Wissen gehen Sie in das Gespräch. Konzentrieren Sie sich dabei auf das Wesentlichste. Sie können das Gespräch so führen, dass Sie jeweils das Thema nennen, um das es geht und die entsprechende Anforderung beschreiben, die sich daraus ergibt. Dann fragen Sie Ihren Mitarbeiter, wie es ihm mit dieser Anforderung geht und welche Erwartungen er diesbezüglich mitbringt. Er wird hoffentlich eine Antwort geben können. Falls das nicht der Fall ist und er keine Antwort weiß, dürfen Sie zum nächsten Punkt gehen. Aber Sie haben etwas Wichtiges angesprochen, das macht den Unterschied. Wir können nicht wissen, welche Denkprozesse allein schon Ihre Frage bei dem Mitarbeiter angestoßen hat. Vielleicht wird er zu einem späteren Zeitpunkt doch eine Erwartung dazu äußern können. Die Arbeit an und mit dem expliziten psychologischen Arbeitsvertrag ist ein Prozess, der nie abgeschlossen sein wird. Mir fällt an dieser Stelle ein Erlebnis mit einem Mitarbeiter einer IT Firma ein, das ich vor vielen Jahren hatte und das mich gelehrt hat, geduldig aber auch optimistisch zu sein. Ich durfte diese IT Firma bei ihrem Versuch beraten und coachen, internationaler zu agieren. Wenn man international Geschäfte machen möchte ist es unumgänglich, sich Wissen zum Thema interkulturelle Kommunikation anzueignen. Bevor ich aber dieses Thema anging, wollte ich mir erst ein Bild davon machen, wie man derzeit innerbetrieblich kommunizierte. Wenn man es schon „zu Hause" nicht richtig kann, wird man es schwerlich auf internationalem Parkett können. Es stellte sich schnell heraus, dass es bei der innerbetrieblichen Kommunikation erheblichen Verbesserungsbedarf gab. Also habe ich mit dem Geschäftsführer ein dreitägiges Kommunikationstraining vereinbart und dafür einen richtig guten Trainer engagiert. Nun gab es in dem Team einen Programmierer, der dies für eine ganz furchtbare Idee hielt. Er hatte Lust mit Bits und Bytes zu kommunizieren, aber nicht mit lebenden Menschen, da war er etwas scheu. Entsprechend weigerte er sich, an diesem Training teilzunehmen. Der Chef benahm sich glücklicherweise wie ein Chef und ordnete an, dass dieses Training bindend für jeden sei, ohne Ausnahme. Mir tat der Programmierer etwas leid, er machte eine Miene als würde er die nächsten drei Tage gefoltert werden und schaltete auch im Training anfangs auf stur. Allerdings konnte der Trainer ganz wunderbar und hochprofessionell mit diesem Widerstand umgehen und so lockerte sich die Situation etwas. Aber ich hatte tief in meinem Inneren immer noch ein kleines schlechtes Gewissen, weil man wegen mir einen Menschen gezwungen hatte etwas zu tun, was er gar nicht wollte. Und dann erfuhr ich eines Tages, dass eben dieser Programmierer gekündigt hatte. Ich gab mir irgendwie die Schuld daran und fühlte mich nicht gut damit. Drei Jahre hörte ich nichts mehr von ihm bis ich eines Tages einen Anruf erhielt. Das Gespräch verlief denkwürdig: *„Frau Ferber, hier ist ... Wissen Sie noch wer ich bin? Ja, ich habe Sie nicht vergessen. Frau Ferber, ich bin in einem neuen Unternehmen, und wissen Sie, die brauchen hier dringend ein Kommunikationstraining, die kommunizieren ganz furchtbar mit-*

einander. Wie hieß nochmal der Trainer von damals?" Da kann ich nur sagen: Tief durchatmen, in sich hinein lächeln und lernen, dass man niemals wissen kann, wie das, was wir tun, auf lange Sicht bei einem anderen Menschen wirkt.

Formulieren wir also für unsere Bäckerei einen konkreten expliziten psychologischen Arbeitsvertrag. Nehmen wir an, ein junger Mann hat sich gerade erfolgreich um eine freie Stelle in unserer Bäckerei beworben. Nehmen wir weiter an, dass der junge Mann eine Bäckerlehre abgebrochen hat und nun erst einmal als ungelernter Mitarbeiter arbeitet. Er kann sich zwar vorstellen, die Lehre später wieder aufzunehmen und zu beenden. Im Moment ist das aber kein Thema. Im Gespräch, das der Inhaber führt, diskutiert dieser mit dem jungen Mann die nachfolgenden drei Themen. Diese hat er zuvor als die wichtigsten Anforderungen jenseits der fachlichen Eignung definiert. Nun will er sie mit den Erwartungen des Bewerbers abgleichen. Wie sieht der Prozess der Verhandlung aus? Nachfolgend stelle ich Ihnen eine Art Leitfaden für das Gespräch vor.

Thema Führungsstil: Der Mitarbeiter muss mit einem dirigierenden, recht autoritären Führungsstil einverstanden sein.

<u>Persönlichkeit des Unternehmens:</u> Unsere Bäckerei ist von seiner „Persönlichkeit" her gezwungen, Rezepturen, Prozesse, Spielregeln, Arbeitszeiten, Arbeitsort sowie insgesamt eine bestimmte Ordnung verbindlich festzulegen. Hierbei gibt es wenig bis keine Spielräume für eigene Entscheidungen des Einzelnen. Auch die Tatsache, dass die Auslieferungszeiten gegenüber den Kunden (Supermärkten) auf die Minute eingehalten werden müssen, lässt wenig Zeit für Diskussionen. Das Zusammenspiel der Teams muss effizient sein. Daraus ergibt sich ein recht autoritärer Führungsstil, der Vorgaben macht, Anweisungen erteilt und die detailgetreue Einhaltung kontrolliert.

<u>Bedürfnis beziehungsweise Erwartung des Unternehmens, die der Mitarbeiter bedienen muss:</u> Der Mitarbeiter muss damit umgehen können, sich auf die 100-prozentige Umsetzung von Anweisungen zu reduzie-

ren, die nicht verhandelbar sind. Es geht also um die psychologische Akzeptanz eines direktiven Führungsstils.

<u>Erwartung des Mitarbeiters:</u> Er hat kein Problem damit, vernünftige Anweisungen zu befolgen. Er möchte aber die Anweisungen hinterfragen dürfen, weil es einfach seine Art ist, immer alles zu hinterfragen.

<u>Thema des Erwartungsabgleichs:</u> Welche Möglichkeiten, Anweisungen zu hinterfragen, können eingeräumt werden, ohne dass es zu Verzögerungen und Störungen des unmittelbaren Produktionsprozesses kommt?

<u>Vereinbarung:</u> Es wird vereinbart, dass der junge Mann Anweisungen erst eimal ohne Widerspruch umsetzt. Gleichzeitig wird sein Vorgesetzter jeweils gegen Ende der Schicht 10 Minuten für Fragen, Einwände und Vorschläge zur Verfügung stehen. Man geht davon aus, dass es mit der Zeit weniger Bedarf für derartige Gespräche geben wird, weil die Sinnfälligkeit der herrschenden Ordnung zunehmend verständlich wird. Darüber hinaus bittet der Inhaber, dass der junge Mitarbeiter darauf achtet, ob andere Kollegen eventuell auch an diesen Gesprächen teilnehmen möchten, was ermöglicht werden sollte.

Thema Gestaltungsspielraum: Der Mitarbeiter muss akzeptieren, dass er nur einen verschwindend geringen Gestaltungsspielraum hat, da die Prozesse, Regeln sowie die generelle Ordnung durch das Unternehmen stringent vordefiniert sind.

<u>Erwartung des Mitarbeiters:</u> Der junge Mann ist sich über sein Berufsleben noch nicht im Klaren und würde gerne noch einiges ausprobieren. Er sieht die Notwendigkeit der Erwartung des Unternehmens ein, zumal sich diese zwingend aus der Natur der Bäckerei ergibt, die ihm der Inhaber bereits erläutert hat. Dennoch würde er in seiner Arbeit gerne Varianten diskutieren, Ideen entwickeln und kreativ sein.

<u>Thema des Erwartungsabgleichs:</u> Wie kann man dem neuen Mitarbeiter Spielraum für die Diskussion von Ideen und Varianten einräumen, ohne die strikte und effiziente Umsetzung von Anweisungen zu gefährden?

Vereinbarungen: Der Inhaber hat Verständnis dafür, dass ein junger Mensch experimentieren möchte und Gegebenes hinterfragt. Dennoch hat er keinerlei Spielraum, an dem Bestehenden etwas zu ändern. Er bietet dem jungen Mann an, sich jeden ersten Freitag im Monat zwischen 10 und 11 Uhr zu treffen, und Fragen, Ideen sowie Vorschläge zu diskutieren. Dieses Angebot wird angenommen. Im Sinne einer Gleichbehandlung aller Mitarbeiter soll dieses Angebot an alle ergehen. Es wird vereinbart, dass der junge Mann die Pflicht übernimmt, dem Inhaber einen konkreten Gesprächsbedarf zwei Tage vorher per E-Mail zu melden. Andernfalls fällt der Termin aus. Des Weiteren ist es seine Pflicht, abzuklären, welche seiner Kollegen ebenfalls teilnehmen möchten. Die Teilnahme ist mit den zwei Führungskräften abzustimmen. Das heißt, wenn der Produktionsprozess den Termin nicht ermöglicht, fällt er aus. Der Inhaber informiert die Führungskräfte über diese Vereinbarung und bittet sie, darauf zu achten, dass der Termin stattfinden kann.

Thema Werte: Die zentralen Werte sind Sauberkeit und Hygiene, Zuverlässigkeit und Disziplin sowie Kooperation. Andere Werte müssen entweder damit kompatibel sein oder sie können nicht berücksichtigt werden.

Persönlichkeit des Unternehmens: Eine Bäckerei ist ein Unternehmen, das Lebensmittel produziert. Sauberkeit und Hygiene sind damit selbstverständliche Anforderungen, die zuverlässig eingehalten werden müssen. Dies verlangt eine strenge Disziplin im Umgang mit den Rohstoffen sowie beim Einhalten der Rezepturen. Dass auf Kooperation Wert gelegt wird, ergibt sich aus der Entscheidung des Inhabers, keinerlei interne Konkurrenz zuzulassen. Er ist der Meinung, dass in einem Betrieb wie dem seinen, eine störungsfreie Zusammenarbeit das beste Betriebsergebnis bringt.

Bedürfnis beziehungsweise Erwartung des Unternehmens, das vom Mitarbeiter bedient werden muss: Der Mitarbeiter sollte sich mit den Werten Sauberkeit und Hygiene, Zuverlässigkeit und Disziplin sowie Kooperation voll und ganz identifizieren können.

Erwartung des Mitarbeiters: Der junge Bewerber äußert die Befürchtung, dass er vielleicht ein anderes Verständnis von diesen Werten haben könnte, als seine Kollegen. Er hat Angst, sich in bestimmten Situationen falsch zu verhalten, ohne zu wissen, dass dieses Verhalten als falsch angesehen würde. Außerdem hat er Angst, dass man ihn hinter seinem Rücken kritisiert, statt ihm direkt zu sagen, was man erwartet. Er äußert den Wunsch, dass er eine bestimmte „Schonfrist" bekommt, in der er die Freiheit hat, etwas falsch zu machen. Er befürchtet, vom Team abgelehnt zu werden, noch bevor er wirklich „angekommen" ist.

Thema des Erwartungsabgleichs: Wie kann sich der junge Mitarbeiter mit dem konkreten, im Alltag gelebten Verständnis dieser Werte vertraut machen, ohne dass es zu Störungen im Produktionsprozess oder zu Unstimmigkeiten im Team kommt?

Vereinbarungen: Die Werte werden vollumfänglich akzeptiert. Es wird vereinbart, dass man ihm in den ersten zwei Wochen noch keine eigenen Aufgaben überträgt. Er ist einfach im Team beobachtend dabei und geht seinen Kollegen auf konkrete Anweisungen hin zur Hand. Die Mitarbeiter sollen von den Führungskräften gebeten werden, auf wertschätzende Weise Feedbacks zu geben. Der junge Bewerber verpflichtet sich, auf korrigierende Feedbacks nicht verletzt zu reagieren. Außerdem wird ein Kollege bestimmt, der als Ansprechpartner für Fragen zur Verfügung steht und ihn ins Team einführt.

Soweit das kurze Protokoll des Gesprächs. In dem expliziten psychologischen Arbeitsvertrag halten Sie die Vereinbarungen fest, auf die Sie sich geeinigt haben. Dieser schriftliche Vertrag könnte folgende Struktur haben:

- Das Thema der Vereinbarung
- Die vereinbarte Erwartung
- Der Beitrag des Mitarbieters
- Der Beitrag des/der Vorgesetzten

Der explizite psychologische Arbeitsvertrag

Halten Sie die Ergebnisse des Gesprächs wirklich schriftlich fest. Geben Sie dem betreffenden Mitarbeiter eine Kopie. Er kann gerne mit Kollegen darüber sprechen. Sie hingegen, gehen bitte diskret mit den Vereinbarungen um, sofern nichts anderes vereinbart wurde. Das, was Sie vereinbart haben, ist nicht der Weisheit letzter Schluss. Sie werden merken, dass sich Erwartungen verändern oder präzisieren. Einer der wichtigsten Effekte des expliziten psychologischen Arbeitsvertrages ist ja gerade der, dass Sie damit eine gute Kultur des Umgangs miteinander auf den Weg bringen. Sie regen in jedem Fall ein Nachdenken über Erwartungen an. Es ist bereits eine große Wertschätzung, sich aufmerksam für die Erwartungen des Anderen zu interessieren. Ihre Mitarbeiter werden zunehmend lernen, eigene Erwartungen zu reflektieren und offen zu verhandeln. Und sie werden immer mehr verinnerlichen, dass es im Alltag um Kompromisse und um das Machbare geht, wofür auch sie selbst verantwortlich sind. Natürlich darf auch der Mitarbeiter jeweils eigene Themen einbringen. Das wäre sogar wünschenswert. Dabei ist es eigentlich unwesentlich, um welche Themen es sich handelt. Auch wenn es scheinbar lapidare Dinge sind, können sie doch für den betreffenden Mitarbeiter wichtig sein und das Potenzial für Unstimmigkeiten und eine schlechte Atmosphäre in sich bergen.

Seien Sie bei der Formulierung des Vertrages knapp und präzise. Viel mehr als eine DIN A4 Seite sollte der Vertrag möglichst nicht umfassen. Wichtig ist auch, dass der Vertrag von beiden Parteien unterschrieben wird. Das macht ihn verbindlich. Für den beschriebenen Fall finden Sie nachfolgend ein Beispiel, wie ein solcher Vertrag aussehen könnte.

Expliziter Psychologischer Arbeitsvertrag

Das 1. Thema der Vereinbarung:
Akzeptanz eines direktiven Führungsstils

Die vereinbarte Erwartung:
Der Mitarbeiter setzt Anweisungen ohne Widerspruch um. Mögliche Einwände oder Fragen werden gegen Ende der Schicht mit dem jeweiligen Vorgesetzten besprochen. Dazu stehen täglich 10 Minuten zur Verfügung. Darüber hinaus steht das Angebot, sich jeden ersten Freitag im Monat von 10 bis 11 Uhr für eine ausgiebigere Diskussion von Ideen und Vorschlägen zu treffen.

Der Beitrag des Mitarbeiters:
Er geht von sich aus auf den Vorgesetzten zu und meldet Gesprächsbedarf an. Er achtet darauf, ob andere Kollegen ebenfalls an diesen 10 Minuten beziehungsweise am ausführlicheren Freitagsgespräch teilnehmen möchten und lädt diese zum Termin ein. Bezüglich des Termins am ersten Freitag im Monat meldet er den Bedarf mindestens zwei Tage vorher dem Vorgesetzten per E-Mail.

Der Beitrag des/der Vorgesetzten:
Der Arbeitsablauf wird so organisiert, dass die 10 Minuten am Ende der Schicht auch wirklich zur Verfügung stehen. Einwände und Vorschläge werden ernsthaft in Erwägung gezogen. Sollte die Arbeitssituation es nicht ermöglichen, wird der Termin verbindlich für den nächsten Tag vereinbart. Der Inhaber informiert die beiden leitenden Bäcker, die als Vorgesetzte agieren sollen, von der Vereinbarung und bittet, die Termine zu ermöglichen.

Das 2. Thema der Vereinbarung:
Die führenden Werte Sauberkeit, Hygiene, Zuverlässigkeit und Disziplin sowie Kooperation im Alltag leben lernen.

Die vereinbarte Erwartung:
Die Werte werden vollumfänglich akzeptiert.

Der Beitrag des Mitarbeiters:
Der Mitarbeiter erarbeitet sich durch Beobachtungen, Fragen und die Umsetzung von Anweisungen eigenverantwortlich ein Verständnis dafür, wie diese Werte konkret im Unternehmen gelebt werden. Feedbacks der Kollegen werden positiv angenommen.

Der Beitrag des/der Vorgesetzten:
Es wird ein Kollege bestimmt, der als Ansprechpartner im Alltag fungiert. Alle Mitarbeiter werden angewiesen, korrigierende Feedbacks auf eine wertschätzende Art zu geben.

Datum und Unterschrift von allen Beteiligten

Es wäre generell empfehlenswert, einmal im Jahr oder wenigstens einmal in zwei Jahren ein Personalgespräch durchzuführen. Dafür eignet sich der explizite psychologische Arbeitsvertrag sehr gut. Nehmen Sie die gemeinsam unterschriebene Version vom vergangenen Jahr heraus und gehen Sie Punkt für Punkt durch, ob alles noch aktuell ist oder ob im Laufe der Zeit neue Ideen und Themen relevant geworden sind. Schön ist dabei, dass nicht nur Sie sich mit dem expliziten psychologischen Arbeitsvertrag gut auf das Personalgespräch vorbereiten können, sondern auch ihr Mitarbeiter. Er nimmt ihn sich im Vorfeld zur Hand und weiß worum es gehen wird. Normalerweise mögen Mitarbeiter Personalgespräche nicht besonders, weil sie nicht so recht wissen, was sie erwartet. Nicht selten erleben Mitarbeiter diese Gespräche als eine Art Aufforderung zum Leistungsnachweis und befürchten, sich für ungenügende Leistungen rechtfertigen zu müssen. Ein psychologischer Arbeitsvertrag enthält hingegen Vereinbarungen, für deren Erfüllung beide Seiten zuständig sind. Hier geht es eben nicht nur um die Leistungserwartungen der Führung an die Mitarbeiter, sondern es geht um Erwartungen in beide Richtungen. Es geht um gemeinsame Interessen und eine gute Kooperation. Auf diese Weise entsteht eine Kultur der sozialen Ordnung und der ständigen Weiterentwicklung dieser Ordnung. Dieser Vertrag wird niemals am Ziel sein. **Er ist ein Lerninstrument, mit dessen Hilfe wir austesten, wie wir am besten miteinander umgehen, um gemeinsam Unternehmensziele zu erreichen.**

Der explizite psychologische Arbeitsvertrag ist ein gut funktionierendes Hilfsmittel, das mit der Zeit beide Seiten befähigt, sachlich über Erwartungen zu sprechen und einen Abgleich zu verhandeln. Auf diese Weise kann der notwendige Erwartungsabgleich zu einer friedlichen Normalität werden, statt dass er über Konflikte zum Thema gemacht wird. Vielleicht brauchen Sie ihn irgendwann gar nicht mehr schriftlich zu vereinbaren, weil die Gespräche über gegenseitige Erwartungen zur selbstverständlichen Routine geworden sind. Das wäre ganz wunderbar. Die vorgestellte Form eines expliziten psychologischen Arbeitsvertrages vermittelt eine Idee, wie dieser aussehen könnte. Fühlen Sie sich frei, es auf Ihre Weise zu machen. Wichtig ist, dass über Erwartungen gesprochen wird und man sich verbindlich einigt, wie damit umgegangen werden kann. Wie gesagt, geben Sie auch Ihrem Mitarbeiter Raum, eigene Ideen und Themen einzubringen. Vollständigkeit oder Perfektion sind bei diesem Thema nicht nötig. Wichtig ist vielmehr, dass sowohl das Gespräch als auch die getroffenen Vereinbarungen im Zeichen des verbindlich geregelten Miteinanders stehen. Das macht die Zusammenarbeit einfacher. Ich hoffe, dass dieses Instrument auch Ihnen die Führungsarbeit etwas erleichtert. Es gibt Ihnen eine Struktur, auf die Sie sich beziehen können.

Ordnung und Struktur, Klarheit und Offenheit, Berechenbarkeit und Professionalität werden Ihnen helfen, die multifunktionale Überlastung gut zu handhaben. Trotz aller Professionalität und Hilfsmittel wird Ihnen in manchen Punkten fremde Hilfe guttun. Es gibt Dienstleister, auf die Sie zurückgreifen können und auch zurückgreifen sollten. Damit Sie diesbezüglich nicht zu viele Enttäuschungen erleben, möchte ich Ihnen noch einige Tipps mit auf den Weg geben, worauf Sie bei der Auswahl achten sollten.

Sie müssen nicht alles alleine tun – Wie finden Sie die passende Unterstützung?
Ich habe Ihnen an verschiedenen Stellen im Buch empfohlen, sich Hilfe zu holen, wenn Sie selber nicht weiterkommen. Das ist nach meiner Erfahrung gerade für kleine Unternehmen keine selbstverständliche Sache. Ich kann es verstehen. Hilfe kostet Geld und man weiß nie genau, ob es sich wirklich lohnt. Woher soll man wissen, welcher Anbieter gut ist und welcher nicht? Bevor man eine Fehlinvestition riskiert, verzichtet man also lieber. Auf diese Weise bleibt manchem Unternehmer viel Gutes und Hilfreiches vorenthalten. Das ist schade. Daher möchte ich Ihnen einige Anregungen mitgeben, die Sie bei der Suche und Auswahl eines Beraters, Coaches oder Trainers unterstützen. Im Grunde helfen die nachfolgenden Anregungen bei der Auswahl eines jeglichen Dienstleisters.

Zuhören und fragen

Eines der wesentlichsten Kriterien bei der Wahl ist, dass sich die betreffende Person Zeit nimmt, Ihnen zuzuhören und Fragen zu stellen, um Ihre konkrete Situation möglichst umfassend kennenzulernen. Hüten Sie sich vor Experten, die nach den ersten Minuten bereits die passende Lösung parat haben und erklären, nur diese sei die Richtige! Nicht selten ist es zufällig genau das, worauf diese Experten spezialisiert sind. Aber das muss nicht das sein, was Sie tatsächlich brauchen.

Bereitschaft, abzugeben

Niemand kann alles und ist in allem versiert. Die Bereitschaft zu definieren, in welchen Bereichen man Ihnen eine Unterstützung sein kann und wo die eigenen Grenzen sind, kann ein weiteres Kriterium darstellen. Wichtig ist, dass Ihr Gegenüber einen Blick für das Ganze hat. Er sollte um die Schnittstellen zwischen den verschiedenen Problemfeldern wissen und überblicken, welche Themenbereiche Ihr Problem betreffen. Vielleicht erkennt er, dass er allein damit überfordert ist und empfiehlt Ihnen (zusätzlich) einen anderen Experten. Das ist professionell. In diesem Sinne hüten Sie sich vor jemandem, der meint, alles zu können!

Klarer Auftrag

Achten Sie darauf, ob man sich die Zeit nimmt, den Dingen auf den Grund zu gehen und mit Ihnen gemeinsam klar herauszuarbeiten, um welche Themen es wirklich geht. Daran erkennen Sie, ob man nur an einem schnellen Geldverdienen interessiert ist oder ob es wirklich um einen nachhaltigen Nutzen für Sie geht.

Zeiteffizienz

In unserer schnelllebigen Welt ist Zeit ein hohes Gut. Daher sollte der Coach, Trainer oder Berater auch effizient und achtsam mit Ihrer Zeit umgehen. Achten Sie darauf, dass die Weichen so gestellt werden, dass jedes Seminar oder Treffen ein Zugewinn für Sie ist. Es gibt Probleme, die im Grunde lapidar sind und die nicht wirklich stören. Man kann sich mit ihnen beschäftigen aber es ist nicht zwingend nötig. Und dann gibt es Probleme, die harmlos erscheinen, aber mit der Zeit eine große zerstörerische Kraft entfalten. Auf die sollte man sich konzentrieren. Das heißt, ein guter Coach, Berater und allgemein Dienstleister ist in der Lage, die Probleme mit der größten Hebelwirkung zu identifizieren und sich auf diese zu konzentrieren. Dadurch wird sehr schnell eine spürbare Verbesserung der Situation erreicht.

Keine Abhängigkeit
Gute Coaches oder Berater nehmen Ihnen die Führung nicht ab, sondern helfen Ihnen, Ihren eigenen Führungsstil zu professionalisieren und sehr zügig wieder ohne Hilfe auszukommen. Sobald Sie das Gefühl haben, ohne den Coach oder Berater ginge es nicht mehr, steht zu befürchten, dass Abhängigkeitsverhältnisse entstanden sind. Dies spricht weniger für die Qualität der Dienstleistung.

Keine Problemtrance
Lassen Sie sich niemals einreden, Sie würden alles falsch machen oder in Ihrem Unternehmen liefe alles ganz furchtbar. Das ist niemals der Fall. Sie machen immer vieles schon richtig und in Ihrem Unternehmen läuft immer auch vieles schon gut oder sehr gut. Ein guter Coach und Berater wendet seinen Blick auch auf die guten Dinge. Er vermeidet nicht nur selbst bei sich einen Problem-Tunnelblick, sondern holt auch seine Klienten aus der Problemtrance. Er ermöglicht neue Sichtweisen und Perspektiven und lässt auf diese Weise Probleme handhabbar und somit lösbar erscheinen. Sie erscheinen nicht nur leichter lösbar, sie sind es dann auch.

Ihr Gefühl
Und nicht zuletzt: Hören Sie ruhig auf Ihre innere Stimme. Schließlich geht es um ein Vertrauensverhältnis, das Sie aufbauen. Bei allen objektiven Kriterien kann es Signale geben, die Sie mit dem Verstand nicht wahrgenommen haben, die Ihnen aber Ihr Gefühl vermittelt. Hören Sie darauf! Sie dürfen auch gerne darauf achten, ob Ihnen jemand sympathisch ist. Schließlich sollen Sie ein gutes Gefühl während der Zusammenarbeit haben.

Sich wohlfühlen
Ein guter Coach, Trainer oder Berater bewirkt, dass Sie und Ihr Team sich beim Lernen und Entwickeln wohlfühlen und Lust auf mehr bekommen. Ganz einfach, weil Menschen es eigentlich genießen, zu ler-

nen und sich weiterzuentwickeln. Schließlich wurden wir mit der Lust zum Lernen und Entdecken geboren.

Übrigens dürfen Sie sich diese Anregungen beziehungsweise Kriterien für einen guten Dienstleister auch zu Herzen nehmen, wenn es um Ihren Umgang mit Ihren Kunden geht. Lassen Sie uns zum Schluss noch über Ihren Umgang mit Kunden sprechen.

4. Der Kunde hat das letzte Wort

Wie im richtigen Leben, so soll auch in diesem Buch der Kunde das letzte Wort haben. Vielleicht haben Sie ja schon ein entsprechendes Kapitel zum Umgang mit Kunden vermisst. Auf den ersten Blick könnte man meinen, dass ich Ihre Kunden in diesem Buch wirklich vernachlässigt habe, von einigen Sätzen hier und da abgesehen. Aber dem ist nicht so. Schauen wir uns an, welche Themen wir besprochen haben. Das erste Kapitel beschäftigte sich mit nötigen Haltungen und Einstellungen. Beginnt nicht auch mit Ihren Haltungen und Einstellungen der erste Kontakt zu Ihrem Kunden? Noch bevor Sie ein erstes Wort an ihn richten, hat dieser bereits einen ersten Eindruck von Ihnen. Es gibt in der Philosophie die Meinung, dass das Wesentliche sich über die Erscheinung äußert. Das Wesentliche zeigt sich, indem es erscheint. Darum ist die Erscheinung wesentlich. So ist es auch mit Ihren Einstellungen, Gedanken, Gefühlen, Ängsten und eben Haltungen. Sie äußern sich über Ihre Erscheinung. Sie beeinflussen Ihre Mimik, Ihre Körperhaltung, Ihren Blick und Ihre Bewegungen. Das können Sie gar nicht vermeiden. Darum bin ich auch kein großer Fan von Seminaren, die uns beibringen, wie wir unsere Erscheinung an der Oberfläche manipulieren können. Unser Wesen wird sich doch immer durchsetzen. Bestenfalls wirken wir etwas künstlich. Kennen Sie die jungen Männer in Businessanzügen, denen man ansieht, wie unwohl sie sich darin fühlen? Diese Anzüge wirken dadurch eher wie eine unpassende Uniform, als dass sie den gewünschten professionellen Eindruck machen würden. Die innere Haltung zeigt sich im äußeren Verhalten, in der äußeren Erscheinung und auch in der Körperhaltung, egal welchen Anzug oder welches Kostüm Sie tragen. Darum ist es viel wichtiger, an der inneren Haltung zu arbeiten, als Ihnen Tricks für Verkaufsgespräche anzubieten. Wenn Sie beispielsweise in Geldfragen eine klare Haltung haben, können Sie fast automatisch bei Preisverhandlungen angemessen reagieren. Ich erinnere mich noch als ich Immobilienmaklerin war und neu gebaute Häuser und Wohnungen verkaufte. Natürlich war der Preis für meine Kunden ein Thema und natürlich wollten sie einen günstigen Preis für sich verhandeln. So weit, so gut. Nicht wenige aber monierten, dass der eigentliche Wert des Hauses ja geringer sei, als der Verkaufspreis, weil bei diesem ja noch der Gewinn der Baufirma draufgeschlagen worden sei. Und diesen Gewinn wollten sie nicht bezahlen, so als ob man sie damit übervorteilen wollte. Meine Haltung war schon damals, dass ein Unternehmen dazu da ist, Gewinne zu machen und, dass dies völlig in Ordnung sei. Aber ich argumentierte nicht moralisch, sondern aus der Sicht des Kunden mit dem Nutzen, den dieser Gewinn für den Kunden hat. Ich fragte meine Kunden, ob sie auf die fünf Jahre Gewährleistung für den Neubau verzichten wollten? Natürlich wollten sie das nicht. Als ich sie daraufhin fragte, wie eine Baufirma, die keine Gewinne macht, in fünf Jahren noch existieren solle, um eventuelle Gewährleistungen wahrnehmen zu können, hatten sie verstanden. Das waren ganz ruhige und vernünftige Gespräche. Meine Haltung gab mir den nötigen Halt, auf Einwände meiner Kunden ruhig und sachlich zu reagieren. Schauen Sie sich die Haltungen aus dem ersten Kapitel noch einmal an und fragen Sie sich, wie diese Ihnen helfen, Kunden von sich zu überzeugen. Jede davon ist geeignet, auf Ihre Kunden positiv zu wirken und Vertrauen aufzubauen. Wenn Sie also an Ihren Haltungen arbeiten, ist das gleichzeitig auch die beste Grundlage für einen erfolgreichen Umgang mit Ihren Kunden. Das Gleiche gilt für den Umgang mit den eigenen Ängsten. Wenn Sie mit Existenzängsten ins Kundengespräch gehen, werden das Ihre Kunden spüren und skeptisch reagieren. Jemandem, der unter finanziellem Druck steht, glaubt man nicht so recht, dass er sich ganz auf die Interessen und Wünsche seiner Kunden konzentriert. Und ein Geschäftsmann, der kurz vor dem Burnout steht, löst vermutlich auch eher Fluchtreflexe bei seinen Kunden aus, als den Wunsch, mit ihm ins Geschäft zu kommen. Man hat irgendwie kein gutes Gefühl dabei. Also ist auch Burnout-Prävention ein wichtiger Beitrag zu Kundenkommunikation.

Oder nehmen wir die Haltung, dass Nehmen und Geben ausgeglichen sein sollen. Unabhängig vom Produkt ist für unsere Kunden Seriosität und Vertrauenswürdigkeit wichtig. Doch das darf ruhig auch umgekehrt gelten. Schauen Sie sich Ihre Kunden gut an, ob es sich dabei wirklich um Kunden handelt. Was ich damit meine? Sie sind mit Ihrem Unternehmen kein Wohlfahrtsinstitut, das es sich leisten kann, zu geben, ohne adäquat zu nehmen. Ich bin sehr für Preis-Leistungs-Verhandlungen zwischen Anbieter und Kunde und diese dürfen gerne auch intensiv in der Sache sein. Aber sie müssen unter der Überschrift laufen, dass beide Seiten eine win-win-Situation schaffen wollen. Eine gute Geschäftsbeziehung kennt keine Verlierer, sondern nur Gewinner auf beiden Seiten. Prüfen Sie, ob ein interessierter Kunde wirklich nach diesem Prinzip mit Ihnen verhandelt. Wenn ja, dann ist es Ihr Kunde. Dann bemühen Sie sich um ihn so gut es nur geht. Wenn nicht, lassen Sie die Hände davon. Wir arbeiten nicht, um uns das Leben schwer zu machen und am Ende Verlierer zu sein. Wir arbeiten, um etwas zu gewinnen. Es geht um Gewinn, nicht um Verlust. Ohne Gewinn hört unser Unternehmen irgendwann auf, zu existieren. Wir wollen nicht, dass unser Gewinn auf Kosten anderer geht, wir wollen ihn mit unserer Leistung verdienen. Aber wir wollen auch nicht, dass jemand auf unsere Kosten Gewinner ist und uns zum Verlierer macht. Achten Sie darauf, welche Haltung Ihr Kunde diesbezüglich hat. Unternehmen, die insolvent gehen, obwohl sie volle Auftragsbücher haben und riesige Außenstände, gibt es bereits genug. Davon brauchen wir nicht noch mehr. Eine solche Situation hat nicht selten etwas damit zu tun, dass man schlechte Kunden hatte. Im Grunde waren es Scheinkunden. Machen Sie lieber Urlaub, als solche Kunden zu bedienen. Es ist alle Male besser nichts zu tun für kein Geld, als zu arbeiten für kein Geld.

Es geht also um Haltungen. Dafür war das erste Kapitel da. Doch auch das zweite Kapitel ist nützlich für Ihre erfolgreiche Kundengewinnung. Dort ging es darum, zu ordnen, zu strukturieren und zu vereinfachen. Es ging um Klarheit, Einfachheit, Berechenbarkeit, Stabilität und Veränderungsfähigkeit. Glauben Sie nicht, dass Ihre Kunden es wohltuend wahrnehmen werden, wenn Sie in Ihrem Unternehmen eine gut durchdachte Ordnung, Systematik und Klarheit leben, die es Ihnen ermöglicht, sich berechenbar und verbindlich auf Kunden einzustellen? Abgesehen davon, dass Ordnung, Systematik und Klarheit im Auftreten immer beruhigend und angenehm wirken, sind es Beweise für eine hohe Leistungsfähigkeit und Professionalität. Und wenn Sie darüber hinaus in der Lage sind, die Zusammenarbeit für Ihren Kunden zu vereinfachen und unnötige Wartezeiten zu vermeiden, wird er das als sehr wohltuend empfinden und sehr froh sein, endlich jemanden wie Sie als Partner gefunden zu haben. Er merkt einfach, wie gut Ihr Unternehmen aufgestellt ist. Kunden spüren eine gute Ordnung bei einem Anbieter.

Auch im dritten Kapitel, das sich mit Personalführung und Teambildung beschäftigt, haben Sie vieles gelernt, wovon Sie im Umgang mit Kunden profitieren. Wenn Sie in der Lage sind, die Kultur des Miteinanders **in** Ihrem Unternehmen professionell zu gestalten, sind Sie auch in der Lage, den Umgang mit Menschen **außerhalb** Ihres Unternehmens professionell zu gestalten. Auch da wird es um ein Gefühl von Zugehörigkeit, Gerechtigkeit und Sinn, um Feedback und den Abgleich von Erwartungen gehen. Wir Menschen sind 24 Stunden die, die wir sind. Ein Unternehmer, der sich nicht wirklich für die Erwartungen seiner Mitarbeiter interessiert und ganz allgemein wenig Lust auf professionelle Beziehungsgestaltung hat, kann zwar versuchen, sich seinen Kunden gegenüber anders zu zeigen. Früher oder später wird sein mangelndes Interesse an seinen Mitmenschen und sein mehr oder weniger ungeschicktes Beziehungsverhalten auch da spürbar werden und von Nachteil sein. Last, not least, wenn sich Mitarbeiter in einem Unternehmen nicht wohl fühlen, wird das irgendwann auch außerhalb des Unternehmens spürbar sein. Umgekehrt werden Mitarbeiter, die sich in ihrem Unternehmen gut behandelt fühlen, auch dessen Kunden gut behandeln und sich für diese engagieren.

Was ich Ihnen zusätzlich zu all dem Gesagten und Diskutierten ans Herz legen möchte ist Folgendes: Interesse an Ihrem Kunden zeigen Sie, indem Sie ihm einen Nutzen liefern. In einem Verkaufsgespräch sollten Sie darum in der Lage sein, Ihrem Kunden in einfachen Hauptsätzen zu sagen, wie dessen Leben durch Ihr Produkt oder Ihre Dienstleistung schöner, besser, reicher, einfacher oder was auch immer wird. Das klingt trivial. Aber ich erlebe immer wieder, dass Anbieter ihr Produkt oder ihre Dienstleistung erklären, statt den Nutzen, den sie damit für andere schaffen, zu benennen. Fragen Sie sich, wie Ihr Angebot das Leben Ihrer Kunden schöner macht. Und fragen Sie sich, was Ihr Kunde wirklich will. Das heißt, das, was Sie als Nutzen ansehen, muss nicht zwingend für Ihren Kunden relevant sein. Ich habe jahrelang Personalentwicklungsprojekte im Auftrag von Behörden realisiert und mich anfangs immer wieder geärgert, dass meine dortigen Ansprechpartner scheinbar mehr auf die Einhaltung von Formalien fokussiert waren, statt auf Inhalte und Nutzen der Projekte. Eines Tages habe ich dann beschlossen, mich zu fragen, was der Sinn hinter diesem Verhalten ist. Erinnern Sie sich? Verhalten macht Sinn. Und so habe ich aufgehört zu bewerten (und abzuwerten), sondern habe versucht, zu verstehen. Verstehen geht vor bewerten und abwerten. Auch diese Haltung hatten wir im ersten Kapitel diskutiert. Was ich verstanden habe war, dass die Einhaltung der Formalien zwingend nötig war für die Existenzsicherung meiner Ansprechpartner. Sie hatten Angst, dass irgendwann Prüfer in ihren Büros auftauchen und kontrollieren würden, ob alle Formalien und Regeln ordentlich eingehalten wurden. Von der Antwort auf diese Frage hing das berufliche Schicksal meiner Ansprechpartner ab. Das war existenziell. Da kann man doch verstehen, dass die strikte Einhaltung von Formalien für sie so wichtig war. Nachdem ich das verstanden hatte, habe ich mich aufrichtig bemüht, diesen Formalien ohne inneren Widerstand Aufmerksamkeit zu schenken. Und als sie merkten, dass sie in mir diesbezüglich einen Partner hatten, eröffneten sie mir inhaltlich große Spielräume. Ich habe sehr gute Erinnerungen an diese Zusammenarbeit, weil man mir Freiheiten für viele interessante und sehr nützliche Experimente zugestand.

Noch einmal zurück zum Thema Kundennutzen: Ich habe im Laufe der Jahre viele Anbieter von Produkten und Leistungen gefragt, welchen Nutzen sie ihren Kunden bringen. Die Antworten zeigten mir, dass man darüber im Grunde wenig nachgedacht hatte. Da waren Software-Anbieter, die mir auf diese Frage die Genialität ihrer Software erläuterten. Da waren Sozialpädagogen, die diese Frage fast schon empörend fanden. Da waren Ingenieure, die mir begeistert erklärten, welch hohes technisches Niveau ihre Angebote repräsentierten. Ob ich ihre Fachbegriffe verstand oder nicht, war ihnen offenbar egal. Da waren Modeanbieter, die mir erklärten, wieso ihre Angebote nur in kleinen Größen gut aussehen, weswegen man diese in meiner Größe nicht habe, ich könne ja abnehmen. Egal wen ich ansprach, in der Regel priesen sie die Qualität ihres Angebotes. Wieso mein Leben und das ihrer anderen Kunden dadurch schöner, besser, reicher ... wurde, das konnten sie mir nicht so einfach sagen. Da hörte ich eher Hypothesen als überzeugende Aussagen. Schauen Sie, dass Sie diesbezüglich sattelfest sind. Kommunizieren Sie mehr den Nutzen Ihres Angebotes, als das Angebot selbst. Und finden Sie heraus, welcher Nutzen für Ihren Kunden relevant ist. Vor allem kommunizieren Sie mit Ihren Kunden! Erwarten Sie nicht, dass Ihr Angebot für sich selbst spricht. Das tut es nämlich nicht. Es sei denn, es ist eine Thüringer Bratwurst. Die hat sich bereits auf dem Markt etabliert und hat ihre sicheren Fans. Da müssen Sie nur noch kommunizieren, dass es sie ganz in der Nähe bei Ihnen gibt. Die Kommunikation mit Ihren Kunden ist letztendlich ausschlaggebend für Ihren Erfolg. Es gibt viele gute und sehr gute Anbieter für ein bestimmtes Produkt. Am Markt durchsetzen wird sich in letzter Konsequenz der Anbieter, der die beste Kommunikation mit seinen Kunden pflegt. Erinnern Sie sich an die Haltung, dass an Kommunikation zu sparen, (zu) teuer (zu stehen) kommt? Das trifft für die Kundenkommunikation zu 100 Prozent zu. Planen Sie immer ein Budget für Kundenkommunikation ein. Karl Marx nennt den Verkauf einer Ware das *Salto mortale der Warenproduktion*. [25] Wenn man da abstürzt, war alles davor umsonst.

Es ist die professionelle Kundenkommunikation, die dafür sorgt, dass Sie bei diesem Salto mortale nicht abstürzen. Achten Sie also darauf, dass Sie hier ganz besonders professionell sind. Wenn Sie beispielsweise der Meinung sind, ohne Internetauftritt und Prospekte geht es nicht, dann schauen Sie nicht, ob irgendein guter Freund Ihnen billig diese Dinge gestaltet. Nehmen Sie sich einen Profi. Schauen Sie, dass Sie eine Website und ein Prospekt haben, denen man nicht den guten Willen ansieht, sondern die Professionalität. Investieren Sie in einen professionellen Partner, der natürlich die Kriterien eines guten Dienstleisters erfüllen muss, die ich Ihnen bereits aufgelistet habe. Investitionen in Kundenkommunikation sollte man sich nicht leisten, weil man gerade Geld übrig hat und sich sozusagen etwas Hübsches dafür kaufen kann, wie ein schönes Kleid für nette Stunden. Eine professionelle Kundenkommunikation ist von Anfang an zwingend nötig, damit Sie genug Geld verdienen. Würden Sie jemanden einstellen, der sagt: *Ich kaufe mir ein ordentliches Outfit erst, wenn ich den neuen Job bei Ihnen habe und viel Geld verdiene. Und Geld für eine ordentliche Bewerbungsmappe habe ich auch nicht. Für das Bewerbungsgespräch bei Ihnen muss meine alte Jeans und irgendein altes T-Shirt reichen.* Ich denke, Sie würden da schon etwas mehr von einem Bewerber erwarten. Machen Sie es mit den Instrumenten Ihrer Kundenkommunikation auch so. Diese sind im Grunde die Ausstattung für Ihr Bewerbungsgespräch beim Kunden, damit Sie von ihm einen neuen Job kriegen. Welche konkreten Maßnahmen dies in Ihrem speziellen Fall beinhaltet, hängt davon ab, was für ein Unternehmen Sie haben und wer Ihre Kunden sind. Lassen Sie sich beraten. Übrigens, Sie dürfen auch gern Ihre Kunden fragen, was ihnen wichtig ist. Und um Kunden zu behalten, sollten Sie mit ihnen im Gespräch bleiben. Holen Sie sich Feedbacks ein. Fragen Sie Ihre Kunden, was ihnen gefallen hat und was sie vermisst haben. Das wirkt wie ein Versprechen auf die Zukunft. Das nennt man Kundenbindung und kostet nicht viel Geld. Und wenn Ihnen ein Kunde von sich aus sagt, was ihm <u>nicht</u> gefallen hat, dann bedanken Sie sich bitte bei ihm. Er hätte sich auch von Ihnen abwenden können, ohne etwas zu sagen. Das wäre schlimm. Mit seiner Rückmeldung gibt er Ihnen eine Chance auf weitere Zusammenarbeit. Er würde sich nicht die Mühe machen, Ihnen ein Feedback zu geben, wenn er nicht tief in seinem Inneren die Hoffnung und den Wunsch hätte, weiter mit Ihnen zusammenzuarbeiten. Zumindest ist es sehr wertschätzend, sich die Mühe eines konstruktiven Feedbacks zu machen. Eine solche Kritik sagt im Grunde Folgendes aus: *Ich habe eigentlich den Eindruck gewonnen, dass ich davon profitieren könnte, mit Ihnen zusammenzuarbeiten. Aber da ist eine Sache, die ich nicht akzeptieren kann. Würden Sie bitte so nett sein und diese ändern? Das wäre mir sehr recht. Dann muss ich mich nicht nach jemand anderem umschauen. Ich möchte den Aufwand dafür eigentlich lieber vermeiden.* Interpretieren Sie Kritik von Ihren Kunden bitte immer (!) auf diese Weise. Fühlen Sie sich niemals persönlich angegriffen, auch wenn Ihr Kunde vielleicht sehr emotional wird. Er investiert gerade Energie in die Fortführung Ihres Unternehmens. Ergreifen Sie dieses Geschenk und bedanken Sie sich dafür. Zumindest werden Sie erfahren, was Sie in Zukunft anders machen müssen. Wenn das kein Gewinn ist!

Der Kunde hat das letzte Wort. Er entscheidet, ob das, was Sie in und mit Ihrem Unternehmen getan haben, sinnvoll und richtig war oder nicht. Seine Wünsche und Interessen sind ausschlaggebend dafür, ob Ihr Unternehmen weiterhin existiert und Ihre Mitarbeiter weiterhin Lohn und Gehalt bekommen oder nicht. Damit Sie diese Herausforderung gut bestehen können, ist es wichtig, sich selbst, Ihr Unternehmen und Ihre Mitarbeiter so zu führen, dass Ihrer aller Zeit und Energie auf die Themen: Kunde – Verkauf – Gewinn fokussiert wird und nicht auf unwichtigen Nebenschauplätzen vergeudet wird. Die multifunktionale Überlastung werden Sie umso besser handhaben können, je klarer, geordneter und professioneller Sie mit sich, Ihrem Unternehmen, Ihren Mitarbeitern und Ihren Kunden umgehen. Was diesbezüglich Klarheit, Ordnung und Professionalität bedeuten kann – dazu habe ich Ihnen mit diesem Buch ein Angebot gemacht, indem ich Ihnen meine Erfahrungen und Ideen zur Verfügung stelle.

5. Wie weiter?

Dieses Buch ist nicht der Weisheit letzter Schluss. Ein seriöser Wissenschaftler lebt nach der Maxime: Alle Wahrheit ist eine vorläufige Wahrheit. Wie ich bereits zu Beginn des Buches sagte, kann uns jeder Tag mit einer neuen Erkenntnis überraschen und uns auffordern, die Gültigkeit all dessen zu hinterfragen, was uns bisher so sicher erschien. So funktioniert Entwicklung. Ein guter Lehrer ermuntert und befähigt seine Schüler, weiter zu gehen, als er selbst gekommen ist. In diesem Sinne wäre es wunderbar, wenn Sie dieses Buch als eine Art Startschuss verstehen, weiter zu gehen und eigene Erkenntnisse zu gewinnen. Sie dürfen auf Ihrem Weg gern auch bessere Antworten finden als dieses Buch zu bieten hat. Vielleicht würde ich in einigen Jahren ja auch ein anderes Buch zu diesem Thema schreiben als heute.

Gehen Sie also mit dem, was ich Ihnen anbiete, spielerisch um. Wählen Sie für sich das aus, was Sie überzeugt und probieren Sie es in Ihrem Alltag aus, sei es auch nur eine einzige (scheinbar kleine) Sache. Selbst der längste Weg beginnt mit dem ersten Schritt, wie man in Asien sagt. Ich habe zu jedem Thema in diesem Buch Seminare, Workshops und Trainings durchgeführt. Jedes einzelne Thema kann weiter vertieft werden. Wenn Sie an mich Fragen haben oder den Wunsch, zu bestimmten Themen einen Workshop oder ein Training zu besuchen, können Sie mich am besten per E-Mail erreichen. Meine E-Mail-Adresse finden Sie am Schluss dieses Kapitels. Ich freue mich auch, wenn Sie mir Ihre Erfahrungen mitteilen. Und natürlich wäre ich entzückt, von Ihren neuen Erkenntnissen zu erfahren.

Lassen Sie mich Ihnen noch einige Ideen mit auf den Weg geben, zu welchen Themen sich Bücher, Workshops und Seminare lohnen könnten. Da wäre auf jeden Fall und zuallererst das Thema Geld. Wie heißt es so schön? *Geld ist ein wunderbarer Diener, aber ein schrecklicher Herr.* Beim Thema Geld emotional befangen und gedanklich unklar zu sein, macht uns zum Diener eines schrecklichen Herrn. Das verhindert, dass wir es (besonders als Unternehmer) zu einer Art persönlicher Meisterschaft im Umgang mit Geld bringen. Das wäre aber nötig. Es lohnt sich also, an diesem Thema zu arbeiten. Es kann eine große Befreiung sein. Ich kann Ihnen meine über Jahre entwickelten Geld-Seminare anbieten, in denen Sie sich und Ihre Geschichte reflektieren und sich von begrenzenden Glaubenssätzen befreien. Ziel dieser Seminare ist eine unemotionale, bewusste und sachlich stimmige Haltung im Umgang mit Geld.

Weiter gäbe es das große Thema der Beziehungsgestaltung und Gesprächsführung. Ich kann mir eigentlich nicht vorstellen, dass Sie von einem Buch, Seminar oder Workshop zu diesem Thema nicht profitieren. Nach all den Jahren, in denen ich selbst dazu unzählige Bücher gelesen, Ausbildungen absolviert und eigene Erfahrungen gesammelt habe, frage ich mich oftmals, warum Menschen immer noch soviel Kraft durch Beziehungsprobleme und ungeschickte Gesprächsführung verlieren, wo doch längst bekannt ist, wie es funktioniert beziehungsweise funktionieren könnte. Schauen Sie sich im Internet um. Sie werden eine riesige Welt an wunderbaren (und auch weniger wunderbaren) Angeboten finden. Beißen Sie ruhig in soviel Äpfel wie möglich vom Baum der Erkenntnis. Das vertreibt Sie nicht aus dem Paradies, sondern öffnet Ihnen in diesem Fall die Tür zum „unternehmerischen Paradies", um diese biblische Metapher zu bemühen. Genießen Sie die Früchte der Erkenntnis all der Menschen, die sich über Jahrzehnte mit diesen Themen beschäftigt haben. Je professioneller Sie in Ihrer Beziehungsgestaltung und Gesprächsführung werden, je einfacher und nervlich entspannter wird Ihr Unternehmerleben sein. Erwarten Sie aber nicht, jemals am Ziel zu sein. Bei diesem Thema ist die Reise der Genuss. Als Einstieg und quasi „Erste-Hilfe-Maßnahme" wäre ein Seminar zum angemessenen Umgang mit Konflikten und emotionaler Erpressung sehr zu raten. Bei diesem Thema würde ich dringend empfehlen, neues Verhalten tatsächlich unter fachlicher Anleitung zu üben. Ein Seminar zum Thema expliziter psychologischer Arbeitsvertrag könnte diese Ausbildung abrunden. Das kann ich Ihnen anbieten.

Dann gäbe es das große Thema der Ordnung und Struktur in Ihrem Unternehmen. Es betrifft dessen Persönlichkeit. Hier könnte neben einem Workshop auch ein individuelles Coaching hilfreich sein, um die wichtigsten Punkte sauber zu definieren und daraus die passenden Schlussfolgerungen für Regeln und Anforderungen an das Miteinander in Ihrem Unternehmen abzuleiten. Dabei kann man gleich noch, sozusagen „nebenbei", die Prinzipien der Vereinfachung lernend anwenden.

Was das Miteinander in Ihrem Unternehmen angeht, bietet sich ein vertiefendes Seminar oder Coaching darüber an, wie man mit der Macht der „drei Unberührbaren" seine Mitarbeiter führt. Das ist ein Thema, das sogar eine kleine Serie von Seminaren gut ausfüllen kann.

Last, not least lohnt sich eine Weiterbildung zum Thema Verkaufen immer. Reflektieren Sie Ihre diesbezüglichen Haltungen und Glaubenssätze und machen Sie sich bewusst, an welcher Stelle Sie sich selbst ein Bein stellen. Weiterbildungen, die Ihnen nur Verkaufstechniken vermitteln, sind wenig sinnvoll und nachhaltig. Wie wäre es zum Beispiel mit einem Seminar zum Thema „verkaufen ist gesund – keine Angst vor wilden Kunden"?

Zum Schluss möchte ich noch einmal auf das zurückkommen, was ich am Ende des ersten Kapitels betonte: Alles, was in Ihrem Unternehmen passiert, ist entweder Ausdruck und Folge Ihrer Persönlichkeit oder es ist eine Anforderung an Ihre Persönlichkeit. Sie führen mit Ihrer Per-

5. Wie weiter?

sönlichkeit. Ihre Haltungen, Gedanken, Emotionen, Ängste und Sehnsüchte schwingen bei jeder Ihrer Entscheidungen und bei jedem Verhalten mit. Egal, welche Frage Ihnen das Leben stellt und aus welcher Ecke die Herausforderung auf Sie zukommt, die Antworten stammen immer aus Ihrem eigenen Kopf. Wenn Sie sich also aufmachen, Herr Ihres Kopfes zu sein, werden Sie mit dem belohnt, was man persönliche Meisterschaft nennt. Erinnern Sie sich an die Überlegungen im zweiten Kapitel? Persönlichkeit kann man als Treue zum eigenen Gesetz verstehen. Das setzt voraus, das eigene Gesetz zu kennen und so seiner selbst bewusst zu sein. Jedes Buch, jeder Workshop, jedes Seminar oder Coaching, das Sie sich gönnen, um weitere Einblicke in Ihre Innenwelt zu bekommen, befähigt Sie, sich selbst und damit auch Ihr Unternehmen bewusst zu gestalten. Sie werden letztendlich nicht nur mit einer größeren Lebenszufriedenheit und einer guten mentalen Verfassung belohnt, sondern auch mit unternehmerischem Erfolg. Der Prozess selber kann sehr genussvoll und inspirierend sein. Auch zu diesem Thema kann ich Ihnen einiges anbieten.

Das Buch behandelt vier generelle Bereiche, in denen Sie als Unternehmer aktiv werden beziehungsweise die Sie gestalten müssen: Ich und mein Leben – mein Unternehmen – meine Mitarbeiter – meine Kunden. Fangen Sie vielleicht mit dem Bereich an, von dem Sie sich den größten positiven Effekt erhoffen.

Ich Danke Ihnen für Ihre Aufmerksamkeit beim Lesen meines Buches und wünsche Ihnen von Herzen gute Gewinne und ein erfülltes Leben! (Oder umgekehrt?) Ich freue mich über Ihr Feedback, Ihre Ideen sowie über Ihre Fragen und Wünsche.

Meine E-Mail-Adresse lautet: ferber_andrea_dr@freenet.de

285

Quellennachweis

(1) Vergleiche Bundesministerium für Wirtschaft und Energie, „Unternehmensgründungen und Gründergeist in Deutschland" Zahlen und Fakten, Stand: Juli 2017, Seite 8 http://www.exist.de/SharedDocs/Downloads/DE/Zahlen-Fakten-Unternehmensgruendungen-Deutschland-2015.pdf?__blob=publicationFile vom 10.08.2017

(2) Vergleiche Karl Marx „Das Kapital", Erster Band, dritter bis sechster Abschnitt, Dietz Verlag Berlin 1971

(3) Vergleiche Entwicklung der Spareinlagen von Nichtbanken in Deutschland in den Jahren von 1999 bis 2016 (in Milliarden Euro) https://de.statista.com/statistik/daten/studie/37218/umfrage/spargut-haben-in-deutschland-seit-2006/ vom 10.08.2017

(4) Vergleiche Bruttoinlands- Produkt 2016 für Deutschland / Begleitmaterial zur Pressekonferenz am 12. Januar 2017 in Berlin, Statistisches Bundesamt https://www.destatis.de/DE/PresseService/Presse/Pressekonferenzen/2017/BIP2016/Pressebroschuere_BIP2016.pdf?__blob=publicationFile vom 10.08.2017

(5) Der „kategorische Imperativ" geht auf den deutschen Philosophen Immanuel Kant zurück. Er besagt im Wesentlichen, dass man die eigene Handlung daraufhin überprüfen sollte, ob diese auch dann gute Ergebnisse bringt, wenn alle Menschen so handeln würden, wie man selbst. Die Frage lautet: Ist mein Verhalten geeignet, Maßstab für alle zu sein?

(6) Johann Wolfgang von Goethe, Faust 2. Teil, Engelschor

(7) Win-win meint folgendes: Im Englischen bedeutet „win" gewinnen. Win-win-Situationen sind danach Situationen, aus denen alle Beteiligten als Gewinner hervorgehen. Nach dem Win-win-Prin-

zip vorzugehen meint, dass man von Anfang an die Absicht verfolgt, alle Seiten gewinnen zu lassen. Niemand soll Verlierer sein oder sich so fühlen.

(8)   Vergleiche Susan Forward, Donna Frazier, „Emotionale Erpressung: Wenn andere mit Gefühlen drohen", Goldmann Verlag 2000

(9)   Vergleiche Irvin D. Yalom, „Existenzielle Psychotherapie", Edition Humanistische Psychologie Köln 1989

(10)   Vergleiche Gavin de Becker, „Mut zur Angst: Wie Intuition uns vor Gewalt schützt", Wolfgang Krüger Verlag Frankfurt am Main 1999

(11)   Siehe Karl Marx „Das Kapital", Dritter Band, Seite 828, Dietz Verlag Berlin 1972

(12)   Siehe C.G. Jung „Wirklichkeit der Seele", Seite 103, Deutscher Taschenbuch Verlag München 2001

(13)   Ebenda Seite 112

(14)   Vergleiche John Maeda „The Laws of Simplicity", The MIT Press Cambridge, Massachusetts 1999

(15)   Johann Wolfgang von Goethe; Faust 1. Teil, http://www.zitate-online.de/literaturzitate/allgemein/17924/ein-guter-mensch-in-seinem-dunklen-drange.html vom 11.08.2017

(16)   Henry Ford, http://www.zeitblueten.com/news/weisheiten-von-henry-ford/ vom 11.08.2017

(17)   Siehe ebenda

(18) Vergleiche ICD-10-GM Version 2017, Systematisches Verzeichnis Internationale statistische Klassifikation der Krankheiten und verwandter Gesundheitsprobleme, 10. Revision - German Modification, http://www.icd-code.de/icd/code/Z73.html vom 11.08.2017

(19) Vergleiche Friedrich Wilhelm Nietzsche, http://www.zitate-online.de/literaturzitate/allgemein/18796/wer-ein-warum-zum-leben-hat-ertraegt-fast-jedes-wie.html vom 11.08.2017

(20) Vergleiche Platon http://gutezitate.com/zitat/170387 vom 11.08.2017

(21) Vergleiche Irvin D. Yalom, „Existenzielle Psychotherapie", Edition Humanistische Psychologie Köln 1989

(22) Vergleiche Nathaniel Branden „Die 6 Säulen des Selbstwertgefühls", PIPER Verlag München 2010

(23) Vergleiche Alan Deutschman „Change or Die", HARPER Verlag New York 2008

(24) Siehe Heinz-Peter Dietrich „Schweiz Victorinox ist ein Arbeitnehmerparadies", http://www.mz-web.de/7267970 , vom 03.07.2017

(25) Siehe Karl Marx „Das Kapital" Erster Band, Seite 120 Dietz Verlag Berlin 1972